JN301811

辻中 豊編
現代世界の市民社会・利益団体研究叢書
別　巻

日本における市民社会の二重構造
―政策提言なきメンバー達―

ロバート・ペッカネン著
佐々田博教訳

木鐸社刊

まえがき

　この本の読者は，学術研究書の事情に精通した方ばかりだと思われるので，こうした本を書くにあたって，筆者がどれだけの人々のお世話になったかよくお分かりだろう。

　私に日本のことについて教えてくれた最初の人物は，テネシー大学で日本史を教えている Richard Rice だった。大学1年生の時，彼が Lucien Ellington らと担当していた日本についてのクラスを受講した。大学教員となった今，Richard が私に与えたほどの影響を私の学生の人生に与えることができるだろうかと考えることがある。

　大学院では，また別の教授に強い影響を受けた。この頃にはもう日本を専門に研究することを決めていたが，Susan Pharr の存在なくしては，私が政治学者になることはなかっただろう。彼女のお陰なのはこれだけではなく，後に私の妻となる女性と出合ったのも，彼女の政治学のセミナーであった。私の博士論文審査委員会のメンバーは，ハーバードでの執筆を強力にサポートしてくれた。Susan Pharr は，委員会のチェアを務め，常に指導を与え，数え切れないほどの推薦文を書き，貴重なアドバイスをくれた。彼女は指導教官として，様々な場面で様々な形で私を研究者として育成してくれた。彼女がしてくれた全てのことに心から感謝する。Steve Vogel は，私の研究に厳しい批判を浴びせながら，同時に優しく励ましてくれた。博士論文を書いたことのある人なら，その2つがどれだけ重要か分かるだろう。MIT の Dick Samuels は，学外の大学院生の指導を快く引き受けてくれた。彼の指導教官としての数多くの長所の1つが，同時に最大の難点であることは，彼の指導を受けた学生なら知っているだろう。彼は，私が知っているどの教授よりも迅速に学生の論文にコメントをくれるのだ。彼に論文の原稿を手渡すと，大抵24時間以内にコメントをつけて返してくれるのだが，正直に言って，もう少し休ませて欲しいと思ったものだった。また，Theda Skocpol の天才的な洞察力にはいつも驚かされた。彼女のオフィスで話をする短い時間に，論文の問題点を見つけ出し，瞬時に私が決し

て気づかないような解決策を教えてくれた。

筑波大学の辻中豊の指導を受けようと思ったのは、彼の日本の利益団体に関する本を読み、感銘を受けたからである。彼は、私の日本におけるメンターとなってくれ、私の研究に的確な批評と支援をしてくれ、彼の研究プロジェクトにも参加する栄誉も与えてくれた。カンボジア、日本、南アフリカ、アメリカにおける研究会でお互いの研究について意見交換をした。彼のコメントは非常に鋭く有益で、彼の研究は画期的なものだった。

Social Science Research Council（社会科学研究会議）が主催し毎年モントレーで開かれる博士論文のワークショップに参加した際には、John Campbell と Pat Steinhoff から私の研究に対して素晴らしいコメントをもらった。彼らほどの学者が、大学院生の論文にあれほど熱心に目を通してくれたことに驚かされた。彼らは、執筆の初期段階でこの本の構成を助けてくれた。

大学院では、私のハーバードでのクラスメイトだった Kim Reimann と MIT の Apichai Shipper と3人で「博士論文執筆グループ」を作った。何年もの間、彼らは多くのアドバイスをくれ、友達として親しく付き合ってくれた。

本著が所収されているシリーズ（Contemporary Issues in Asia and the Pacific）の編集者である Muthiah Alagappa は市民社会研究の第一人者的存在であるが、この本の校正段階において非常にお世話になった。そして言うまでもなく、本著がこのシリーズに含まれることになったのは、彼のお陰である。Muriel Bell は、この研究プロジェクトを支援してくれ、心から感謝している。そして、スタンフォード大学出版会の2名の匿名査読者にも感謝したい。彼らは素晴らしい助言を与えてくれた。この本の内容がより良くなったのは、彼らのお陰である。

さらに数多くの研究者が、この本の原稿（またはその一部）に目を通し、コメントをくれた。この場を借りて、全員にお礼を申し上げたい。Garry Allison, 雨宮孝子, Simon Avenell, Eva Bellin, Vickey Bestor, Erik Bleich, Jeff Broadbent, Jaeyoung Choe, Gerald Curtis, Christina Davis, Larry Diamond, Jorge Dominguez, Robert Efird, Darryl Flaherty, Michael Foley, Tom Gill, Hana Heineken, Marc Morje Howard, Samuel Huntington, 入江昭, 伊藤修一郎, 鹿毛利枝子, 金子郁容, 小嶋華津子, Jonah Levy, Antonia

Losano, 増山幹高, 森裕城, Karen Nakamura, 小川晃弘, 大友貴史, John Pekkanen, Sarah Pekkanen, T. J. Pempel, Ben Read, Larry Repeta, Frank Schwartz, 故佐藤誠三郎, Karla Simmon, Martha Walsh, James White, 山岡義典。

そして，ワシントン大学では優秀な大学院生が，私の研究活動を手助けしてくれた。川戸優子, 佐々田博教, Kiyoung Shin, Michael Strausz。彼らが自分たちの本を出版する時には，同じように大学院生に感謝していることだろう。日本研究学科学科長の Marie Anchordoguy は，素晴らしい研究環境をワシントン大学に用意してくれた。

この研究を支援してくれた団体，研究助成金，研究奨励制度にも感謝の意を表したい。Harvard Academy for International and Area Studies, ヘンリー M. ルース財団, 筑波大学, 慶應義塾大学, 東京大学社会科学研究所, ミドルベリー大学, Social Science Research Council, 大平正芳記念財団, 日本学術振興会, 日本財団, ブレイクモア財団, メロン財団, ハーバード大学, Academy for Educational Development, アメリカ教育省。

私はアメリカの家族にも恵まれた。父と母は，著者の人生のすべてのステップにおいて，支え，育ててくれた。私の父と兄弟は，作家やジャーナリストとして活躍しているが，彼らは一度として学術研究者の生産性の乏しさを冷笑したり，学者特有の曖昧で回りくどい言い回しを蔑んだりすることはなかった。

最後に，愛するサディアに感謝したい。その理由は，彼女自身がよく知っているだろう。そして，娘のソフィア，いつも喜びを与えてくれてありがとう。

(敬称略)

ロバート・ペッカネン

ペッカネン氏とJIGS研究

『現代世界の市民社会・利益団体研究叢書』編著者として，本叢書の別巻として，『日本における市民社会の二重構造―政策提言なきメンバーたち』が出版される経緯やJIGS研究との関わりについて簡単に触れておきたい。

ロバート・ペッカネン氏は現在ワシントン大学（シアトル）ヘンリー・ジャクソン国際学大学院において日本研究プログラムの学科長を務める気鋭の，日本政治および比較政治研究者である。本書は同氏のハーバード大学政治学大学院に提出された同名の博士論文（2002年）に基づき，スタンフォード大学出版会から2006年に出版された。この本への高い評価はいくつかのすぐれた書評とともに，日本NPO学会2006年度研究奨励賞を受賞し，*The Japan Times*の2006年Best Asia Booksの一冊に選ばれたことでも理解される。ペッカネン氏は市民社会研究以外にもいくつかの研究フィールドを持ち，日本政治関係ではEllis Krauss教授（カリフォルニア大学サンディエゴ校）とともに進めている選挙改革後の自民党研究が有名である。その他，政党研究やインドネシア政治など広く比較政治に関心を持っている。また日本のNPO法のもつ政治学的な意義を最初に国際的な論文として発表したのも同氏である[1]。

ペッカネン氏に初めて会ったのは1994年秋に筆者が他の大学関係者とともにハーバード大学を訪れた時である。当時彼はSusan Pharr教授の下で日本研究を始めたばかりの，長身の青白き大学院生で，筑波大学の教職員からなる代表団の通訳としてハーバードのHouse（学生宿舎兼研究コミュニティ）などを親切に案内してくれた。以来研究面でも彼と知り合い，つくば，ハワイ，プノンペン，ダーバン（南アフリカ），福岡，ボストン，シアトルなど無数の研究会で毎年何度も議論を交わし，相互にコメントし合い，気がつけばいつしか私たちJIGS（団体の基礎構造に関する研究集団，

（1）　Robert Pekkanen, "Japan's New Politics: the Case of the NPO Law," *Journal of Japanese Studies*, 26(1), Winter 2000: 111-148. ロバート・ペッカネン（中里しのぶ訳）「法，国家，市民社会」『レヴァイアサン』27号，2000年秋，73-108頁。

Japan Interest Group Study として出発し現在の英文名は Cross-national Survey on Civil Society Organizations and Interest Groups）プロジェクトの，有力かつ不可欠なメンバーになっていた。それは彼の日本語の堪能さはもちろん，優れた国際的な研究会の組織能力，研究会での議論の論理的構成力，コメントの的確さなどによるところ大であり，JIGS プロジェクトの国際化に果たしている彼の力はきわめて大きい。

　本書でそのデータが利用されている JIGS 調査について簡単に触れる必要がある。『現代世界の市民社会・利益団体研究叢書』自体，1997年の日本・韓国調査から開始され，米独と続き，2001年からは中国の北京市，浙江省，黒龍江省と2004年まで続いた第一次JIGS調査を基にしてその成果を発表しようと企画されたものであり，ペッカネン氏の本書は，最初の外国人研究者によるこのデータベースを体系的に利用した成果である。とはいえ，本書の骨格はすでに触れたように同氏の博士論文であり，ほとんどの分析資料はペッカネン氏が独力で現地調査や文献の体系的分析によって得たオリジナルなものであり，その構想が十分固まった後にJIGS 調査データはその補強に用いられている。

　本書を読み始めるとすぐ，ペッカネン氏の市民社会組織に対するスタンスと JIGS データの違いに敏感な読者は気づくかもしれない。もともとペッカネン氏の市民社会の定義は JIGS データから見れば狭いのである。本訳書の20-21頁および21頁の註3 をみれば，彼は「市民社会を組織された非政府・非営利団体」と定義する。このこと自体は JIGS 研究を含め大方の現代的な定義と一致するが，営利団体の中に「労働組合，産業団体，職業団体，企業，その他の営利団体」を含まないと述べ，営利企業および労働組合，その他の経済系の諸団体を市民社会組織から排除している。他方で，自治会など近隣住民団体を正面から市民社会組織に含めて取り上げた点でも，他の市民社会研究とは異なる視角を持つものとなっている。彼がここで引用する JIGS の第一次調査には，私たちの，包括的に市民社会の状況を捉えようとする作業定義を反映して，「労働組合，産業団体，職業団体，企業，その他の営利団体」のうち，企業以外のすべての組織が含まれている。このことは彼も十分承知しており，煩雑を避けるため（上記箇所以外では）JIGS データを用いる際にそうした定義問題は蒸し返していない。

　彼によって私たち JIGS 研究集団は，自治会など近隣住民団体の，市民社

会的な意味を問う重要性に蒙を啓かれ,第二次JIGS調査ではこれに正面から取り組むことになる。

　JIGS調査の展開についても触れたい。本叢書を刊行し始めてすぐ,私たちJIGS研究集団は,筑波大学を拠点とする比較市民社会・国家・文化特別プロジェクトと学術振興会人文社会プロジェクトにおいて多元的共生の社会モデルを探るためには途上国や移行国を含めたより広範囲の調査が必要であると考え,トルコ,ロシア(2003-04年),フィリピン(2004-05年),ブラジル(2005-06年),バングラディシュ(2006-07年),ウズベキスタン(2007-08年)の市民社会組織調査を行った。

　さらに,2005年からは文部科学省から特別推進研究としての支援を得て第二次JIGS調査(日韓米独中の5カ国)を開始した。特に日本調査(JIGS 2)は,JIGS1が,東京と茨城の,電話帳を基に抽出した社会団体に限られたのに対して,日本全体をカバーし,「既存の社会団体」だけでなく,ペッカネン氏の強調した「伝統的な近隣住民組織(以下,自治会)」を組み込み,さらに「新興の運動体」としてNPOを含む全国調査を試みることにした。2006-07年に実施されたJIGS2日本調査で自治会等18,400, NPO 5,100, 社会団体15,700,加えて自治体1,000以上の詳細なデータが収集されたのである[2]。2007年には韓国とドイツでの第二次調査を実施した。

　ペッカネン氏の本書は,JIGS1から,その視野を一層包括的なものにしたJIGS2に飛躍させる知的なきっかけを与えたと言っても大袈裟ではない。同氏とJIGS研究集団の共同研究は,JIGS2が開始され,2006年の本書の英語版が出てのち一層加速しており,今後もますます発展していく予定である。その意味で,2004年の韓国・日本比較の第2巻が出て以後,JIGS1の拡大とJIGS2への展開に時間を取られて刊行が遅れている『現代世界の市民社会・利益団体研究叢書』の別巻として本書が刊行されることは,(弁解にはならないとしても)編者の大きな喜びである,と同時に,本叢書の研究自体が一層国際的で実証的な展開を遂げつつあることを示す1つの証左として送り出したいし,そのようなものとして読者にご理解いただきたい。

辻中　豊

---

(2)　辻中豊・崔宰栄・山本英弘・三輪博樹・大友貴史「日本の市民社会構造と政治参加」『レヴァイアサン』41号,2007年秋,7-44頁。

日本語版への著者まえがき

　この度，拙著の日本語版が出版される運びとなり，日本の研究者や読者の方々に読んでいただけることを心から喜んでいる。

　本書の英語版の中で，執筆にあたってお世話になった方々には既にお礼を申し上げたので，ここで再度個別に名前を挙げることはしないが，この場を借りて全員に重ねてお礼申し上げたい。特に，このプロジェクトに多大なる支援を賜った辻中豊教授には深く感謝する。日本の市民社会研究の第一人者である辻中教授のお力添えを得られたことを，光栄に思う。

　この日本語版では，私が日本に滞在するにあたってお世話になった方々にもお礼を申し上げたい。これらの方々は，私の日本滞在をより楽しく，生産的なものにしてくれた。著者の学生時代の日本語教師である，愛川先生，米川先生，西口先生，岩崎先生，ベック先生，そして関西外国語大学，日米会話学院，アメリカ・カナダ大学連合日本研究センター，ハーバード大学のその他の先生方。さらに日本語教師として出会い，その後も友人として親交のある久賀史恵さん。そして驚くほど快適で便利な外国人研究者向け滞在施設である二の宮ハウスの職員の方々。彼らは日本での研究活動を楽にしてくれた。筑波大学の舘野氏は，本書の出版にあたって多方面から支援してくれた。細江家の皆さん（細江英人さん，細江典子さん，細江梢太君）も，研究の手助けをしてくれた。石神井公園にある「葵寿司」の加山満氏は，いつも信じられないほど美味しい料理で私をもてなしてくれ，他の寿司屋では満足できなくなってしまい困っている。

　また，本書の翻訳の初期段階で協力してくれた京俊介氏，岩田かや氏，中里しのぶ氏，の三人に感謝する。そして，本書の翻訳を手がけてくれた佐々田博教君にも感謝の意を表したい。彼も近いうちに自分の本を書くことになるが，彼の名前が最初にこの本に載ることをうれしく思う。

　私が日本に初めて来た日に，成田空港でホスト・ファミリーである田中一家に会った。それ以来，田中家の皆さんとは非常に親しいお付き合いをしている。日本で留学していた時にホームステイをし，日本国内・アメリ

カ・ニュージーランド・インドネシアを共に旅行し，他の誰よりも彼らから日本のことを学んだ。今でも，田中郁子さんを「日本の母」と思っている。彼女の美味しい手料理を前に，田中家の食卓に加わると，日本に帰ってきたという思いにさせてくれる。田中博邦さん，田中博隆君，千恵子さん，健一郎君，隆之介君，岡﨑智弓さん，正樹さん，智樹君，田中尊久君，聡子さん，大稀君にも同様にお世話になった。尊久君は，私が初めて日本を訪れた前の年に，私のアメリカの家にホームステイをした。それから長年彼とは親しい仲であるが，不思議なことに，彼はいつまでたっても日本のTVゲームで私を負かすことができない。尊久君，智弓さん，博隆君が成長し，結婚し，子供を持ち，強い家族の絆を大切にするのを見ることは，私の楽しみの一つである。そして，金子家，木内家，小笠原家の皆さんにもいつもお世話になっている。

ノート

　2006年7月に本書の英語版が出版されて以来，アメリカ，日本，およびその他の国々の研究者から多くの反響があった。興味深いことに，研究者の反応は国によってそれぞれ異なっている。日本の研究者の中には，自治会を自発的な市民社会組織であるとする考え方に異論を唱える人たちがいる。たしかに自治会が携わるゴミの回収などの活動は，自治会を市民社会組織とする見方に対する強力な反論となるのかもしれない（こうした点を指摘する者は非常に少ないのだが）。しかし，以下の2つの点に留意しておく必要がある。第一に，多くの自治会が会員にサービスを提供する中で政府と何らかの関わりを持っているが，こうしたことは全ての自治会にあてはまるわけではない。会員に対してサービスを提供しない自治会も増えている。このことは，自治会が興味深いものではないという見方や真の市民社会組織ではないという見方に反する。第二に，会員登録と参加の違いが明確にされていないことが多い。もし仮に自治会への入会が強制的なもの（実際そうではないが）であったとしても，自治会への「参加」は政府によって強制されているわけではない。しかしながら，自治会の様々な分野での活動には会員の熱心な参加が見られる。そして，社会関係資本を発展させると研究者が考えるのは，こうした活動への参加なのである。本書の日本語版の出版が，市民社会の研究にどのような貢献を果たすか楽しみにしている。

前書き 3
ペッカネン氏とJIGS研究　　　　　　　　　　辻中　豊　6
日本語版への著者まえがき 9
ノート 11

第1章　序論　　　　　　　　　　　　　　　　　　　　17
1．市民社会の再定義　(20)
2．理論的背景　(22)
3．議論　(25)
4．日本市民社会の分析的枠組み　(30)
5．規制枠組み：団体の法的規制，財政，優遇税制　(37)
6．政治機会構造　(41)
7．その他の間接的影響：対立管理と郵便料金　(43)
8．最近の変化　(44)
9．むすび　(45)

第2章　比較の観点から捉える日本の市民社会　　　　　49
1．比較の観点から捉える日本の市民社会：日本に特有なものは何か　(50)
2．団体の数　(52)
3．個人レベルの団体参加　(53)
4．専門職化　(55)
5．むすび　(68)

第3章　法規制の枠組み　　　　　　　　　　　　　　　71
1．比較の観点から見た日本の法律　(72)
2．団体結成に関わる規制　(75)
3．法人団体の法的分類　(83)
4．団体運営の規制　(89)
5．税制　(91)
6．非営利団体への公的資金援助　(96)
7．団体設立　(106)
8．正当化　(106)

9．むすび　（109）

第4章　自治体と地域市民社会　111
1．自治会とは何か？　（113）
2．自治会の歴史　（130）
3．政府と自治会の関係　（137）
4．自治会と国家：政治制度からの議論　（145）
5．むすび：政策提言なきメンバー集団としての自治会　（150）

第5章　市民社会に対する規制の政治的背景　163
1．民法第34条の起草　（163）
2．NPO法　（166）
3．国家と市民社会の関係の再定義：立法段階での論争　（170）
4．2001年度税制改正と民法第34条の改正　（193）
5．むすび　（195）

第6章　結論：政策提言なきメンバーたち　197
1．市民社会の二重構造　（198）
2．歴史の重要性：決定的な転機，「氷河期」と雪どけ　（200）
3．ゲームのルールの決定：「規制論争」　（209）
4．日本の規制枠組み：なぜ長い間変化がなく，現在急激に多くの変化が生じているのか　（213）
5．政策提言なきメンバー　（216）
6．結論　（227）

訳者あとがき　231
付録　データセット　233
　JIGSデータセット　（233）
　GEPONデータセット　（234）
参考文献　241
索引　265

日本における市民社会の二重構造

政策提言なきメンバーたち

第1章　序論

　たばこ問題情報センター（TOPIC）は，日本最大の反喫煙団体であるが，そこで働く職員はわずか1名しかいない。TOPIC唯一の職員である渡辺文学氏は，筆者に対して政府の規制が市民社会組織に及ぼす驚くべき影響を示す話をしてくれた。TOPICは会員あてに定期的に会報を郵送するのであるが，渡辺氏は時折スーツケースいっぱいに郵便物を詰め，韓国へと飛び，そこから日本へ向けて郵送する。これは韓国から日本への国際郵便の料金の方が，韓国への渡航費その他を含めても，日本国内から発送した場合の郵便料金の総額よりも安いからである[1]。筆者は，一人の事務所で作業をする渡辺氏の様子と，米国がん協会の3400ある支部の1つでマンハッタンの中心街に立派な設備を具えた事務所の様子を比べずにはいられなかった。アメリカで税金控除を受けるその他の団体と同様に，米国がん協会は郵便物をわずか1セントで送ることができる（米国郵政公社刊行物規定417），これはインターネットで迷惑メールを送りつけるコストをほんのわずかに上回るだけである。本書のテーマは，市民社会組織の発展に与える政府の影響である。またそれは，郵便料金の例に見られるような意図的ではないものも含む。

　海外の日本研究者は，日本における小規模な市民社会組織のみに焦点を当ててきたこともあって，大規模な組織が存在しないということ自体が研究対象になりうるということを見落としている。つまり，大規模団体の不在という事実に慣れてしまうことで，この状態を何の不思議もないものと

（1）　渡辺文学氏への筆者インタビュー，TOPIC，東京，1996年11月22日。

考えてしまうのである。実際、日本の市民社会は地域に密着した多数の小規模団体によって形成され、専門職化した大規模団体はほんの一握りである。こうした現象を、筆者は日本の市民社会における「二重構造」と名づける。国際的な観点から見ると、日本の市民社会組織がこれほど小規模なものであるということは驚くべき事実である。一国の市民社会のレベルを測る上で最も信頼できる指標に所得と教育の2つがあるが、これらの指標はどのような人間がボランティア活動に従事する傾向にあるかも予測することができる。この2つの指標において日本は世界でもトップクラスに位置し、社会関係資本も充実していると一般的に考えられている。また、日本には1960年代終わりから1970年代初めにかけての大規模な環境保護運動と、1960年の激しい安保闘争にみられるような市民運動の歴史がある。したがって、日本における大規模な市民社会組織の不在を当然のことであると考えるのは不適切であり、日本の市民社会のこうした状況はどう説明されるべきであろうか。

　国家の役割を無視した日本の市民社会の分析は、完全とは言えない。次節で述べるように、筆者は市民社会を組織化された非政府系・非営利団体と定義する。本書は、国家の構築する規制枠組みを含む政治制度が直接・間接に市民社会の発展に影響を与えていると考える。また日本の市民社会には積極的な運動が広く行きわたった歴史を持つにも拘らず、大規模団体がほとんど見られないという現象を、政治制度からの議論を用いて説明する。

　市民社会組織を崩壊させようとする政府の強圧的な試み（例えば1980年代のポーランドの「連帯」や最近の中国における法輪功に対する弾圧）が、その成否は別として、市民社会組織の発展に重大な影響を与えるということに疑念を抱く者はいないだろう。こうした表立った弾圧はセンセーショナルで分かりやすい例ではあるが、政府が市民社会に与える影響はこれだけではない。しかし規制枠組みやその他の要素が市民社会に与える影響は、さほど明確ではない。

　市民社会の発展における政府の役割とは何か？　Bob Edward と Michael Foley が最近発表し、市民社会と社会関係資本に関する研究に大きな影響を与えた編著作の序文で、問題提起すべく以下のように述べている。「市民社会に関する議論は、社会が国家に依存せず、もしくは国家と対峙して

組織される方法に注目している。しかし，社会が国家を形成すると同様に，国家も社会を形成している。そして，社会組織が形成され活動する憲法，法律，政治，および倫理の枠組みは，国家が提供しているのである」(Edwards and Foley, 2001, p. 13, 強調は両著者による)。

政府は直接・間接的にインセンティブ（誘因）を構築することで，特定のパターンの市民社会組織の成立を促し，「ゲームのルール」を作り上げる。このルールがゲームの参加者と，どのアクターが伸びるかをある程度決定づける。本書における主要テーマは，市民社会の発展パターンと政府のインセンティブ構築との因果関係を論じることである。日本は欧米以外では唯一の先進民主主義国家として，市民社会の研究者にとって重要な事例である。そして，本書における筆者の主張の根拠のほとんどは，日本における事例によっている。本書の主張は，今日我々が日本で目にする二重構造を持つ市民社会（多数の小規模団体，地元に根ざした団体（約30万の自治会など）が見られる一方，大規模団体，独立し高度に専門職化した団体（グリーンピースなど）が非常に少ない状態）は，日本の政治制度に原因があるというものである。

厳しい法律体系，資金調達方法の制約，間接的な規制（例えば，郵便規定），および政府の構造が作り出す政治的機会，これら全ての要素が日本における市民社会の発展に大きな影響を与えている。団体結成の許認可や，政府による団体への財政支援などに関する規制の枠組みは，明らかに市民社会の発展と密接に関係している。しかし多数の会員を集めることを可能にする非営利団体への大量郵便物の割引制や，利益団体による政策決定過程へのアクセスなどに関連したインセンティブの持つ意味はそれほど明らかにされていない。

本書は，政府と市民社会に関連して4つの重要な主張を展開する。第一に，本書における中心的主張として，こうした政府の政策が直接的かつ巧妙に市民社会の発展に影響を与えてきたということ，また政府の与える影響が日本における市民社会の二元的発展を形成したということである。これを筆者は「政治制度」からの議論と呼ぶ。本書の第二の主張は，日本の市民社会の戦後史が，規制枠組みの影響を分析することで解明できるというものである。これは，筆者が「氷河期（Ice age）」論と呼ぶもので，1960年代末から，1970年代初めに盛んになった市民運動がなぜ衰退に至ったの

かについての分析である[2]。第三の「規制論争」論では，規制枠組み自体が政治的な論議・競争の産物であり，将来変化しうるものであると主張する。第四に，日本の二重構造をもつ市民社会は，社会関係資本の創出と共同体の形成を通じて民主主義を支えるものであるが，公共領域のあり方や政策決定に影響を与える大きな専門家団体を持たない。したがって日本の市民社会は，「政策提言なきメンバー（members without advocates）」によって成り立っているという主張である。

本章の構成は以下の通りである。次節では筆者の「市民社会」の定義を簡潔に説明する。また本書と同様に，他の利益団体や市民社会の研究も，組織活動の形成にとって政府の果たす大きな役割を見出しているが，それらと関連して本書がどのように位置づけられるかを述べる。そして，上述の4つの議論をより詳しく説明する。さらに，政治制度からの議論と相反する見方を提示する2つの議論を紹介し，最後に政治制度論を規制枠組み，政治機会構造，その他の間接的影響という構成要素に分けて詳細に検討する。本章最終節では，第2章以下の各章が4つの議論の発展とどのように関連するのかを説明しながら，各章についての概要を提示する。

1．市民社会の再定義

市民社会を議論する上で，市民社会をどのように定義するかは，重要な問題である。日本における市民社会の発展パターンについての本書の因果的主張を明らかにするためにも，「市民社会」を明確に定義する必要がある。前述の通り本書では，市民社会を組織化された非政府・非営利団体と定義する。この定義には，非営利の財団，慈善団体，シンクタンク，合唱同好会などといった各種の任意団体が含まれる。非営利団体（NPO），非政府団体（NGO），さらに，その他のボランティア団体・第三セクターなどもこの定義に含まれる。したがって，この概念は，より狭い範囲の市民参加型の活動組織を指す「市民団体」よりも広義のものである。また，法人化されていない任意団体を含まず，公益目的で活動する団体のみを指す「非営

（2）　筆者は「氷河期」という用語を紹介してくれたSimon Avenellに謝意を表したい。もちろん氷河期は消滅を意味するものではなく，氷河期にも団体の活動は継続し，新しい団体が誕生することもあった（Maclachlan 2002参照）。

利部門」という概念よりも広い意味を持つ概念である（Hall 1987）。一方，市民社会の概念には，労働組合，産業団体，職業団体，企業，その他の営利団体は含まれない[3]。また，官僚，特殊法人，政党，および家族なども含まれない。

この定義にはいくつかのメリットがある。まずなによりも，簡潔であるということは大きな長所である。さらに，「組織化された」と規定することによって，ある一定数の団体に限られる。また，他所でよく提示される定義や他の学者が示すものに含まれる重要な共通要素を含んでいる。現代におけるいくつかの研究や，G. W. F. Hegel, Karl Marx, Adam Smith らの著書に取り上げられることの多い営利団体は，本研究の対象から除外される。そして，本書は特殊法人など政府系の団体を取り上げることもしない[4]。政府系団体を含む公共領域は，組織化された団体を必要とし，それらの団体によって維持されていると推定する。本書の定義は，まだ充分に研究されていない地域団体を含めた日本の市民社会の全体に焦点をあてることを

---

(3) 労働組合とその他の営利団体を除外することは，筆者の市民社会の定義と一致する。同様に市場組織を除外している Cohen and Arato (1992) を参照されたい。しかし，経済団体を含むとしても，本書の主張を強固にするに過ぎない。例えば労働組合にとっての法事情の重要性はアメリカで示されている。経済団体を日本で定義に含むこととすれば，日本の市民社会は「二重構造」から，多数の地域に根ざした小規模団体と，多数の大規模商業団体，その他少数の専門職化した大規模団体という「三重構造」となる。日本政府が経済団体を支援してきたことは広く研究されており，この三重構造はここでの主張をおそらくより一層裏打ちすることになるだろう（Samuels 1987; 辻中 2003）。要するに筆者は，定義上の整合性を保つために，経済団体を分析対象から除外したが，これらを含めても筆者の中心的主張に有利な裏づけが増えるに過ぎない。

(4) しかしながら，「公共領域」の提案者である Jürgen Habermas と類似している点もある。彼は，「市民社会の制度的中核は政府や経済の領域外にある自発的な結合によって構成されるものであり，それは教会から，文化サークル，学術団体，独立したメディア，スポーツやレジャー関連のクラブ，討論会，市民フォーラム，市民運動，職業団体，政党，労働組合，そして『代替的組織』にわたる」と述べている（Habermas 1989, p. 205）。また Alagappa (2004a) は，市民社会を組織的観点からとらえる見方と公共領域的観点からとらえる見方の関係について，すぐれた議論を行っている。

可能にする[5]。この定義の主なデメリットは、これが明確に定義されている部門に対する消極的定義ということである。

市民社会の発展パターンは、まさに本書の定義が示す範囲内で生じる。市民社会は、二分法で論じることのできる概念ではない。むしろ、市民団体の数、参加者数、市民団体の種類などに論点が置かれるべきである。市民社会の水準・構成は、時と場所によって変わってくるものである。例えば、組織の内容や目的は別として、ある国の市民社会組織は宗教団体と強く関わっている場合もあれば、他の国では全く非宗教的なものであったりする。いくつかの最新の研究が、市民団体への参加率の低下が米国市民社会の衰退を物語るとする一方で、別の研究は財団、NGO、NPO の数の増加を挙げて異論を唱える (Putnam 2000 ; Salamon et al., 1999)。これを矛盾と考えるのではなく、こうした傾向（その傾向の存否すらも、依然論争中であるが）を、市民社会のパターンの変化の1つとしてとらえ、分析すべきである。そしてもちろん、この定義を使うことで、大規模非営利団体の少なさと小規模な草の根団体の多さという日本市民社会の最大の特徴も研究の焦点となってくる。

2. 理論的背景

政府が市民社会のあり方を決定付けるのは、日本だけではない。Jonah Levy は、フランスの市民社会の研究の中で、「(市民社会における) 組織構成は、政治によって影響を受け、変化するものである」と主張する (Levy 1999, p. 8)。さらに、Cecilia Chessa はドイツの研究の中で、「政府は、積極的に政治的な干渉を行って、利害が反映される仕組みの全てを操作する」とする (Chessa 2000, p. 12)。ときには中東諸国や東欧社会主義国家に見られるように、政府は市民社会を弾圧し、社会運動の一環となることを制限する (Carapico 1998; Howard 1999)。また、アフリカのいくつかの国々のように、政府が貧弱な場合には、市民社会に関する法律制度やその他の法的保護も脆弱すぎるため、市民社会の発展を妨げている。しかし、上述

---

(5) 地域に根ざした団体の研究は、日本のみでなくアメリカにおいてもまだまだ研究が進んでいない。David Horton Smith は、アメリカの研究者がデータの豊富な非営利団体に注目し、氷山の一角しか見ていないと批判している (Smith 1994, 1997a, 1997b, and 2000)。

の2つの極端な例に該当しない場合でも，我々は政府がいかに市民社会を形成しているのかを注意深く分析する必要がある。なぜなら，政府は単純にまたは直接的に市民社会を育成したりはしないからである。むしろ市民社会の発展パターンは，政府の機関の影響によって異なる。市民社会がより発展した国々においても，政府の与える影響は非常に重要である。

多くの研究者によって，制度そのものと，それが構成するインセンティブが，団体の結成と運営に多くの面で関わっていると認識されてきた。この論理は，市民社会にも同様に当てはまる。政治学では，政府の行動と法的枠組みのような制度が，国内の利益団体，政策決定段階，労働組合の形態を強力に決定するという主張は，広く受け入れられている。アメリカにおいて労働組合を結成しようとする試みは，連邦政府が労働者の組合結成の権利を認め，穏やかな組合運営に必要な法的枠組みを作るまで，幾度となく失敗を繰り返した（Forbath [1989] 1991; Walker 1991）。また，政府の規制形態が，企業の結成と経営を促すインセンティブを与えることによって，国家経済の発展に影響を与えるという考えは，広く受け入れられているものである。

どういった団体が結成され，どの程度成功を収めるかは，政治制度によって決まってくる。Suzanne Berger によると，「利益団体の結成のあり方を決める『国家の歴史』の特異性で特に重要なのは，国家介入の時期と性格である」という (Berger 1981, p. 14)。Berger が取り上げた利益団体の多くは経済関係の団体であるため，彼女の議論も本研究の関心事に近く論理は共通している。Claus Offe も，組織化された利益団体の具体的な構成と活動内容は，団体がもつ利害と機会と政治制度の構成状況に影響された結果であるとしている (Offe 1981)。つまり，団体は政府の政策に応じて結成される。そうした団体の行動は，時には自らの存在を守るための防御的なものであったり，または新たな利益を求める率先的なものであったりする。政府の介入は，団体の結成に関連した利害関係や，結成後の団体が取り入れる活動戦略に影響を与える形で行われる。したがって，西欧諸国では各々違った形の利益団体のパターンがみられるのである。

アメリカの場合でも，研究者によっていろいろなケースが指摘されている。政治制度の構造が意欲的な公務員に高齢者向けの協会をつくるインセンティブを与えていたのだが，それは実際に高齢者の団体がつくられる30

年も前のことであった。また全米ライフル協会は19世紀,陸軍省との緊密な協議のもとで設立されたが,これには市民を将来の軍人の供給源と考え,武器の扱いに慣れさせておくという意図があった。そして,アメリカ在郷軍人会も,政府の支援を受けて第一次世界大戦中に結成された。アメリカ農業会連合は,もともと郡政府職員のために農務省が組織した諮問委員会を統合したものであった。さらに,近代の女性解放運動組織の多くが多数の会員をもつ大規模団体に成長する以前,ケネディ政権から多額の資金援助を受けていたことがある (Walker 1991)。

確かに,政府が与える秩序の枠組みほど,市民社会の発展に中心的な役割を果たすものはないと言えるだろう。我々の研究の焦点は,直接,間接を問わず,政府がどのように市民社会のあり方を構築するかにあてられるべきである。しかし,政府が市民社会のあり方を構築するという考えには,反対意見もある。恐らく1980年代から1990年代にかけての東欧諸国の経験からか,多くの研究者が政府と市民社会は必然的に対立するものである,もしくは政府は市民社会の発展を促すことはないと考えた (Miller 1992; Rau 1991; Tismaneanu 1990)。こうした考えは,アメリカの保守主義者の思想につながるものがある。それは,政府の政策が「ミダース王の手」の逆の効果を持つものであると考えられる。ギリシャ神話に登場するミダース王は,触れたものを黄金に変えたとされるが,政府の政策はその逆で介入した分野には市民社会が育たなくなってしまうというのである (Beito 2000; Salamon and Anheier 1996; Schambra 1997)。しかし,政府と市民社会の関係は,必ずしも互いに対立するものではない。このことは財産権から社会的インフラにいたるまで,市民社会の繁栄に必要な社会秩序を政府がどれほど多く供給しているかを考えれば明らかである。Michael Walzer は,民主的市民社会は強力な市民社会を必要とし,強力な市民社会は強力かつ機動的な政府を必要とするというパラドックスを指摘し,「市民社会のパラドックス」と呼んでいる (Walzer 1991, p. 102)。本研究において,「強力な市民社会」を詳細に検証し,その構成要素を1つ1つ解析していくことが,このパラドックスに解決の光明を投ずることになるだろう。

非営利分野と市民社会の研究の中で,政府と市民社会の関係について3つの考え方が提示されている。1つめの考え方は,上述のように政府と市民社会が対立するというものである,または市民社会は政府の代役として

機能するという考え方である。2つめは,市民社会は政府から独立した部門,もしくは公共サービスを提供する上での政府のパートナーであるという考え方である (Salamon 1995; Smith and Lipsky 1993)。3つめは,市民社会を社会関係資本と市民の政治参加の源泉とする考え方である (Putnum 1993)。本書第4章では,自治会を社会関係資本と市民の政治参加の源泉としてとらえる。自治会は,小規模の限定された地域(近隣)から会員を集め,その地域を中心に多岐にわたる活動を行うが,これらの組織は政府と頻繁に「パートナー」を組み共同で活動する。しかし,本書の見解はこれら3つの考え方とは異なり,Alagappa (2004a, 2004b, 2004c),Berger (1981),Carapico (1998),Forbath (1989),Levy (1999),Pharr (2003),Walker (1991) らが提示した考え方に近い。

研究の焦点は,政府が市民社会を形成する手段にあてられるべきであり,市民社会を「分解」する必要がある。市民社会は様々な構成要素から成るものであり,こうした市民社会の分解は理論構築にあたって大きな貢献をするはずである。構成要素の分解は,市民社会と政府の間の関係に対する我々の理解を正すことにもつながるであろう。ただ単に政府による市民社会の抑制もしくは育成を探るのみではなく,政府が市民社会の中につくるパターン,そして市民社会と政府の関係の間に見られるパターンを検証するべきである。本書は市民社会と政府の間の関係についてこうした見解で臨み,政府の影響をめぐる因果関係の議論を展開する。

3. 議論

本書は以下の4つの議論を行う。最初の議論は,法律,規制,財政措置を通じて,政府が市民社会の組織構成を強力に形成するというものであり,本書の中核をなす主張である。したがって,異なった法律,規制,財政措置は,団体の結成,発展,運動の制度化の過程を通じて市民社会の組織構成に異なったインセンティブを与える。日本では,政府の政策が特定の種類の団体を奨励する一方,別の種類の団体の発展は阻害された。具体的に言うと,自治会のような小規模かつ地域に根ざした団体は政府によって奨励された一方,グリーンピースのような大規模かつ独立・専門職化した団体には不向きな法制度がつくられた。本書第2章で議論するように,日本に大規模で専門職化した団体が少ない反面,小規模で地域に根ざした団体

が多いということに異論を唱える者は少ない。この状況が，本書がいう日本の市民社会における「二重構造」である[6]。確かにこの状況についてはおそらく多数の日本研究者に理解されているところである。日本の市民社会団体の規模が小さいことが当然とされ，それが研究課題とはされていない理由の1つであろう。しかし団体の専門職化の考察は新しい視点であり，なぜ日本には多数の小規模団体があり市民社会が「脆弱」だとされているのかというもう1つの疑問を解明することにつながるのである。筆者はこの主張を「政治制度」からの議論と呼ぶ。

2つめの議論では，この新しい分析的視点で戦後の日本市民社会の発展を検証する。第一の議論の中で詳述した「政治制度」の観点から日本市民社会を理解すること，それはなぜ日本市民社会が他の先進民主主義国のそれと異なるのかという疑問を解明するだけでなく，政治化した積極的行動から始まり，消費者意識に重点を置いた内向きの団体によって特徴付けられる「氷河期」に至る日本の戦後市民社会の発展過程を説明することにつながる。さらに，日本の社会運動が制度化に失敗し，恒久的な組織遺産を構築できなかった理由も本論の中で説明を試みる。日本の社会運動が，市民社会の発展にほとんど貢献せず，組織遺産も作らず，制度化にも失敗した大きな理由は規制枠組みにある。筆者が「氷河期」論と呼ぶ2つめの議論は，本書の核である政府が市民社会を形成するという主張に沿って展開される。

3つめの議論は，法規制の構造が，歴史的経路において変化しうるとするものである。法規制の構造は変化するものであるが，この制度変化の過程は政治，特に政党の果たす役割が大きい。本書の議論では，主に市民社会の法規制は政治から大きく影響を受け，その規制枠組みを説明するには政治アクター同士の関係と個々の政治アクターの動機を考える必要があると主張する。筆者は特に1994年の選挙制度改革以降変化している選挙上の

---

(6) しかし，The World Values Survey などの複数国にまたがる調査では，日本人は市民社会組織の会員になる割合が低いことが分かる。しかし，別の国際比較調査は異なる結果を示している（表2－3，第2章を参照）。すなわち，日本国内のデータと The World Values Survey のデータの描く状況は矛盾している。例えば第4章で詳述するように，自治会という一種類の団体だけでも，日本人の7割が参加している（図4－1，第4章を参照）。

ニーズの観点から，政党の役割に注目し，政党と中央官僚の関係にも焦点をあてる。第5章ではこの主張を検証するため，百年以上の期間に生じたいくつかの事例の研究を行い，第6章では法規制構造は政治によって決定付けられるものであると結論する。これが「法規制論争」論である。

　4つめの議論は，市民社会が民主主義にもたらす影響を中心に展開する。二重構造を持つ日本の市民社会は，他国の民主主義よりもある意味で脆弱であり，ある意味で強固でもある特殊な種類の民主主義である。日本には，社会関係資本を支える組織ネットワークをもった市民社会と，新しい政策を提案したり現行の政策に異議を唱えたりする専門職化した政策提言コミュニティと関わりなく効率的に機能している政府がある。著者はこれを，「政策提言なきメンバー」という言葉で表現する。この言葉は，人々は市民社会への参加を通じて民主主義に貢献しているが，政策に対する影響力を持たないという日本市民社会のあり方を強調するため，Theda Skocpol がアメリカ市民社会を描写するのに使った言葉である「メンバーなき政策提言」を逆転させてつくったものである。

　地域に根ざした小規模な団体は，社会関係資本の蓄積を支援し，地方自治体の効率を向上させる。そのような小規模団体は社会生活の重要な基盤である。しかし，小規模団体には専門職員がいない。他方，常勤職員を多く擁する団体は専門的知識を持つようになり，小規模団体には不可能な政治プロセスへの参加が可能である。専門職化した団体は，その活動を制度化し，政策などに影響を与えることができる。つまり，政治に変化を与えることができる。ここで日本の老人会とアメリカ退職者協会（AARP）を比較してみよう。AARPの会員は3,500万人を超える（AARP，各年度版）。また16万人のボランティアと1,837人の職員を擁し，数十人の登録ロビイスト，150人を越える政策・立法スタッフを通じて政策決定に重要な影響を与える[7]。2003年のAARPの予算は，6億8,900万ドルで，5,800万ドルがロビー活動費（立法，調査）に，さらに1億4,600万ドルがAARPの出版物普及に使われる（AARP，各年度版）。

　日本の老人会は会員数も限られた近隣事業に携わる団体であり，社交の

---

(7) AARP 職員 Karen Stewart 氏への筆者の電話インタビュー，AARP，2000年7月31日。

機会を設けて高齢者の生活の質を向上させるかもしれないが,専門職員を持たず,政策決定に影響を与えることはない。しかし第4章で検証するように,これらの団体がAARPのような多数の会員を持つ団体よりも,社会関係資本を増進し,日常的に会員の利益になっていると考えられる理由も多くある。だが,アメリカでAARPの強い働きかけなしに社会保障改革が議題に上がることは考えられないのに対し,日本の老人会は激しく議論の交わされた2004年7月の年金改革に影響を与えることはなかった[8]。米国の事例で特徴的なのは,会員数やボランティア数ではなく,専門職員のいる団体に会員が集中していることである[9]。

地雷の廃絶を訴え,対人地雷禁止条約の成立に貢献した地雷禁止国際キャンペーン(ICBL)はノーベル賞を受賞したが,その活動の成功には,ICBLの独自の研究調査が決定的な役割を果たした。それによると,アメリカでは2万2千人に1人が手足の切断手術を受けているのに対し,カンボジアでは236人に1人であるという残酷な事実を伝えるものであった(Price 1998, p. 620)。適切な調査を実施し,活用することに加えて,団体は積極的に自らの訴えを広く知らしめる必要がある。例えば,グリーンピースは独自にメディア設備を持っており,数時間で88カ国の新聞社に写真を配布したり,テレビ局にスポットニュースを配信したりすることができる(Wapner 1995, p. 320)。4つめの議論で,日本の市民社会の二重構造が民主主義に与える影響を探っていくなかで,日本市民社会組織がどの程度メディアを通じて国民の間の議論,公共政策に影響を与えるのかについて分

---

(8) 規模の点からみてアメリカのAARPと,日本の地域に根ざした多数の小規模高齢者団体を比較するのが適切であるが,興味深いことに高齢者問題に専念する政策提言型団体が,日本にも存在する。その団体とは,「年齢差別をなくす会」(横浜のNPO法人)である。同団体は,明らかに「日本版AARP」になることを目標としているのだが,第2章で述べるように,まだ典型的な日本の政策提言型団体の1つにすぎない。つまり精力的な兼松信之会長の取り組み以上に,団体の体制が整っているわけではない。

(9) 人口に対するボランティア参加者の割合は,アメリカに比べると日本は低いものの,その数字は高くなっている。アメリカの1995年における48.8%という数字に対し,日本は1996年において26.9%である(山内1999, p. 59)。しかし,問題になるのは,専門職員の占める割合であって,ボランティアの参加水準ではない。

析する。日本の市民社会組織は専門職化が進んでいない，すなわち専門的知識を提供できる研究者やメディアの専門家をほとんど持っていないため，他国の団体に比べ，公共政策に影響を与えることは極めて少ない。

　筆者はこれらの団体の制度的構造が，政治，政策形成，政府の活動に密接な関係を持つと主張するが，ある構造が別の構造よりもより効果的であるとか，「より良い」ものであると主張するものではない[10]。専門職化した団体をわずかしか持たない市民社会は，公的な議論や，公共政策に影響を与える可能性は低い。他方，社会関係資本の豊かな源泉となる市民社会は，別の方法で民主主義に貢献している。もちろん，これが日本のパターンである。うがった見方をすれば，日本の国家がこの種の発展パターンを促すインセンティブを構築したのは，社会関係資本型の市民社会組織を育む一方，ロビー（陳情運動）型市民社会組織の発展を阻むためであったと言えよう。民主主義の理論では，時にこれら二種類の団体を1つのカテゴリーに混合させているが，分析する上で区別することによって理論の説明力を高め，異なる2つの民主主義の理論を描くことができる[11]。

　これらの違いは後の章で詳述する。例えば，第4章では日本において地元に根ざした自治会がどれほど社会関係資本の蓄積に貢献しているかを示す有力な証拠を提示する。自治会は活動の範囲がその地域に限定されており，専門職員を持たない。その代わり，地域共同体から会員を集めて運営される。日本にはそのような団体が約30万団体あり，第4章はこのような団体が社会関係資本を生み出しているという証拠を示す。一方，第6章で

---

(10) 清水裕子は有給職員をボランティアと比べ，その違いと重要性を論証している。清水はアメリカと比べて有給の職員を擁する日本の組織は少ないが，これらの職員は非営利部門で組織的能力を発揮させるには非常に重要であり，組織運営レベルで彼らをボランティアに置き換えることはできないと主張している（清水 2000）。またJeffrey M. Berryは，（非プロフェッショナル主体の）政策提言型団体の専門職員の規模と（ニュースメディアへの引用，議会での証言，信頼できるとされた団体作成の調査の引用回数で計る）政治的影響力の間に相関があることを指摘している（Berry 1998）。

(11) 筆者のこの意見は，John Campbellによるところが大きい。また任意団体の政策提言の側面と会員に関する側面を区別するSkocpolの議論も参照されたい。

はこのような団体や、その他の団体が、ほとんどの分野において公的な議論に影響を与えないことを示すが、このことは多元主義の観点からすれば容易に理解できるだろう。筆者は第6章で4つめの議論を詳しく展開し、どちらの形態が民主主義にとって「より良い」のかという問いに戻りたい。そして問題提起をすべく、日本型市民社会の発展は必ずしも民主主義にとって「より悪い」とはいえないと主張する。

4．日本市民社会の分析的枠組み

本書は政府が直接または間接的に市民社会組織の設立と、発展のインセンティブを決定していると主張する。このように考えると、なぜ市民社会に対する日本の規制枠組みが、国際社会の中で異質であるかが理解できる。しかしながら、この議論の詳細に移る前に、この問いに対する2つの相反する説明を考察しなければならない。

1つは日本での市民社会の発展パターンは日本文化によって説明されるという文化論であり、もう1つは日本人の間における選好の相違に基づいて日本の市民社会を説明する社会不均一性論である。このどちらの説明にもいくらか長所はあるが、日本の市民社会の重要な特徴を充分に説明してはいない。今日の日本における市民社会の仕組みを、政治制度と規制の影響を捉えずして理解することは不可能である。

(1) 文化論による説明

文化は人々による市民社会団体の形成、それへの参加傾向を決定し、したがって市民社会の広がりと社会も文化によって決まるというのが文化論の一般的な主張である。通常これらの主張は、市民社会の発展を阻んできた文化的価値観の説明という形で展開される。例えば、多くの研究者が市民社会という概念がイスラム社会とは相反するものであると考えている (Gellner 1994; Mardin 1995; Wittfogel 1957; Gole 1994; Norton 1995 and 1996; White 1996)。彼らはイスラム教信仰、家父長制的部族社会体制のため、アラブおよびその他のイスラム社会は市民社会の発展を妨げる価値観にあふれていると主張する。同様に、ラテンアメリカの市民社会の脆弱性は、ある種の植民地的遺産と、その後の権力の極端な地理的・社会的集中を引き起こした社会経済発展パターンによるものであると考えられた

(Oxhorn 1995b)。

　日本に関してこの議論は，日本人は市民社会を形成したり，それに参加したりするといったことに慣れていないという点を強調する。研究者は慈善事業，ボランティア活動の概念が十分に発達していないと（しばしば日本人の考え方にはそのような概念になじみが無いことを強調するため「フィランソロピー」や「ボランティア」などの外来語の使用を引き合いに出して）断定したり，日本人の内輪・仲間意識が見ず知らずの他人や抽象的な正義のために働くことを妨げるのだと主張したりする。また日本人のアイデンティティは家族や会社に強く結びついていて，市民社会組織に参加する「余地」はないのだと論じたり，日本人は（定義上は市民社会組織にもあてはまる）上下関係のない組織には参加することができず，そうした団体は繁栄しないと決め付けたりしている（出口 1993; Eccleston 1989; 林・山岡 1993; Ishida 1971; 金子 1992; 中根 1967 and 1978; Nako 1996; 田中 1996; van Walferen 1989）。また石田（1971）は「ボランティア組織と言うようなものは（日本の歴史的）伝統にはない」（石田 1971, p. 61）としている。（カッコ内は筆者註）

　これらの説明すべてにおいて，2つのことが主張されている。第一に，ある組織を結成したり，それに参加したりする個人の性向として現れる文化によって，市民社会の組織化水準を説明している。第二に，上記の文化的特徴のため，日本の市民社会の水準が低いと一様に断定している。これらの主張は，日本人が「集団志向」だとする文化論といくらか矛盾するようだ（Benedict 1946; 中根 1967 and 1978; Reischauer 1977）。しかし，市民社会の文化的説明では，日本人がすべての団体を嫌うわけではなく，嫌うのはある種の団体だと強調している。特に日本人は抽象的な理想に傾倒したり，見ず知らずの第三者への援助を行ったりする団体を好まない。したがって，文化論の説明では，このような団体はほとんどなく，あるのは多くの非公式団体，個人的または共通の目的をもつなどした仲間内のつながりを基盤とする団体ということになる。文化論の多くは，1つの仮説を導き出すことに抵抗するかもしれないが，筆者は本書の目的のために以下の仮説を引き出すことにする。文化論によると，日本には市民社会組織がわずかしかなく，特に抽象的な理想を掲げたり，見知らぬ第三者への援助を行ったりする団体は特に少数である。

文化的概念は個人の社会問題の捉え方に影響し，様々な組織的反応をもたらす。しかし，文化論だけでは，日本で発達した市民社会組織のパターンを説明できない。例えば，文化論は日本においてボランティア活動はほとんど生じないと仮定するであろうが，これは1995年の阪神大震災以後，120万人のボランティアが救援活動のために神戸を訪れ，1,600億円（16億ドル）の寄付が集まったという事実と矛盾する。一方，これらの自発的団体が法人格の取得や組織化で困難に直面したことは，政治制度からの議論が述べるとおりである。またそのような文化的説明では広く普及した社会運動や，ボランティア運動，日本で生じた市民社会組織のパターンを上手く説明することができない[12]。日本人は確かに「見ず知らずの他人」を支

---

(12) もう1つの争点は，市民社会はもともと日本で発達したものではないから，現在そこに存在するはずがないというものだ。さらに言うならば，この議論は「公共領域」が日本と欧米で同じ形をとるとは考えられないと主張している。ニューイングランド人はタウンミーティング（町民会議）の伝統を持つが，日本人は銭湯の伝統を持っている。異種同形性（Isomorphism）を探そうとするのは間違いで，機能的に同じ役割を果たしているものを探すべきである。市民社会概念の使用については，それが異なる環境で有益，正確であるには，欧米での概念化との結びつきが強すぎるのではないかとの疑念が残っている（Callaghy 1994）。欧米と同じ団体のみを探さないよう，またそれが見つからなかったからといって，その国には市民社会がないと宣言しないよう注意を促すのは健全なことである。同じように民主主義は，多くの地域で固有に発展したものとは言えないが，日本，インド，ドイツなどでも存在している。市民社会の概念は，外来語ではあるが，これらの国の政治形態研究や，それと共通の特徴を持つ別の国々の政治形態とを比較する場合に役に立つ可能性がある。もちろん歴史的遺産がこれらの国々での民主主義の性格を決定する面もあるという意味で，歴史も重要ではある。産業革命がどこで起きようと，他国の工業的発展を妨げるものではないが，起こるタイミングとその内容はその発展結果に影響をもたらすこともあるかもしれない。同様に，西洋における概念としての市民社会，そして実物の市民社会が生まれたことが重要なのではない。市民社会組織は世界のほかの地域でもみられ，研究されうる。もちろん，文化的性向が市民社会発展の軌跡を変えたかもしれないし，違った種類の団体や組織活動を研究対象として探さねばならないかもしれないが，これは実証研究の問題であって仮定の問題ではない。Alagappa は日本だけでなく，広くアジアで市民社会の概念を適用できるか否かについて説得力ある議論

援する団体を結成する，そしてその支援の対象が外国人をも含むことに対して，Apichai Shipperは重要な証拠を提示している。日本以外の国では不法外国人労働者の支援団体が「同民族」によって結成された。例えば，アメリカでヒスパニック系不法労働者の支援団体は，ヒスパニック系アメリカ人が組織しているし，こうした原則はアメリカ以外の国にも当てはまる。Shipperは日本では不法外国人労働者のための団体が，同じ民族ではない現地の人によって結成されている（つまり，日本人が民族的つながりのない外国人のために団体を組織している）ことを指摘している。このことは従来の文化論の通念に反しており，組織発展に関する本研究の主張と辻褄が合う（Shipper 2001 and 2002）。

また外来語は，日本文化に適している概念にも使われることがある。例えば，「会社」という言葉ですら，元々は明治時代以降の外来語である。確かに，ボランティアというような外来語は広く使われているが，日本人はその新しい言葉が固有の状況にそぐわない場合は，代わりの表現を考え出す能力を持ち合わせている。例えば，東京都教育委員会は2004年，生徒にボランティア活動を行うことを義務付けた。同じようなことを生徒に課しているアメリカの多くの学校は，強制的「ボランティア」という矛盾語法に動じることはない。しかし同委員会は，これらの活動を「ボランティア」ではなく，「奉仕活動」と呼んで区別した。奉仕活動とは「service activity」のことで，自分の利益を考慮しないことを強調するため「service」という言葉を使った（"Changing Japanese," *Japan Times*，2004年12月14日）。

このような問題点から，日本の市民社会パターンの理解にとって文化論的説明は不十分であると言える。筆者はむすびの項で，制度がどのように市民社会活動家の理解の仕方や考え方や戦略に影響を与えるかを示すため，

を行って，次のように述べている。「アジアの多くの地域で，意識的に自分達が市民社会に属していると考えている組織と個人は，各国のアイデンティティと国のあり方，また政治，市民権，少数派・女性の権利，環境，社会経済状況などに関する政府の政策に影響を与えようと努めている。さらに政治中枢でも市民社会について熟慮することが重要となっている。（とはいえ）市民社会の意味，性質，構成内容は事情によって異なるし，国の間だけではなく，同じ国の時代によっても異なる。これは特別にアジアに想定される事態ではない」（Alagappa 2004a, p. 15）。

より踏み込んだ議論を行う。その議論は文化を基礎とするものではあるが,制度と密接に関係しているので後述することにする。

(2) 社会不均一性論による説明

　文化論的説明では日本における市民社会発展パターンの重要な部分を説明できないが,社会における選好の分布を基にした別の説明がある。この説明は,市民社会の重要な一部である非営利団体を論じた数々の論文によってもたらされたものである (DiMaggio 1982a and 1982b; Hall 1987; Hansmann 1980; Powell 1987; Salamon and Anheier 1996; Weisbrod 1988)。これらは非営利部門の規模を全住民の選好の不均一性に関連させて説明している。つまり,「a good」(モノやサービス,あるいは「財」,例えば教育など) に関する選好の不均一性が大きい場所では,非営利部門の規模が大きくなるという主張である。政府は public goods (公共財) を中位投票者の求める水準しか提供できないので,残りの満たされなかった要求を非営利団体が満たす場合があると多くの研究者が主張している (James 1989; Weisbrod 1988; Weisbrod and Schlesinger 1986)。この説明は様々な比較を通じて容易に検証が可能であり,後に本章で議論する仮説の基礎となる。この説明の下では,公共財に関する選好の不均一性が高い (また程度の差が激しい) 分野や国では,政府と比べた非営利団体の市場占有率が高くなると推測される (James 1987 and 1989)。

　しかしながら,社会不均一性論には深刻な問題がある。この理論では,なぜ営利団体ではなく,非営利団体の市場占有率が高くなるのかが説明できず,なぜほとんどとは言わないまでも多くの非営利団体が公共財を提供しないのかを実証的に説明できない (Hansmann 1987)。また福祉国家に関する多くの研究で,保険,教育,社会福祉事業部門などの発展には,様々な国際的,歴史的,政治的,制度的要因が大きく関係していることが示されている (Baldwin 1989; Cameron 1978; Esping-Andersen 1990; Pierson 1996; Skocpol 1993; Swenson 1997)。言い換えれば,このことを示した研究者は非営利部門の形成が (少なくともサービス提供分野では) 選好の不均一性によってではなく,政治的 (およびその他の) 要因によって決定されることを論証したのである。

　これら2つの社会不均一性論の問題点は,日本の事例にも見られる。こ

れは教育の分野を簡単に考察することによってわかる。日本では教育の余剰需要を満たすのは，非営利団体ではなく，「塾」と呼ばれる営利の教育機関である。このことは，学習の遅れを取り戻すための「補習塾」でも，大学進学のための「進学塾」や「予備校」でもあてはまる。現に，Rohlen は「日本ほど私教育に金を使い活用している国民の割合が高い国は他にない」と述べている（Rohlen 1980, p. 38）。

また社会不均一性論が，現在日本に存在する様々な種類の教育機関を上手く説明できないように，日本の教育制度の変遷も社会不均一性論で説明することはできない。日本では生徒は住居を基に決められた公立小学校，中学校に通う。ここでは比較的階層化は進んでおらず，カリキュラムも驚くほど均一だ。それとは対照的に，公立高校では入学試験を行う。この段階に来ると大きな階層化がみられる。しかしこれは学校教育の各段階における人々の選好の違いに基づく結果ではない。中学校や小学校で入学試験を行ったとしても，同じように世間の支持を得ることができるだろう。むしろ高校入試は戦後，極端に高等学校が不足していたという歴史を背景としたものであり，それが今日まで残っているのである（Rohlen 1983）。さらに歴史をさかのぼってみると，明治時代の大きな教育の変化は，武士と庶民の学校の相違をなくしたことであった。これは社会の不均一性に突然変化が生じたからではなく，明確な政府の行為，つまり教育システムの統一を定めた1872年の学制施行の結果である。この急激な方針転換に必然性があったわけではない。実際に，Dore（1965）は，英国は教育システムの統一を完遂しなかったと指摘している。社会不均一性論に基づいた説明は，洞察力鋭い部分もあるものの，日本における非営利部門または市民社会部門発展の重要な要素を説明できない。

(3) 政治制度による説明

政治制度からの議論では，市民社会においてどのような団体が結成され，活動するのか説明するために，制度がインセンティブを決定する仕組みに注目する。政治制度論は3つの主要な要素から成っている。第一の要素は規制の枠組みである。これらは，文書として記された法律や規制だけではなく，不文律，事実上の成文法，リソースの供給（政府の財政支援，合法化，税制），法の運用などが含まれる。第二の要素は政治機会の構造である。

これらは，団体が意図した効果を生むにはどのような組織化の方法が政治的に最適かを決定するという形で間接的な影響を与えるものである。むすびの項で述べるように，政治は規制枠組みに影響を及ぼしているので，政治構造そのものも間接的な影響を与えるのである。第三の要素は，郵便料金や紛争対処戦略などから成るその他の間接的影響である（図1－1参照）。

政治制度に基づいた説明は，市民社会が政府の役人や政治家の意図を直接反映したものであると主張するのではなく，政治制度が人々の行動を決定し，その結果市民社会のあり方に影響を及ぼしていると主張するのである。ここでの注目点は，独立変数としての規制枠組みである。そして規制枠組みを構築する上での官僚の意図と政治家の思惑をここでは区別しない（しかし第5章で規制枠組みの構築過程を見ていく上では両者を区別する）。両者を区別しないということは，政治家がある特定の（恐らく左寄りの）団体を抑圧しようとしたかどうかということと，官僚が同じ団体を好ましくないとしたかどうかを分けて考えないということである。少なくとも現

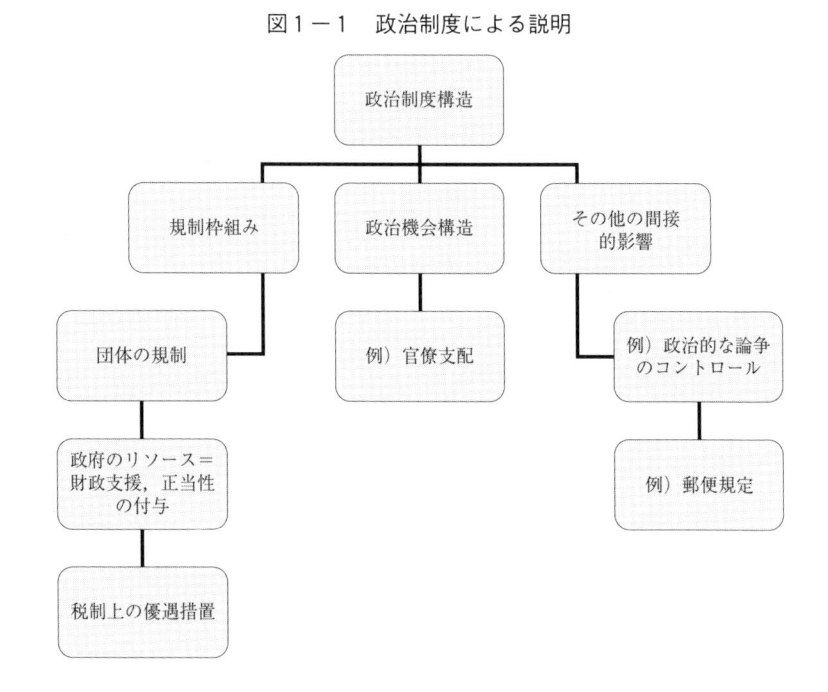

図1－1　政治制度による説明

```
                        政治制度構造
          ┌────────────────┼────────────────┐
       規制枠組み         政治機会構造      その他の間接
          │                  │              的影響
       団体の規制          例）官僚支配    例）政治的な論争
          │                                 のコントロール
    政府のリソース＝                              │
    財政支援, 正当性                         例）郵便規定
       の付与
          │
    税制上の優遇措置
```

時点では，これらのことを区別せずに議論を進める。

5．規制枠組み：団体の法的規制，財政，優遇税制

　規制枠組みは市民社会組織に直接的な影響を与える。「直接的影響」とは，市民社会団体の存立に即座に明確な影響を与える政府の行為を指す。これは団体の法的地位や活動に関する規制，補助金，委託契約などといった直接の財政支援や優遇税制である。対照的に「間接的影響」とは市民社会の規制に直接関係しない選挙制度といった，制度構造の副産物を指す。間接的影響は，必ずしも直接的影響より小さいとは限らないが，直接的影響は明確かつ強力である。

　政府の直接的行為は，強力かつ広範囲にわたる影響を市民社会の形成に与える。Upham (1987) が述べるように，「主要な統制手段とは，社会変革やその前触れとなるもの（社会的な対立）を包括する法的枠組みを操作すること」である[13]。政府の直接行為の範囲には，市民社会組織の結成・活動に関する法律，財政支援（補助金や委託契約など），団体に関係する税制が含まれる。例えば，慈善寄付金の税制上の扱いは，市民社会組織への寄付行為に直接影響する。アメリカにおける個人の寄付行為は，1969年の税制改革と1980年代の税制改正に関係していることが一連の調査で明らかになっている (Independent Sector 1996, p. 60-70)。

　日本の規制枠組みについては，第3章で詳しく考察するが，ここでも簡単に触れておく。先進民主国家の中でも日本は，非政府団体（以下，NPOと記すが，日本では国内で活動する団体を慣例的にこう呼んでいる）に対する規制環境がおそらく最も厳しい（雨宮1999; 雨森1997; 毛受・青木1995; Salamon 1997; Salamon and Anheier 1996; 山本1989, 1996, 1995, and 1998; 山岡1999）。アメリカでは非営利団体として登録し，非課税団体としての法人格を取得するのは簡単な手続きで済む。また，非営利団体は利益を出資者に分配しない団体と厳密に定義されている[14]。しかし日本の法律

---

(13) Upham (1987) はいろいろな社会領域における法的枠組みの重要性を，こと細かく立証している。筆者自身の研究は，社会における法律の研究というアプローチ全体と，日本で法律が社会闘争（筆者の場合は市民社会）を構築した方法に関するUphamの結論に合意する点が多い。

(14) 定義と手続きが簡単だからとはいえ，アメリカの非営利団体に対する

は，この非営利団体の概念を用いるよりも「公益法人」（民法第34条に公益条項が書き込まれた経緯については第5章の歴史的分析を参照）というカテゴリーに該当することを義務付けている。そうすると，何が公益に当たるのかを誰が決定するのかという問題が生じるが，日本では驚くべきことに官僚がこの決定権を法律上独占している。したがって，官僚はこの決定を行うにあたり間違いを犯すことが，法律上ありえないと想定されているということになる。

　さらに日本の法律は，公益法人は主務官庁の明確な許可があって初めて法人格を取得できると定め，監督・行政指導の権限も与えている。他の国では，一般的にこのような権限は分散されている。多くの場合，法的地位を取得できなかった団体には，裁判所に訴える道が開かれている。例えば2005年3月24日，ドイツではベルリン高等行政裁判所が官僚側のエホバの

　　　税金の扱いに問題がないとは言えない。法律で非営利団体の種類は慎重に区分されており，何十もの異なる「種類」の非営利団体がある。最も多いのが501(c)(3)慈善団体で，かなりの優遇税制を受けているが，団体の政治活動は制限されている。ここでの問題は「非営利団体」と「公益」の違いであるので，この議論は本文では取り上げない。しかしアメリカでも，優遇税制が政治化する可能性があるという意味での関連はある。Berry and Arons (2003) は，501(c)(3)慈善団体はその政治活動上の制約により不当に活動を妨げられているとまで述べている。2004年のアメリカ大統領選挙運動のさなか，全米有色人種地位向上協会（NAACP）の地位と政治的認知がニュースとなったが，それは政府が民主党上院議員 John Kerry 候補を支持する NAACP を萎縮させようとしているとの批判の声があがったからである。また内国歳入庁（米国国税庁）は元来法的措置をとるにあたっては寛容ではあったが，その寛容さや法律自体が変わる可能性もあった。1995年，共和党の下院議員たちは歳出予算案に付加条項を提出したが，それは連邦政府より資金援助を受けた非営利団体のロビー活動を制限しようとするものであった。可決されていれば，市民社会に多大な影響を与えただろう。この下院議員のなかの一人であった Ernest J. Istook は，事務所の公式発表で「納税者は非営利団体を装ったロビー団体の支援を無理強いされるべきではない」と述べている。しかし，この法案は否決された。筆者は，アメリカのシステムが理想的であるとしたり，日本の模範になるべきであると主張するものではない。これらアメリカの事例は，上記市民社会組織の規制枠組みに政治が関連していることを示し，筆者の議論を強固にしているに過ぎない。

証人に対する申請却下の決定を覆して，公法人と認めた（"Germany: Jehovah's Witness Win Legal Battle" 2005）。日本では自由裁量に任せられた審査機能，徹底した事業監督，制裁権限があいまって，市民社会部門の活力に恐ろしいほどの影響を与えている。この3つの組み合わせが，日本の市民社会発展パターンを形成する最も重要な要素の1つとなっている。この厳格な規制はまず1896年公布の民法第34条に基づいている。この許可制度では，主務官庁の考えにそぐわない目的やスタイルを持つ団体が許可を受けるのはきわめて困難であった。事実上官僚の裁量に任せられたシステムのせいで，このような団体は法人格の取得を認められずにいた。これが官僚によって法人として組織化を認められる団体と認められない団体が選別される審査メカニズムである（「NPO法の検討」1997; 毛受・青木 1995; NIRA 1995; 山本 1995 and 1998）。

多くのNPOが，様々な理由をつけられて法人になれずにいた。そしてすでに述べたように，このことで大変不利な立場におかれることとなった。特に規模拡大や専門化を目指す団体にとっては，法人格がないために事業運営の細部で直面する困難も軽視できない。市民社会組織は，法人格がないために引き起こされる問題には事欠かない。長寿社会文化協会の田中尚輝理事は，1988年に団体が公益法人となる以前のことを振り返って，「法人でなければ，厚生省の役人は名刺さえ出してくれなかったし，企業では受付から奥へ通してもらうこともなかった」と言う（田中尚輝氏へのインタビュー，東京，1998年3月12日）。朝日新聞は，北九州市の市民団体が1年間にわたって地元企業から自動車の寄贈を受けられなかったのは，法人格がなければ寄贈が会長個人に行われたように見えたからだと報じている。また別の団体の代表は，「他の組織と関わろうと思えば，法人格を持っていないと話にならない」と言っている（朝日新聞，1998年3月23日）。また同紙は，ある高齢者介護団体の例を出して，もし団体に法人格があれば政府から年間約1,200万円が受けられるが，団体にはボランティア組織としての法人格がないため，全く補助金を受けられないのだとしている（朝日新聞1998年3月25日）。

日本では独立団体の規模拡大が難しいのと同様に，大規模団体が独立性を保つことも難しい。この仕組みは，まずかなりの監視（報告や調査），制裁（団体の解散も含む様々な処分）権限が1つの省庁に委ねられていると

いう制度に基づいている。もし1つの省庁が団体の結成許可，監視，処分，さらには（効果的な法的異議申し立ての方法がないままの）解散命令権限を持っていたら，その省庁が団体に対して大きな権限を持つことは，理論的にも容易に理解できる。日本において各公益法人は主務官庁に対して報告義務があり，主務官庁は団体を調査し，公益法人の法人格を取り消す権限さえ有している。

さらに法人格に付随する税制でも，団体は他の先進民主主義国家に比べて優遇されていない。公益法人は前年の事業情況報告書，財産目録，社員の移動状況報告書，前年度の収支決算書，加えて来年度の事業計画書，収支予算書を提出しなければならない。さらに甚だしいのは，官僚が「行政指導」を引き続き迫っていることである[15]。官僚に制裁権限があるために，行政指導で被許可団体は官僚の好みに合わせることを強いられ，市民社会部門の独立性が損なわれている。これらの規制が有無を言わさぬ形で行われてきたため，多くの研究者が社会福祉法人（第3章で詳述する社会福祉活動で活躍する非営利団体）をNPOとして必要な独立性を欠いた，政府に都合のいい下請けに過ぎないと考えている。主務官庁は公益法人に対し，従わなければそれが解散につながるような命令を出すことができるし，現場への立ち入り検査や監査を行うことも可能だ。

法人格もその一部であるが，政府が好意的にとらえた団体に与える重要なリソースとしては，（おもに法人格の付与を通じての）正当性，公的財政支援，税制優遇が挙げられる。第3章では課税と，市民社会組織への財政支援という別の規制枠組みについて詳しく論じ，他国の政府と比較しても，日本は市民社会にほとんど財政支援を行っていないと結論づける。

政府は団体に対し，しばしばもう1つの重要なリソース，すなわち正当性を付与または剥奪することができる。日本政府が持つ団体の正当性を判断する権限は非常に強い。そして，日本の国家がもつ歴史的・文化的重要性が，全てとは言わないまでも，ほとんどの先進民主主義国に比べて大きいとされている。正当性は，市民社会組織の社会的価値が法的に認められ

---

(15) 中央官庁による監視・監督は，民法第67条で定められている。同条第2項は，「主務官庁」による「監視制度」を設けている。さらに同法第84条では，主務官庁の指導に違反した公益法人の理事は，過料に処せられると規定している。

ることで生まれる。それは組織が分類されるべき特別な区分を作ったり，特定の組織をその許可区分に所属すると認めることを通じて行われる（ドイツ市民社会組織にとっての正当性の意義については，Zimmer 1999参照）。リソースとしての正当性には2つの解釈が可能である。合理的選択論の観点から見ると，正当性は信用を生んでいるということが重要である。すなわち政府に認められれば，団体の公明性が国民に対し効果的に示されることになる。また，異なる文化の中では正当性の価値も重要性も様々であるという文化論の文脈での解釈も可能である。筆者の議論においては，正当性とは日本において政府から付与されたり，剥奪されたりするリソースであり，政治制度の枠内に無理なく収まる。このリソースについては，本書のいくつかの箇所で検討していく。第3章では正当性を概括的に考察し，第4章では国家による正当化が，日本の小さな自治会がもつ大きな価値を具体的に示す。そして第5章では1998年施行のNPO法が与えた影響を詳しく調べ，このリソースが市民社会組織にとってどれだけ重要であるのかを明らかにする。

6．政治機会構造

規制枠組みは，市民社会の発展に影響を与える政治制度構造の重要な要素の1つである。規制枠組みの効力は，法律であれ財政であれ，かなり容易に理解できる。しかしながら，規制枠組みだけで政治制度構造ができているのではない。さらに2つの要素を検討する必要がある。その2つの要素とは，政治機会構造とその他の間接的影響である。「間接的」と筆者が呼ぶのは，市民社会組織に与える意図せざる影響のことを指すからである。それらは，副産物ともいえる。まず，政治機会構造からみていこう。

日本の政治機会構造も市民社会組織のパターンに大きな間接的影響を与えてきた。政治機会構造は，「必ずしも正式で，永続的，国家的であるというわけではないが，政治環境に一貫して認められる要素で，それが人々に集団行動に訴えることを促す，または思いとどまらせる」（Tarrow 1994, p. 18）ものである。筆者は政治機会構造という言葉を，それが作り出された集団行動や社会運動の研究ででではなく，政治に影響を与えようとする個人が直面する政治的機会の構造を指すために使う。こうして言葉の意味を広げると，元の言葉が使われた場所や使われ方から明らかに言葉を引き剥が

すこととなるが，言葉の趣旨を曲げるものではない（Meyer and Minkoff 2004）。

　政治に影響を与えようとする日本の市民社会組織が直面する政治機会構造とは何であろうか。比較的外部と隔絶した官僚，影響力の弱い議会は，団体が政治的影響力を持つためにどう組織するかを決定付ける。つまり農業関連の圧力団体といった例外的事例もあるが，一般的に中央省庁と密接に協力関係を築くことが，多数の会員を集めることよりも重要となった（Richardson 1997; Richardson and Flanagan 1984; Schwartz 1998）。同じく団体の組織化に関してSkocpolはアメリカ議会補佐職員数が1960年の6,255人から1970年代の1万739人，そして1990年の2万人へ増加したことをあげて，これがアメリカにおいて政策提言型団体が繁栄した重要な要因であったと論じている（Skocpol 1998）。職員が多ければ，政策提言型団体にとってはロビー活動を行い，考えを理解してもらう機会が増えることになる。ところが議員1人に26人の補佐職員が提供されるアメリカに対し，日本の国会制度で提供される秘書はわずか3人である。したがって，陳情者が日本の議員に訴えることができる機会も少なくなる。また日本は議院内閣制をとっているので，日本の組織が大統領に直接働きかけて動かすということもできない。

　また議員は必ずしも影響を与えるのに適した人々でもない。官僚が長い間日本の政治を支配しており，日本の官僚の最も明瞭な特徴はその「政治的隔絶」であった。もちろんこれは，官僚が市民社会を含めた外部からの圧力に影響されにくいことを意味した。しかし，研究者はこのことが市民社会の政治活動のインセンティブを著しく減少させたとは認識していないようだ。反対に日本の発展の全盛期，研究者は日本の官僚を褒め称えた。例えば，発展途上国に日本官僚の役割から教訓を学び取ってもらおうと，世界銀行の調査を基に書かれた本では，日本は経済的に明らかな「最優秀選手」であるとされ，率先してその経済を創りあげた「エリート」をどう行政機関へ招き寄せたのかが強調されている（Pempel and Muramatsu 1995, p. 21）。この研究では行政事務の規模や競争力といった組織的特徴が果たした役割に関してニュアンスに富んだ評価をしているものの，官僚の直接的な行為の功績も認めている（S. Pekkanen 2003も参照）。

　近年，政治家が政策決定により強い影響力をもつようになったのは確か

だ。しかし，その影響は限られた形でしかあらわれなかった。Michio Muramatsu and Ellis Krauss（1987）は，この特徴をとらえて「パターン化された多元主義」と呼んだ。その中では，限られた数の生産者団体しか政策に影響力を持たず，それも自民党を通じてしか行使されなかった。猪口・岩井（1987）は特定の政策分野を専門とする族議員の隆盛を論じた。しかし，こうした有力政治家もその専門知識の蓄積はごくわずかなものにすぎず，官僚と選ばれた経済利益団体との緊密な関係を築くのが一般的であった。1997年の日本における調査では，政策に影響力を持つことを目指す団体は政党よりも官僚と協力する割合が高いことが判明した。政党のみと協力することを選んだのはわずか5.4％だったのに対し，官僚と政党の両方との協力を選んだ団体は33.4％，それよりさらに多い38.2％の団体が官僚との関係に絞って力を注いだという調査結果が出た（Tsujinaka, Pekkanen, and Ohtomo 2005; JIGS調査のデータについては付録参照）。

日本に特有の単記非移譲式の中選挙区制のもとでは政治家が市民社会組織を集票装置として利用することもなかった。しかし結論で論じるように，1994年の小選挙区比例代表並立制の導入で，政治家は市民社会組織にも目を向けるようになった。

要するに日本の政治機会構造には，市民社会組織が影響力を持とうと結束を試みるべき余地がなかったのである。官僚は外部と隔絶しており，政治家も影響力をほとんどもたないことが多かったのがその理由である。

7．その他の間接的影響：対立管理と郵便料金

団体の結成・活動への規制に比べるとさほど顕著ではないが，やはり重要な役割を持っているのは，いくつかの間接的要因である。筆者はここで対立管理戦略と郵便料金の2つの間接的要因について考察したい。

Pharrは政府が社会的対立に対して，概して「個人化」を試みてきたと論じている（Pharr 1990）。先手を打った譲歩や対立の個人化といった戦略は，団体の形成を阻害するという効果を持つ（Upham 1987）。これらの戦略は抗議活動の性格に2つの長期的影響をもたらす。まず潜在的な紛争が表面化しても，制度化が行われていなければ，それだけ団体行動に問題が生じ，政府にとってその対立は与しやすいものとなる。実際に，環境保護運動といった大規模な日本の社会運動には，この事態が起こった。この論

理は，本書が日本の市民社会の歴史的発展に関連して行う2つめの議論の根底にある。日本には社会運動が生まれたが，それが制度化されたり，効果的な組織的遺産を作ることもなかった。集団行為についての研究にも類似した議論があり，もし労働者が労働環境の悪化するそのたびごとに，一から労働組合を立ち上げなくてはならないとしたら，ストライキを起こすよりも前により労働環境が悪化する可能性があるとされている。日本の市民社会はその団結を再び行う必要があった。加えて，Charles Tillyは，抗議活動に対する政府の反応が，長い時間かけてどのように抗議自体の性格をつくりあげるか示した（Tilly 1979）。このことは，日本の活動家が1960年代と1970年代の抗議活動の失敗後内向きとなり，運動が消費者意識に焦点を置いたものに退化した原因だと筆者は結論で論じる。

　一見些細な規制が組織発展のインセンティブの構築に対し，間接的であれ重要な影響をもたらすことがある。例えば，本章冒頭で論じた非営利団体に対する大量の郵便割引制度が，日本にないこともそれに含まれるだろう。これはとるに足らない事例のようだが，アメリカでは約1セントで書簡を各家庭に届けられるこの割引制度が，多数の会員を集めるためのインセンティブにとって重要である。このような団体は，郵便割引を利用して広い範囲から会員を集め，会員との連絡を保っている。日本にはこの割引制度がないため，多数の会員を集めようとする団体の運営費用はかさみ，運営自体も成功しにくくなっている可能性がある。他にももっと重要な要素があるかもしれない（例えば反喫煙団体の場合には，タバコ産業に政府が関与していること）。しかし，要するに大量郵便割引は多数の会員に支えられ，その会員はおもに資金提供することで参加し，情報は郵便物で届けるという形で特定団体の発展を容易にしている。

8．最近の変化

　本書における4つの主要な議論の1つである「規制論争」論は，規制枠組みが政治によって決まると論じる。したがって国の政治環境の変化は，規制枠組みの変化につながりうる。筆者は第6章結論で，政党の役割がこの点で特に重要であり，最近選挙制度と政党システムが変わったことで，政党に市民社会組織のためにより寛大な枠組みづくりに努力する新たなインセンティブが生れたと主張する。

実際に最近の法律改正で，市民社会組織に対する法的環境が改善された。具体的には1998年のNPO法（特定非営利活動促進法）と2001年のNPOへの優遇税制（2001年度税制改正）である。1998年のNPO法では，（厳密には民法第34条の特別法を通じて）新しい公益法人のカテゴリーが作られた。これは法人格の付与にあたり行政指導，官僚の自由裁量を制限することを意図しており，多くの市民社会組織が法人格を得ることとなった。しかし，行政指導が続いているという証拠もみられ，1999年11月までにNPO法人格を取得した1,034団体（463団体が回答）を対象にした調査では，この法律に「満足」している団体の割合はわずか5.2％であった。一方，2004年までに日本には1万6千もの新NPO法人ができていた。これ自体が，日本市民社会の発展にとって規制を緩和することが重要であるという明白な証拠であり，したがって市民社会の形成に規制枠組みが大きく関わっていることも示している。2001年度税制改正では，NPO法人にサブカテゴリー（認定特定非営利活動法人）が作られ，その団体に対し個人や企業が行った寄付は，税金控除の対象とすることが認められた。この改正は，NPOに対する税率を引き下げるものではなく，慈善寄付を受けられるのは限られた団体だけである。これらの団体は，組織予算の3分の1を寄付金に頼らねばならないなど多くの厳しい基準を満たし，国税庁長官の認定を受けなければならない。この公益性を判断する「パブリックサポートテスト」だけで，NPO法人の90％が不適格となる。

　後述するように，これらの最近の変化の中にいくつかの研究課題がある。日本では1898年から1998年の間（占領期の改革を除いて），市民社会組織の規制枠組みにほとんど変更が加えられることはなかった。これは学術的な説明を要する驚異的な歴史的事実である。しかしながら，1998年以降急速に法改正が行われている（第3，5，6章で詳述）。このこともまた説明される必要がある。なぜ日本の規制枠組みがこれほど長い間静止状態を保ったのか，そしてなぜそれが昨今急激に変化したのか，この2つの疑問に対する説明を探らねばならない。第6章では，一貫して説得力を持つ説明を試みるべく，「規制論争」論を展開する。

9．むすび

　日本では（近年の変化にもかかわらず）その法的環境の影響で，NPOの

地位，数，独立性が厳しく制限されてきた。もちろん，会社組織になったり，法人格を持たない任意団体のまま活動することも可能であり，現にそうした活動を行う団体も少なくない。しかし日本の法制度がNPOに対して強い偏見を持っていることは明らかである。またこの偏見は，日本の市民社会の発展パターン形成につながるインセンティブを作り出しているという意味で重要であり，偏見により多くの団体，特に政府からの独立を求める団体が発展することが難しくなっている。

　ここで留意すべき点は，政府のこうしたネガティブな役割はその役割の全体の一部に過ぎないということである。日本政府は同時に多くの協同的な団体を奨励している。協同組合の形をとる法人や自治会などもその一例である。自治会は，政府が日本の市民社会のある特徴を助長することにポジティブな役割を果たしていることを示す好例である。第4章では，自治会が事実上は法的に認められ，権限や管轄権の委譲を受け，（恐らく対抗する組織の発生を抑制するように）正当性を独占し，政府から資金援助を受けることでいかに恩恵を受けているかを示す。

　実際ここで，筆者が主張しない4つの点を明らかにしておきたい。これらを説明することで，筆者の議論を明確にし，主張に関する誤った批判や理解を避けたい。第一に，筆者は日本の市民社会が脆弱だと主張しているのではない。むしろ日本市民社会は一般に持たれているイメージと比較して驚くほど強固であり，第4章で詳述する地域に根ざした団体の強みは，本書の議論に不可欠な要素である。日本市民社会の研究では，自治会のような団体はほとんど考慮されることがなかった，しかもより重要なのは，本書が議論を，市民社会の強固－脆弱という二分法から脱却させ，日本の市民社会の分解を可能にして微妙な差異に注目する分析へと導いていることである。第二に，日本市民社会は政策決定に全く影響を与えないと主張しているのではない。筆者は結論で，日本市民社会は専門職化が進んでおらず，公共領域や世間の議論に対する影響力も限られ，他国の市民社会に比べれば，政策に及ぼす影響も少ないことはほぼ間違いないと主張する。しかし，市民社会組織が政策決定に影響を与えることは可能で，実際に影響を与えている例がいくつかある（Chan-Tiberghien 2004; Png 2004; Shipper 2001 and 2002）。第三に，市民社会は政府に影響を与えることに関しても無力であると主張しているのではない。程度は限られるが，市民社会が

国家に影響を与える事例が起きている。例として，第5章でこの10年間に行われた法改正に市民社会が担った役割を詳述する。第四に，日本の市民社会は変化していないとは主張しない。変化と成長が日本の市民社会に起きていることは認識しており，第6章でそれについて論じる（最近の変化についての分析は Pekkanen 2004a も参照）。けれども1つの国での長期的分析と，多国間の比較分析には重要な違いがある。したがって，今日の日本市民社会組織が15年前と比べてより大きく強力になっているということと，他国の市民社会（またはそのあるべき姿）に比べてまだまだ小さく性質も異なるということに矛盾はない[16]。

政治制度からの説明は，日本市民社会の主要な特徴を比較分析の観点から説明する。その特徴とは，専門職化が進んでいないこと，または地域に根ざした小規模な団体が多いこと，専門職化した大規模な団体が少ないことなどである。また既述の他説と違って，この政治制度論は大規模で専門職化した市民社会組織の発展パターンも説明することが可能である。この理論の主な利点は，日本の専門職化した市民社会組織の不均一な分布と，大小どちらの団体のパターンも同様に説明することができる点にある。専門団体の発展も分野によって違いが出てくる。例えば，日本では大規模な環境保護団体は少数しかないが，保健衛生関連の団体は比較的多数存在する。同様に多くの宗教法人がある一方で，政策提言型団体は少ない。このような事実もこの理論で説明される。

議論の節で述べたように，本書は主に4つの議論を提示する。第一は，政府が与えた影響によって，二重構造を持つ市民社会という日本の発展パターンが形成されたとする「政治制度」からの議論である。第二は，戦後の日本市民社会の歴史は，規制枠組みの力に焦点をあてることで同様に解明できるとする「氷河期」論である。第三は，規制の枠組み自体が政争の産物であり，変わりうるものであるとする「規制論争」論である。第四は，

---

(16) これは様々な研究者の議論の位置づけに関係している。例えば，筆者は自分の議論が辻中編（2002）の議論を否定するものでは全くないと考える。辻中が，彼の優れた研究で過去数十年にわたる日本市民社会の成長を追跡する一方，筆者は比較分析の観点から日本に注目し，その市民社会発展のパターンを説明する。両研究には相補関係がある。両者の違いは，どちらの問題を問うかによるそれである。

日本の二元的市民社会は社会関係資本の創出と共同体形成を通じて民主主義を支えているが，公共領域や政策決定に影響を与える大規模専門団体を著しく欠いていると論じる「政策提言なきメンバー」論である。

続く第2章では，比較分析の観点から日本市民社会の全体像を描いていくが，その際に本研究における従属変数もより詳しくみていく。ここでは二重構造を持つ市民社会パターンを徹底的に立証する。同章（さらに第3，6章）は市民社会に関する2つのデータから新たな分析と議論の裏付けも提示する（付録参照）。

第3章では，規制枠組みについて詳述する。ここでは法律だけでなく，枠組みを構成する財政と税制についても述べる。

第4章では，主に自治会の事例研究を通じて小規模市民社会組織を考察する。同じく，政府に直接的支援を受けてきた自治会と，受けていない組織の比較を行う。この比較で得られる証拠により，政府が市民社会組織に与える支援が，どれくらいの有効性を持つか知ることができる。これこそが本書の中核である「政治制度」からの議論を大きく発展させる。これらの組織が，社会関係資本，地域共同体アイデンティティおよび政府の維持に関して持っている強みを解析する。これは既述の「政策提言なきメンバー」論にとって重要な点であり，結論で再度取り上げる。

第5章では，1998年施行のNPO法の詳細な事例研究，昨今の規制枠組みの変化と，1896年の民法34条起草過程の検討を通じ，規制の成立段階における政治背景を詳しく調べる。ここで重要な点は，市民社会の規制は政治化された事象であるということである。これらの事例研究は，日本の規制枠組みが現在の形になっている理由を示し，今日の変化の原因を推測する材料を集めるために必要である。このプロセスは結論で「規制論争」論を発展させるために不可欠である。

結論では，本書の主要な4つの議論を再考し，それまでの章で示した証拠を基に分析を進める。また，日本の市民社会組織が政策や世論に影響を与えることに関して比較的無力である証拠を示し，二重構造を持つ日本の市民社会が民主主義に持つ意味をさらに詳論して，議論を完成させる。

第2章　比較の観点から捉える日本の市民社会

　本章では，国際的な観点から，日本の市民社会を数量的に測定することについて考察する。本章の主な目的は以下の2点である。第一に，日本の市民社会について，比較の観点からの概観を行うことである。第二に，日本の市民社会についての数量的な証拠を，第1章で展開した議論と結びつけることである。日本は他の先進民主主義国家と比較して，いくつかの点ではかなり典型的な特徴をもっているように思われるが，日本の市民社会には専門職員が非常に少なく，労働人口のたった0.4％である（社会福祉を除く）。多くの専門職員を抱える少数の団体をみても，セクター全体をみても，統計の上では同一の傾向がみられる。ここに日本についての疑問が生じる。日本はよく知られているように集団志向の国であり，多くの団体が存在するが，研究者の多くが日本の市民社会は脆弱と嘲笑する。この疑問を解く鍵は，日本には多くの市民社会組織があるが，その団体で働く市民社会の専門職員は多くないということにある。地域における日本の市民社会は活発であるが，第6章でみるように，日本の組織は専門職員を欠いており，多くの場合，国民的な議論に大きな影響を与えるための専門的な知識や能力を発達させられないままである。日本の市民社会には多くの団体が存在するが，その団体は「4つの小ささ」によって特徴づけられる。すなわち，少ない会員数，少ない専門職員数，少ない予算額，狭い地域における活動である[1]。

　（1）　Susan Pharr が「4つの小ささ」（four smalls）という言葉を討論会の中で用いている。アジア研究学会年次総会2005「現代日本における市民社

本章の2つの目的の両方にとって，多くの異なる特性をみることは重要である。単一の測定方法では，市民社会の重要な側面すべてを適切に捉えることはできない。たしかに，個別の測定方法のうち，どれについても注意深く扱われるべきではあるが，多くの異なるタイプの測定方法を用いることで，分析結果の信頼性と正確性が高まる。したがって本章では，さまざまな角度から日本の市民社会組織を観察し，可能なところではそこで測定された結果を他国における知見と比較する。第3章ではより議論を進め，因果関係を特定するために，日本の市民社会組織に対する国家からの援助の特性について考察する。同章で議論するこの国家からの援助のパターンは，本章で描かれる団体構造のパターンとまさに一致する。つまり，規制枠組みによって，大きな団体が独立することや，独立した団体が大きくなることが困難になっているのである。

1．比較の観点から捉える日本の市民社会：日本に特有なものは何か

　日本の社会組織に特有なものは，他の先進民主主義国家との比較から明らかである。日本の市民社会は，筆者が「日本の市民社会における二重構造」と呼んでいるような，二重構造によって特徴づけられる。日本人は多くの団体に属しており，日本には多くの団体が存在する。しかし全体として，そのセクターは専門職化されていない。総労働力人口に対する市民社会組織（保健，教育，社会福祉を除く）に雇用されている割合は，他のどの先進民主主義国家に比較しても小さい。第1章では，この状況の原因は日本の規制枠組みにあると論じた。本章では，この主張の背景にある市民社会組織の特性について，以下のように説明する。はじめに，日本にみられる団体の数やタイプについて論じる。次に，個人レベルのボランティアおよび団体への参加を測定した結果について論じる。最後に，日本の市民社会組織における専門職員数の規模について論じる。市民社会組織について他の測定方法をとると，日本が先進民主主義国家の中では全く例外でないことが示される。しかし，専門職化ということに焦点をおくと，日本が逸脱例であることが明らかになる。先進民主主義国家の中では，日本の市民社会組織が最も専門職化されていない。第6章で論じるように，このこ

会団体と政策形成」パネル，於：イリノイ州シカゴ。

第2章 比較の観点から捉える日本の市民社会

とは政治や政策にとって重要な影響をもたらす。1つだけ例をあげて説明すれば，次のようになろう。すなわち専門職員が不足しているという状況が意味するのは，公共政策について，日本ではアメリカよりも市民社会団体が大きな役割を果たせないということである。

市民社会組織はさまざまな方法で概念化されるが，活動している団体を通して市民社会を考察・比較するという点において，ほとんどの実証的社会科学者は共通している。しかしそれは市民社会組織をある単一の特性や数字に要約できるということではない。実際には，数量的に比較される多くの重要な特性があり，そういった特性のバリエーションが重要であろう。団体の数やタイプ，個人による参加の範囲と質，団体の目的，その他の特性がすべて重要であり，研究する価値があると思われる。さらに，比較分析を行う時には，これらの特性について測定された結果は，必ずしも同じ方向に作用するとは限らないことに留意する必要がある。

日本の市民社会組織は多くの特性について比較の観点から考察することができる。日本の市民社会組織について論じる際に通常用いられる3つの主要な統計データは，(1)団体の数，(2)団体の会員数，(3)個人レベルの団体参加データである。しかし，他のタイプのデータである，(4)市民社会組織の専門職化を考察することにより，日本に特有のパターンが明らかになる。団体が利用できるリソースという点から組織の規模をみるとき，日本には非常に多くの小規模な地域型団体が存在するが，専門職員を抱える大きな団体は驚くほどわずかしか存在しない。これは，職員数と予算額が同様に市民社会組織を測定するデータとして用いられうるということを明らかにしている。

しかしここでは社会団体に反映された日本の市民社会の特性について，概略を述べることに集中したい。日本の市民社会組織には特有のパターンが存在することが，証拠から明らかである。他の先進国と比較すると，日本には小規模の地域に根差した団体が極めて多く存在する。典型的な例は自治会である。平均100世帯が加入し，広く国内に普及している団体は，他のどの国にも存在しない。また日本には大きな財団がいくつか存在するものの，(常勤職員の数と予算額の点で) 独立している大規模な市民社会組織は存在しない。

2．団体の数

　団体数という点において最多であるのは，自治会である。第4章で詳細に論じるように，日本には30万の自治会がある。自治会は，老人会や子ども会のような団体が作られるときの核としての役割を果たすこともある。また，市民団体（独立した小規模団体を指して使われる語）は，広範囲に存在する。法制度（第3章で論じる）が法人格を取得することを厳しくしているため，法人格を得ることに成功した団体については非常に良質なデータが手に入る。当然ながら，法人格を得ていない小規模団体についてのデータは正確であるとはいえない。しかし，非営利セクターの規模についての大がかりな，日本を含み，国際的なよい観点を提供してくれる多国間比較による研究結果が利用できる。非営利セクターには，名目上非営利とされている市場組織も含まれるため，第1章で定義したような市民社会セクターとは正確には一致しない。しかし，そのデータの分類の仕方に注意を払うことで，興味深い比較を行うことができる。

　表2－1は，日本の市民社会組織の概観を示している。さまざまなタイプの団体の数が分類ごとに示されている。このデータは多くの出典からまとめられており，今日の日本における市民社会組織の数とタイプについての概算を最もよく表しているといえる。法人格をもつ団体の数については，日本政府が詳細な記録をもっているため，正確に測定されている。法人格をもたない団体の数の概算については，比較的正確でない傾向がある。

　法人格をもたない団体を測定することは，そもそも難しい試みである。この理由から，いくつかの異なる測定方法を並行して用いる必要がある。それらの測定方法から得られた結果が全て同じような全体像を描くのであれば，知見についての確信が高まる。このように並行して測定を行うときの指標の1つに，人口あたりの団体の数を「団体密度」として計算するものがある。団体密度からは，日本はアメリカにかなり近いということが，この指標を用いた研究から明らかにされている。1996年には日本の団体密度は人口10万人あたり30.3団体であり，アメリカは35.6団体であった（辻中1997）。

　非営利セクターには小規模団体が含まれず市場セクターの組織が含まれるものの，実際には，非営利セクターは筆者の定義する市民社会組織にか

表2－1　日本の市民社会団体の種類とその数

	種類	団体数
法人格を持つ団体*	学校法人	16,155
	社会福祉法人	13,000
	宗教法人	183,894
	NPO法人	7,634
	財団・社団**	25,927
	医療法人	22,838
	協同組合	23,718
	政治団体	72,796
	シンクタンク（他の項に含まれないもの）	449
	自治会（法人格を持つもの）	8691
小計		412,523
法人格を持たない団体	自治会	292,227
	子ども会	130,000
	老人会	150,000
	その他の市民団体	598,000
	事務所を持つボランティア団体	42,000
小計		1,212,227
合計		1,624,539

*　法人格を持つということは，民法で定める団体として認可されているということである。法人にはいろいろな分類がある（第3章を参照）。
**　このカテゴリーは，第3章で詳しく説明する財団法人と社団法人の2種類の団体が含まれる。
出典：辻中・森 1998；山内 1997；林・入山 1997。

なりの程度重なり合う。日本の非営利セクターの研究によって集められたデータを考察することで，市民社会セクターの特性に対する洞察が得られる。表2－2は，1989年のデータを用いて，日本の非営利セクターについて測定したものを示している。分類の仕方は少し異なるものの，このデータは，表2－1にも，本書の大きな主張にも，かなりのところ一致する。

　日本には非常に多くの市民社会組織があり，その活動は広範囲に亘っている。日本の市民社会組織を測定するさまざまな数値をみれば，このことについてより一層確信がもてる。日本の市民社会組織では，団体にかなりの多様性がある。したがって日本の市民社会組織は，決して活動の幅が狭かったり脆弱なものではない。

3．個人レベルの団体参加

　日本の市民社会組織を測定する他の指標として，個人レベルに対する視

表2-2 日本の非営利セクターの種類・運営予算額・職員数による分類

団体の種類	団体数	非営利団体の割合(%)	年間運営予算(百万円)	非営利団体の運営予算の割合(%)	職員数	非営利団体の職員の割合(%)
教育・研究	12,488	14.5	5,411	39.5	444,931	30.9
医療	15,016	17.5	3,796	27.7	534,412	37.1
社会福祉	20,885	24.3	1,893	13.8	279,625	19.4
文化・レジャー	1,688	1.9	159	1.2	16,201	1.1
環境	128	0.2	23	0.2	2,616	0.2
開発・住居	47	0.1	35	0.3	4,818	0.3
市民・政策提言	3,514	4.1	127	0.9	11,773	0.8
慈善事業	661	0.8	18	0.1	1,946	0.1
国際	718	0.8	67	0.5	4,591	0.3
経済・労働組合	19,751	22.7	1,568	11.4	90,416	6.3
その他	11,325	13.2	619	4.5	49,299	3.4
合計	86,067	100.0	13,717	100.0	1,440,228	100.0

出典：山本 1998, p. 105. データは1989年のもの。

点があげられる。どのくらいの人たちが団体の会員として市民社会組織で活動的であるのか。どのくらいの人たちがボランティア活動に携わっているのか。表2-3によると，日本は全く例外的な国ではないように思われる。実際に，個々の日本人は，他の先進民主主義国家の国民と少なくとも同じくらい頻繁に団体活動に参加しているため，日本の会員数の数値は，大多数が無関心である一方で人口の一部が複数の団体に参加している，という結果を示しているわけではないように思われる。それどころか，もし表2-3のみに基づいて考えれば，日本の市民社会セクターはアメリカよりも活動的であると予測してしまうかもしれない。

表2-3 国際比較の観点からみる日本における団体加入率（％）

国名	団体加入者が全人口に占める割合	団体非加入者が全人口に占める割合
日本	72	28
アメリカ	61	39
オーストリア	58	42
オランダ	56	44
ナイジェリア	55	45
インド	16	84

出典：Verba et al. 1978, p. 101 の図6-3から引用。

表2-3で示された数値に加えて，自治会の会員数もまた非常に多い。第4章で論じるように，自治会は，日本の市民社会組織が活発であるという側面を示している。日本の成人のうち90％が自治会の正規の会員であり，40～70％が自治会の活動に参加している（第4章を参照）。このように組織形態だけを通してみると，日本には非常に活動的な地域型の市

民社会組織があるといえる。

　また，日本人はボランティア活動を通じて市民社会組織に参加している。ここでも，参加率は他の先進国と並んでいる。日本では成人の4分の1がボランティア活動に参加しており，全体の真ん中に位置する。この数字は，成人の半数が参加するアメリカと比較すると約半分であるが，この事例では，世界で最もボランティア活動への参加率が高いアメリカが例外である（山内 1997；鹿毛（未公刊）；日本青年奉仕協会（各年）も参照）。第1章でみた文化主義者の主張とは逆に，日本のボランティア活動への参加率は国際的に比較しても低くはない。この事実のみからでもわかるように，日本の市民社会組織のパターンについての文化主義者による因果関係の主張を評価するときには，留保が必要であろう[2]。

4．専門職化

　多くの点において，日本は先進民主主義国家の中で全く例外的な国ではないように思われる。むしろ，特に地域型の団体について，日本には活動的な参加率と団体数がみられるようである。しかし，日本の市民社会について，1つの目立つ側面がある。それは職業化の欠如である。自治会やそれに類するものはたくさん存在するが，たとえばグリーンピースのように，多くの専門職員を抱え，国家から独立している団体は，ほとんどない。

　専門職化とは正確には何を意味するのであろうか。一義的には，常勤の職員を抱えることである。グリーンピースを例にとって説明しよう。グリーンピースは数百人の非常勤職員や数千人のボランティアだけでなく，1,330人を超える常勤の職員を雇用している（Keck and Sikkink 1998, p. 129）。1994年7月の時点で，世界中に600万人の会員がおり，収入は1億ドルと見積もられる（Wapner 1996）。こういった職員が，グリーンピースを政策決定過程におけるプレイヤーにしているのである。また，このような研究の視点に加えて，グリーンピースは自身のメディア機関をもち，88カ国の新聞社に写真を，テレビ局にニュース映像を，1時間以内に配信することも

（2）　ちなみに，一部の人々が持つ認識とは異なり，多くの日本人は慈善事業への寄付も行う。平均それぞれ3,200円ほどでしかないが，4分の3以上の日本人（アメリカ人の89％に対して，77％）が寄付を行っている。*Civil Society Monitor* No. 9（2004年6月），p. 2.

できる（Wapner 1995, p. 320）。科学的な調査はいうまでもなく，メディアに関するこの種の効力からも，ボランティアと常勤職員では全く実効性が違うことがわかる。日本の市民社会組織においては，相対的に専門職化が欠如しているということによって，日本の市民社会が小さい，または日本人が市民社会団体を作ることができないという印象が与えられる。

図2－1は，この専門職化の欠如を視覚的に示している。専門職員数の規模が大きくなるほど，組織の数は減少している。公益法人は大きな職員規模をもつ市民社会組織のカテゴリーであるということを思い出して欲しい。しかし，大規模な組織はほとんど存在しないのである。4分の3を超える公益法人が抱える職員は9人以下であり，3分の1を超える公益法人の職員規模は0～1人，50人以上の職員を抱えるのはたった1,608団体である。公益法人の抱える職員数の平均は18人である。この職員数の平均は，アメリカの市民・友愛組織（4万1,789団体）と芸術・文化団体（2万1,939団体）における平均値の範囲にある。もっとも，このようなアメリカのカテゴリーには，平均値を下げるような小規模の団体が含まれているのであるが（Independent Sector 1996, p. 203）。

本質的には半公共機関である公益法人を除けば，これらの数値はもっと低くなるであろう。1997年の2万6,089の公益法人のうち，6,918団体（27％）に理事がおり，994団体（4％）では理事の3分の1超がその法人の監督省庁出身である（『公益法人白書』1998, p. 126）。後者の公益法人のほとんどは半公共機関であるが，多くの場合行政からのコントロールの程度は測定することができない。しかし経済関係官庁（経済産業省，財務省）と関連

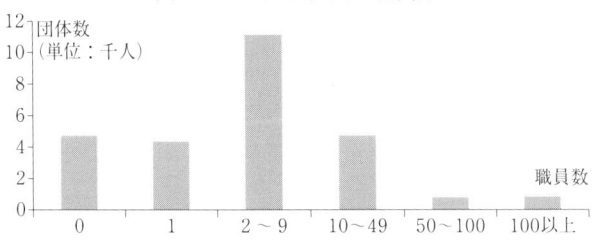

図2－1　公益法人の職員数

＊公益法人は日本の市民社会組織の中で最も団体数が大きいカテゴリーである（第3章を参照）。
出典：『公益法人白書』2000年，p.361.

する公益法人は，特にその省庁の管轄下にある大きな団体について，高い割合でこのパターンに当てはまる。東京都と茨城県におけるさまざまな団体についての最近の調査によると，公益法人は社会福祉法人に次いで天下り官僚を雇い入れる頻度が高い市民社会組織のタイプであった（筆者のデータ分析による）[3]。第3章で詳述するように，省庁による規制的な監督がかなりの程度あることは，このことに対する大きな説明力をもつ。

　行政委託型公益法人についての最も優れた体系的な研究は，林・入山によるものである。林らは，公益法人の財政状況についての調査と分析に基づき，公益法人の28%が政府によって作られたものであると結論づけた（林・入山 1997, pp. 62-63, 105；山内 1999, p. 40も参照）。しかし，大多数（72%）は民間主導によって作られたものであり，ゆえに林・入山はそれを「民間イニシアチブ型」公益法人と呼んでいる。政府主導の公益法人の割合と，理事の地位にある天下り官僚の数とが近似していることによって，データの信頼性がより高まっているといえる。

　図2－2は，図2－1と少し異なるがより際立った結果を示している。このデータは全ての公益法人ではなく，民間主導によって作られた（例えば，政府機関からの資金援助がない）と林らが判断した公益法人についてのものである。しかしながら，ここにはすべての公益法人のうち実に70%が含まれているため，この数値はほとんどの公益法人を代表しているといえる（また，上にあげた図2－1とも似ている）。しかし，国家からの資金援助のある公益法人を除外することと，職員数をより詳細に区分することにより，図2－1よりもさらに明確な結果が示されている。これら全ての民間主導型の公益法人の中で，職員が3人以下であるものが最も多く（57.1%），職員数が一桁であるものが圧倒的多数（79.8%）である。このことにより，日本の市民社会組織における非専門職化を示す追加的な証拠が得られる。

　表2－4は，市民社会組織の専門職化の程度についての重要な数値をいくつか示している。第一の列には，その国において非営利セクターで雇用

（3）　これが第1章で述べたJIGSのデータであり，詳細は付録に示した。これは東京都と茨城県における団体の詳細な調査であり，筆者はデータ分析を行うために入手した。

図2-2 民間主導型の公益法人における職員数の割合

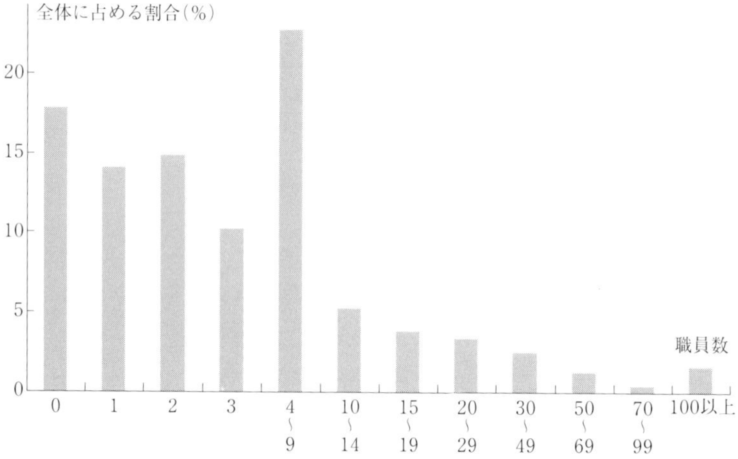

（グラフ：横軸は職員数 0, 1, 2, 3, 4〜9, 10〜14, 15〜19, 20〜29, 30〜49, 50〜69, 70〜99, 100以上、縦軸は全体に占める割合(%)）

出典：林・入山 1997, p.115.

表2-4 市民社会における専門職化の国際比較

国名*	全雇用に占める非営利セクターの割合（％）	非営利セクターに占める市民社会の雇用の割合（％）**	全雇用に占める市民社会の雇用の割合（％）**
日本	3.5	12.1	0.4
オランダ	12.6	11.2	1.4
アイルランド	11.5	12.4	1.4
ベルギー	10.5	17.1	1.8
イスラエル	9.2	11.8	1.1
アメリカ	7.8	18.6	1.5
オーストラリア	7.2	38.0	2.7
イギリス	6.2	41.1	2.6
フランス	4.9	24.1	1.2
ドイツ	4.9	18.9	0.9
スペイン	4.5	30.9	1.4
フィンランド	3.0	34.1	1.0
平均	7.2	22.5	1.5

* フランスとアイルランドの数字は，教育の分野に学術・研究団体が含まれていない。
** Johns Hopkins Comparative Nonprofit Sector Project の1995年のデータから，医療・教育・社会福祉の分野を除くすべての非営利の雇用を算出。

されている割合が示されている。この割合は市民社会組織の規模，とくに専門職化された市民社会組織を測るときに鍵となる基準の1つである。先

進国の平均は7.15％である。日本は3.5％で平均の半分しかなく、フィンランドを除けば最下位であり、この尺度で測るとかなり低く位置づけられる。この統計のみからは、他の先進国に比して日本の市民社会組織が相対的に専門職化されていないという強い証拠が示される。

　第二の列は、社会福祉、保健、教育を除くすべての分野（文化、レクリエーション、専門家、開発、環境、アドボカシー、その他の分野）における非営利セクターの被雇用者の割合である。社会福祉、保健、教育といった非営利団体は市民社会組織の重要な構成要素ではあるが、これらのセクターの非営利団体はしばしば準国家組織であることがある（たとえば日本における社会福祉法人）。このセクターにおける民間の営利団体や公的団体に対する非営利団体の相対的な割合は、一部には政府の民営化政策によって、国ごとに異なっている。したがって、こういったセクターを除く非営利団体の雇用の尺度について考察することは、専門職化している市民社会セクターの規模をよく測定できるため、意味があるといえる。第二の列は、社会福祉、保健、教育といった分野外における、非営利団体の雇用の割合を示しているが、日本はたった12.1％で、このセクターに関して専門職化している市民社会組織が小さいといえる。この数値は平均の半分であり、オランダ以外のすべての国より低い。単一の調査機関によって集計された統計を用いることの利点は、基準が統一されているという点にあるが、日本の研究者たちによって比較可能な数値も提供されている。山内直人はNPOの被雇用者のうち13.8％が上述した3つのセクター以外に属することを示しており、これはかなり近似した比率であるといえる（山内1999, p.7）。この情報については、図2－3にグラフ化した形で示している。

　第三の列には、最も重要な情報が示されている。この数字は市民社会組織（社会福祉、保健、教育を除く）によって雇用されているすべての労働者の割合である。これが市民社会組織の専門職化を、単体では最もよく測定しているものであるということは、強調しておく価値がある。日本の0.4％という数値は、7万3,500人の労働者を表す。これは、リストにあげられた先進国の中で最も低い割合であり、次に低い国の半分よりも、また、平均の3分の1よりも低い。明らかに、これらの列に示された3つの尺度において、日本では市民社会組織の専門職化がきわめて低いレベルにあることが示されている。さらに、準国家的公益法人を除くと、これらの数値

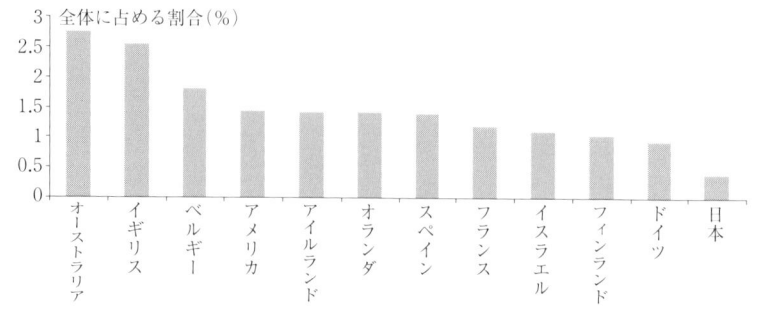

図2－3　全雇用に占める市民社会組織の雇用の割合

［オーストラリア，イギリス，ベルギー，アメリカ，アイルランド，オランダ，スペイン，フランス，イスラエル，フィンランド，ドイツ，日本］

出典：Johns Hopkins Comparative Nonprofit Sector Project の1995年のデータから，医療・教育・社会福祉の分野を除くすべての非営利の雇用を算出。

図2－4　アメリカ・韓国・日本の人口1万人あたりの団体職員数

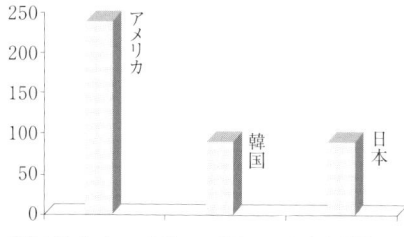

出典：Tsujinaka and Yeom, 2004, p.20から引用。これらのデータは，2001年のものであり，経済団体と労働団体の雇用を除く。

はさらに低くなるであろう。

　図2－4は，辻中・廉によって算出された，アメリカ，日本，韓国における人口1万人あたりの団体の被雇用者の数を示している。少し異なるソースに基づくものであるにもかかわらず，図2－3で示された数値と似ている。

　市民社会組織の専門職員のほとんどは，公益法人で働いている。ある総計では60万人いるといわれる市民社会組織における労働者のうち，48万2,255人は公益法人の労働者である。しかし，市民団体は非常に小規模である。有給の職員がいる団体は82.4%であり，5人以上の職員を抱えるのはたった一握り（1.6%）しかない[4]。ある分類によれば公益法人には平均で0.5人しか常勤の有給職員がいない（山

（4）　山内 1997, p. 212. 市民団体は最も自主性が高い「真の」市民社会組織の体現者であると考えられているが，市民団体の草の根的な性格と調査における分類の違いなどの理由から，信頼できるデータは少ない。中央政府のデータは，基本的に法人格を持たない団体のみを扱っているが，東京都庁のものは法人格を持つものも含んでいる。東京周辺の市民団体は，法人格を持たないものが多い（82%）。

内 1997, p. 220)。この分類における数千の団体に対する調査では、5人を超える常勤の有給職員がいる団体は、1.6％しかない。また、市民団体は、会員数が非常に少ないことによっても特徴づけられる。たとえば、政府の統計によると、メンバー数が50人よりも少ない団体が半数（58.3％）であり、100人を超える団体が8.9％、200人を超える団体が10.2％である（総理府2001）。シンクタンクには、平均で82人の職員がいる（山内1997, p. 221）。1996年に経済企画庁によって行われた調査報告によると、すべての草の根ボランティア活動団体（法人格をもたない団体）のうち、75.5％が常勤職員を全く雇っていない[5]。後に（2001年）行われた4千の市民団体のサンプル調査においても、ほとんどが小規模であることが示されている。JIGSの調査データを用いた筆者の分析からも、市民団体が少数の職員しか抱えていないことが示されている。茨城県の市民団体は、規模の面においてはいくぶん大きい傾向がみられる。図2－5は、すべての市民団体における雇用レベルのデータをまとめたものを示している（JIGSについての詳細は、付録を参照）。

また、市民団体は法人格を持つこともほとんどない。この含意については第3章で論じる。しかしここでは、市民社会組織の活動と運営が、法人格によって容易になることを指摘しておく必要がある。日本の組織の

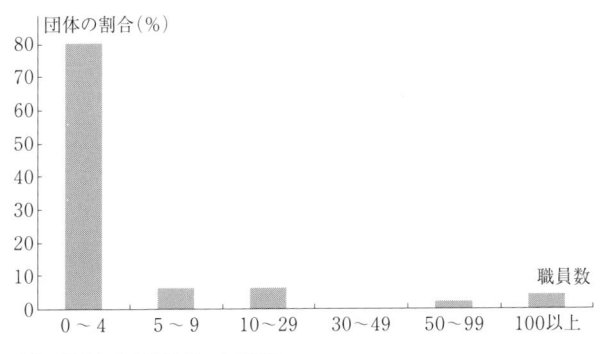

図2－5　日本の市民社会組織における職員数

出典：筆者によるJIGSデータの分析。

（5）　鹿毛（未発表）論文に引用。経済企画庁国民生活局1997年。『市民活動レポート：市民活動団体基本調査報告書』東京、大蔵省。

JIGS 調査において自らを市民団体であると認識した団体のうち, 法人格をもっているのは27.1%だけであり, これに対してアメリカの団体では, 同じ分類において100%であった (辻中・崔 2002, p. 292)。

新しいカテゴリーである NPO 法人については第3章および第5章において詳細に論じるが, たとえこのカテゴリーが成長するかもしれないとしても, 21世紀初めにはまだ小規模であった。2000年には, 少数の常勤・非常勤の職員しか持たない NPO 法人が多く (68.1%), 非常勤の職員しかない団体もあった (13.4%)。多くの団体 (66.3%) は200万円以下の小さな予算であった (総理府 2000)。2003年までに, NPO は規模の面で少し拡大したが, 予算が500万円以下である団体がほぼ半数であり, 職員数の平均は1.3人であった[6]。制度設立初期の NPO 法人 (いいかえれば, この段落で論じた団体) のうち, 多くは新しい団体であるから, NPO 法人は市民団体より平均的に少しだけ規模が大きいと仮に結論づけることができる。

市民社会組織によって作成された法人格の有無を問わず国際的な志向をもつ市民社会団体 (NGO) のリストがあるが, そこには, 平均してそれぞれ14人の有給職員を抱える団体が247団体あることが示されている (NGO制度推進センター)。辻中・森の研究により, 日本の団体従業者密度は韓国よりも低く, アメリカの半分より少し多いくらいであることが示されている。低いレベルの専門職化と, 小さな団体の全体像を描き出すことは, 多くのセクターにおける縮図となっている。例えば, 国際協力の分野における市民社会組織をみると, 法人格をもたない団体が90%である。予算額が年間1千万円を超えるのは, およそ125団体だけである (JANIC ウェブサイト http://www.janic.org/en/whatjanic.html, 2002年7月27日取得)。

Kim Reimann は国際開発 NGO について調査し, 以下のことを発見した。「国際協力 NGO センター (JANIC) のリストに載っている主要な217団体の国際 NGO の平均収入は, 80万8,909ドル (8,089万円) であるが, 対照的に, 1998年の InterAction member directory に記載されている主要な153団体のアメリカの国際開発 NGO の平均収入は, 2,572万ドル (25億7,200万円) である。また, 日本の国際開発 NGO は職員数が少なく, 海外事務所も少なく,

---

(6) 経済産業研究所 (RIETI) による調査のデータ。*Civil Society Monitor* No. 9 (2004年6月), p. 1に引用されている。

海外に派遣する人数も少ない。対照的に，CARE や World Vision といった2つのアメリカで最も大きな国際開発 NGO は，それぞれ3億7,190万ドル（371億9千万円），3億306万ドル（330億6千万円）という予算をもち，1万人，1万1千人という職員を抱え，63カ国，88カ国に海外事務所をおいている」（Reimann, 2003）。

JANIC や他のデータについて考察することにより，最も大きな団体でさえ，アメリカの基準でみると小さいということが明らかになった。このことは，さまざまな異なる測定方法を用いることによって，規模について考えるときにも当てはまる。たとえば表2－5は，国際開発の分野における日本の市民社会団体を，会員数が最も多いものから順に示している。

会員数の少なさから予想されるように，これらの団体では職員数も少ない。表2－6は，国際開発の分野の日本の市民社会団体を，常勤職員数が最も多いものから順に示している。100人（OISCA インターナショナルで働いている数）は，市民社会組織の常勤職員としてはかなり多い。この数字は雇用面での上位における職員数であるが，2位の団体（プラン・ジャパン）の2倍を超える OISCA インターナショナルの数値によって，上位にいる他の団体の数値でさえ少なくみえる。OISCA インターナショナルの職員数は，2～4位の職員数を合わせたものと同じである。アメリカで上位にいる CARE や World Vision といった団体の職員数が，それぞれ1万人や1万5千人であったことを思い出してほしい――日本で上

表2－5 日本の国際開発分野における会員数上位10団体

団体名	会員数
プラン・ジャパン	56,800
WWF ジャパン	54,000
ワールド・ビジョン・ジャパン（WVJ）	13,828
日本民際交流センター	13,000
日本国際飢餓対策機構（JIFH）	11,713
アムネスティ日本（AIJ）	8,690
日本キリスト教海外医療協力会（JOCS）	7,800
アジア保健研究所	7,512
国境なき医師団日本事務所（MSF-Japon）	7,437
キリスト教児童福祉会（CCWA）	6,300

出典：NGO 制度推進センター 1996；JANIC 2000。

表2－6 日本の国際開発分野における職員数上位10団体

団体名	職員数
OISCA インターナショナル	100
プラン・ジャパン	39
WWF ジャパン	34
第3世界ショップ基金	27
シャンティ国際ボランティア会	25
家族計画国際協力財団（JOICEP）	23
ワールド・ビジョン・ジャパン（WVJ）	21
日本ユネスコ協会連盟（NFUAJ）	20

出典：NGO 制度推進センター 1996；JANIC 2000。

表2−7　国際開発分野における日本の予算額上位10市民社会団体

団体名	予算額（円）
プラン・ジャパン	3,903,580,000
OISCA インターナショナル	1,248,470,000
ワールド・ビジョン・ジャパン（WVJ）	934,290,000
家族計画国際協力財団（JOICEP）	887,670,000
シャンティ国際ボランティア会	715,440,000
日本国際飢餓対策機構（JIFH）	540,160,000
WWF ジャパン	504,320,000
難民を助ける会（AAR Japan）	498,860,000
日本国際ボランティアセンター（JVC）	407,760,000
日本ユネスコ協会連盟（NFUAJ）	395,880,000

出典：NGO 制度推進センター 1996；JANIC 2000。

位にいる団体の100倍である。

国際開発の分野における日本の団体の中では，OISCA インターナショナルははるかに多くの数の職員を抱えているが，会員数が最も多いのはプラン・ジャパンであることは既にみた（表2−5）。表2−7には，プラン・ジャパンの予算額もこれらの団体の中では最も大きく，39億358万円（3,900万ドル）であることが示されている。しかし，ここでも，上位にいる団体と次位の団体との間にさえ，落差が存在するのである。予算額が1千万ドル（10億円）を超えるのは，たった2団体である。プラン・ジャパンの予算額は，2位のOISCA インターナショナルの3倍であり，2〜5位の予算を合わせたものよりも大きい。CAREやWorld Visionといった国際開発の分野においてアメリカで最も大きな2つの団体の予算額が，それぞれ3億7,190万ドル（371億9千万円）と3億360万ドル（330億6千万円）であったことを思い出して欲しい——日本で上位にいる団体の10倍近いのである。

日本の代表的な環境団体もまた小さい。アメリカやヨーロッパの基準でみると，上位3団体の会員数は少なめである（表2−8を参照）。ドイツまたはアメリカで最大の団体を1つみるだけでも，日本の環境セクター全体が小さくみえる。第6章で論じるように，1960年代の終わりから70年代の初めにかけて日本に広がった環境運動について考えると，これは特に驚くべきことであるといえる。

さらに，日本の環境団体はかなり少ない財政的資源しかもたない。最大の団体である日本野鳥の会の予算は，14億円（1,400万ドル）を少し超えるくらいである。ここでも最大の団体と次位の団体との間には，はっきりとした落差があることがわかる（表2−9を参照）。2位と3位の団体の予算は（WWFジャパンと日本自然保護協会の予算はそれぞれ5億円と1億2千万円），1位の団体の予算に比べるとかなり少ない。アメリカにおいて

表2－8　日本・ドイツ・アメリカにおける主な環境団体の会員数

	団体名	設立年	会員数
日本	日本野鳥の会	1934	53,798人
	WWFジャパン	1971	50,000人＋1,500団体
	日本自然保護協会	1951	15,275人＋939団体
	OISCAインターナショナル	1961	5482人＋3,048団体
	日本国際ボランティアセンター（JIVC）	1980	1720人
	日本砂漠緑化実践協会	1991	1309人＋65団体
	熱帯雨林保護団体（RFJ）	1989	727人
	熱帯林行動ネットワーク（JATAN）	1987	600人＋100団体
	サヘルの森	1987	477人＋3団体
	緑のサヘル	1991	425人＋11団体
	Global Voluntary Service	1992	400人＋37団体
	FoEジャパン	1980	380人
	ヒマラヤ保全協会	1986	350人
	A SEEDジャパン	1991	290人＋35団体
	サワラク・キャンペーン委員会	1990	180人＋40団体
	国際協力NGOセンター（JANIC）	1987	99人＋141団体
ドイツ	Deutscher Naturschutzring	1950	500万人の会員をもつ108のNGO団体
	Greenpeace	1980	510,000人＋1,800団体
	Bund für Umwevlet under Naturschutz Deutschland	1975	340,000人
アメリカ	National Wildlife Foundation	1936	4,000,000人
	WWF	1961	1,000,000人
	The Nature Conservancy	1951	1,000,000人

出典：Adapted from Schreurs 2002, pp. 211-13の表8－1より引用。会員数のデータは1997－2000年のもの。

決して資金力の豊富な環境団体とはいえない，グリーンピースの予算が，1億ドル（100億円）であったことを思い出して欲しい。

同様に，アメリカと日本における上位20の財団の比較からも，規模の違いが明らかになる。笹川平和財団は，計730億円の資産をもつ日本で最大の財団であり，これは2位で518億円の資産をもつ平和中島財団を優に超えている（表2－10を参照）。

表2－11は，資産規模において上位20のアメリカの財団を示している。Bill and Melinda Gates財団が最大であり，その資産は210億ドル（2兆1千億円）を超える。アメリカで3位のフォード財団でさえ，日本最大の財団である笹川平和財団の10倍を超える資産をもつ。Bill and Melinda Gates財団の資産は，笹川平和財団の28倍である。日本最大の財団の資産は，アメ

表2－9　日本における主な環境団体

団体名	会員数	年間予算額（円）
日本野鳥の会	55,000	1,467,710,000
WWFジャパン	54,000	504,320,000
日本自然保護協会	17,814	121,185,844

出典：各団体のホームページより，2002年7月取得。

表2−10　日本の資産規模上位20財団 *

順位	財団	資産総額（億円）	政府助成金（億円）	設立年
1	笹川平和財団	730.65	4.2	1986
2	平和中島財団	518.32	3.09	1992
3	稲盛財団	435.83	2.0	1984
4	河川環境管理財団	279.85	4.33	1975
5	トヨタ財団	270.16	4.38	1974
6	石橋財団	163.28	1.14	1956
7	住友財団	160.73	3.56	1991
8	車両競技公益資金記念財団	157.95	10.4	1975
9	三菱財団	149.67	4.43	1969
10	放送文化基金	133.77	1.71	1974
11	長尾自然環境財団	131.93	0.11	1989
12	地球環境産業技術研究機構	123.12	8.68	1990
13	日本生命財団	119.98	4.58	1979
14	旭硝子財団	117.16	4.31	1934
15	セゾン文化財団	104.78	1.11	1987
16	国際花と緑の博覧会記念協会	104.03	0.4	1991
17	吉田育英会	103.66	2.71	1967
18	電気普及通信財団	100.85	3.52	1984
19	飯島記念食品化学振興財団	100.59	1.31	1984
20	東日本鉄道文化財団	99.33	0.24	1992

　＊　これらの団体は，公益法人（財団法人）である（第3章を参照）。

リカで20位のKresge財団に比べてもほんのわずかにすぎない。実際，もし笹川平和財団がアメリカにあったとすれば，50位にさえ入れないのである。

　日本で最大の財団でさえ，アメリカの財団と比較すると非常に小さいということがわかる。しかしそれでもなお，その財団は，他のすべての日本の財団に規模の面で勝っているのである。より多くのサンプルをみることで，日本の財団が比較の上では小規模であるということについての知見が得られる。100万ドルを超える資産を蓄積している日本の財団は，たった186団体である（国際交流基金日米センター 2000, p. 16）。

　国際開発の分野における市民社会組織についてみてきたように，会員数，予算額，職員数といった「規模」変数が密接に関連していることが多い。辻中・森は，日本の市民団体についての調査において，被雇用者の数（もしくは予算額）と団体の活動についての尺度との関係を明らかにした（辻中・森, 1998）。彼らはまた，団体が活動している地理的範囲について分析する

表2−11 アメリカの資産規模上位20財団

順位	団体名	資産規模（ドル）	現在
1	Bill & Melinda Gates Foundation	21,149,088,035	12/00
2	Lilly Endowment Inc.	12,814,397,581	12/00
3	The Ford Foundation	10,814,697,000	9/01
4	The David and Lucille Packard Foundation	9,793,212,529	12/00
5	The Robert Wood Johnson Foundation	9,044,511,000	12/01
6	J. Paul Getty Trust	8,793,485,757	6/01
7	The Starr Foundation	6,257,848,627	12/00
8	W.K. Kellogg Foundation	5,719,735,520	8/01
9	The Andrew W. Mellon Foundation	4,888,237,000	12/00
10	The Pew Charitable Trusts	4,800,776,253	12/00
11	John D. and Catherine T. MacArthur Foundation	4,479,153,951	12/00
12	The William and Flora Hewlett Foundation	3,930,366,990	12/00
13	The California Endowment	3,366,256,100	2/02
14	The Rockefeller Foundation	3,211,126,000	12/01
15	Robert W. Woodruff Foundation, Inc.	3,139,654,481	12/00
16	The Annie E. Casey Foundation	3,001,942,131	12/00
17	The Annenberg Foundation	2,932,205,767	6/01
18	Charles Stewart Mott Foundation	2,881,802,805	12/00
19	Casey Family Programs	2,811,000,726	12/00
20	The Kresge Foundation	2,770,530,893	12/00

出典：The Foundation Center のウェブサイト
http://fdncenter.org/research/trends_analysis/top100assets.html

ことによって，他の要素を導き出した。団体は活動を行っている範囲を基準にして，市町村，県，広域圏，全国，世界の各レベルに分類される。辻中らは団体の規模――被雇用者の数と予算額とによって測定される――と活動量の多さの尺度の間には相関があることを発見した（辻中・森，1998）。このような観察により，日本の市民社会が小さな地域型の団体によって密に占められているという概観がより補強される。

地方部を代表する地域として選ばれた茨城県について考察することで，辻中・森は大多数の団体が地域型の団体であることを発見した。図2−6は活動範囲についての完全なスペクトルを図示している。全国レベルで活動している団体がほとんどないことは驚くべきである。県境を越える活動範囲をもつ団体も，たった18.4％しかない（辻中・森，1998）。政府による市民団体についての全国レベルの調査によっても，同様の知見が導き出されている。およそ3分の2（61.7％）が単一の都道府県内で活動している（総理府2000）。これら2つの調査によっては捉えられていないが，自治会

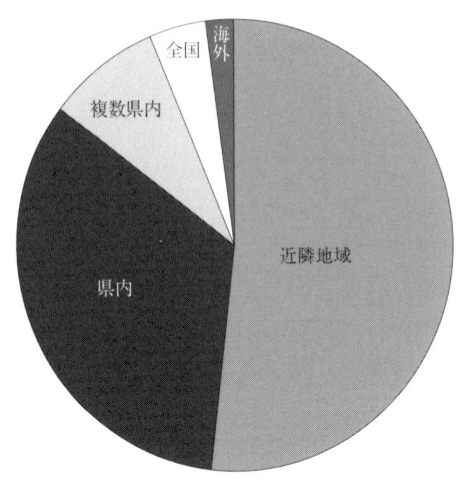

図2－6　活動範囲にみる茨城県の団体

[円グラフ：海外、全国、複数県内、県内、近隣地域]

出典：辻中・森1998, p.4.

が活動しているのもまた，当然小さな地域である。全体として，日本の団体は限られた地理的範囲においてのみ活動しているという概観は，かなり明らかである。

5．むすび

　日本の市民社会は，いくつかの点においてはかなり典型的な特徴を示していると思われる。団体の数は多く，個人の参加率は高い。しかし日本の市民社会は，市民社会組織における労働力が0.4％しかなく（社会福祉を除く），専門職化されていない。専門職化されていないという印象は，少数の大規模団体をみるか，セクター全体としての雇用の数値をみるかということに帰着する。後にみるように，市民社会組織における全雇用の割合という点で，日本は他の先進民主主義国家にかなりの遅れをとっている。日本の市民社会の観察者は，次のような疑問を抱いてきた。日本はよく知られているように団体志向の国であり，日本には多くの団体が存在するのに，日本の市民社会組織は小規模で脆弱なものであると多くの人に考えられている。「4つの小ささ」についての議論が，日本の市民社会組織を展望する際に実に有力である。この問いで見えてくるものは，日本には多くの団体

があるが，専門職員は多くないということである。日本の市民社会組織は地域においては活発である。しかし全国レベルでは，日本の市民社会組織には職員がおらず，それゆえ，第6章で明らかにされるように，国民的な議論への影響力を作り出す専門的知識と能力をもっていないのである。

第3章　法規制の枠組み

　本章は，日本の市民社会団体が直面する法規制の枠組みについて探る中で，それらの法規制が，二重構造を持つ日本の市民社会における団体結成と発展のインセンティブ（誘因）をいかに構築したかを詳細に分析する[1]。市民社会組織を結成する過程で乗り越えるべき法規制のハードルは非常に高い。それらのハードルを越え結成された団体も，官僚による厳格な行政指導と監督の下に置かれる。一般的に，日本において大規模で独立した市民社会団体が非常に少ないのは，こうした事実に原因があると言える。本章は，大規模で独立し専門化した市民社会組織に発展する可能性をもった団体に対する法規制に焦点をあてる。さらに，自治会やその他の小規模団体に関連した法的枠組みについても簡潔に述べる。政府の補助金のパターンや政府と自治会の関係については，第4章で詳しく述べる。

　比較の観点から日本の市民社会組織を見たとき，特に2つの点が特徴として挙げられる。第一に，連合軍による占領統治の歴史やその後の著しい社会構造の変化にも拘らず，公益法人に対する規制体系は1998年まで全く同じものであった。1998年以降の比較的迅速な変化を考えると，この半世紀以上にわたる規制体系の不変は驚くべきものである。我々は，この長い不変の期間と近年の急速な変化を説明する必要がある。本書の第三の主張は，こうした現象が，政治制度（特に政党）に焦点をあてることで説明で

（1）　Pekkanen 2000c, 2001c, 2002, Pekkanen and Simon 2003, Heineken and Pekkanen 2004 も参照。本章の一部は，これらの論文の一部分を基にしたものである。

きるというものである。しかし，本章は主に法規制の構造を詳しく描写することに専念し，第三の主張に対する論拠は，法規制改革の政治背景を分析する第5章と，第三の主張を一般的な観点から展開する第6章において提示することとする。

日本の市民社会組織の第二の特徴は，他の先進国に比べ，日本の法規制が比較的抑制的であるということである。市民社会組織に対して非常に許容的かつ促進的な政策を持つアメリカも（オランダも同様に）多くの点で例外的であるが，ヨーロッパの基準から考えると日本は（フランスと同じく）非常に抑制的な法規制を持つ例である。しかしながら，自治会，社会福祉法人，および近年よく見られる国際援助に携わるNGO団体に対しては非常に促進的な政策があること，またそれらは抑制的な政策と同様に重要なものであるということを忘れてはならない。重要なのは，日本政府が市民社会組織を抑制してきたということではなく，それをどのように形成してきたかということである。そして，いかなる国においても，市民社会組織は政府によって形成されてきたということが最も重要である。

1．比較の観点から見た日本の法律

日本の市民社会組織に関連した法規制の枠組みを分析する前に，日本の法律を比較の観点から見ていくことが重要である。ここでは，以下の2つの点について述べる。第一に，日本の法律は「制定法（成文法主義，civil code）」の伝統にのっとっており，英米で見られる「判例法・慣習法（不成文法主義，common law）」ではない。このことは，団体が法人化する過程を検証する際重要な意味を持ってくる。第二に，日本の法律は古くから外国の影響を受けてきた。中国の法制度に始まり，明治時代におけるフランスやドイツの法制度，さらに占領期におけるアメリカの法制度などが日本に大きな影響を与えた。しかし，日本における外国の法制度の導入は，自主的かつ受容的なものであった。明治時代の市民社会組織に関する法的枠組みの海外からの導入を例に考えてみると，市民社会組織の発展に対して抑制的な枠組みの導入は，日本政府による自主的かつ計算された判断であった。それは，市民社会組織を衰退させようとする悪意を持ったものではなく，むしろ国民のエネルギーを「富国強兵」のスローガンの下，工業化と軍事力強化という国家プロジェクトに集中させるためであった。

(1) 制定法

　制定法とは，世界で最も古くかつ広く影響力を及ぼしたローマ法に起源を持つ法律慣習のことを指す。この他の法律慣習には，宗教法（教義法，イスラム法，ヒンドゥー法など）や社会法，および判例法・慣習法がある。この章では，この本の読者はアメリカやイギリスで一般的にみられる判例法・慣習法について充分な知識を持っているものとして話を進める。制定法の起源は，紀元前450年ごろにさかのぼる。フランスとドイツは，制定法によって治められ，フランスやドイツの制定法は他の国々の法律体系に大きな影響を与えた。ほとんどのヨーロッパ諸国，日本，韓国，タイ，インドネシア，その他多くのアジア・南米・およびアフリカの国々は，制定法の法律慣習を受け継いでいる。それは，多くの場合，植民地支配の結果である。制定法は世界で最も広く受け入れられた法律慣習であると考えられている。それは，単に多くの国で導入されているからだけではなく，他のどの法律慣習よりも国際法に影響を与えているからでもある。制定法は，判例法・慣習法のように特例的な法律や先例の拡大適用ではなく，社会を規制するために論理的につくられた法律体系に基づいている。制定法の専門家は，判例法・慣習法は大まかで組織的でない法律体系であると指摘することがある。判例法・慣習法の法律慣習は，裁判官の権限と過去の裁判の判例を法律そのものよりも重要視する（Glendon, Gordon, and Carozza 1982）。制定法は民法・商法・刑法・民事訴訟法・刑事訴訟法などいくつもの法律体系に分かれている。それらの中で，市民社会の規制について関連しているのは，民法の部分である。それらの法律体系は，いくつかの項目に分かれている。例えば，日本の民法は，総則，物権，債権，親族，相続の五編に分かれている。

(2) 海外からの導入

　国家の法慣習が他国の法慣習の影響を受けるのは避けられないことである。アメリカの法律はイギリスの法律に，ドイツの法律はローマ法から大きく影響を受けている。これらを考えると，日本の法律が折衷主義的である理由は容易に推察することができる。日本古来の法制度に加え，日本には中国の法律体系の強い影響があった。7世紀から8世紀にかけての日本

の律令制度は，ほとんど唐の法制度の忠実な模倣であった。その後，「封建」時代においては，独自の法制度が発展した。しかし明治時代に入って，政府の高官らは自主的に海外からの導入を進めた。その時に手本にしたのは欧米諸国であった。本章の後半で検証する民法第34条の起草に関するケースは，こうした海外からの導入の具体的な例である。欧米諸国からの法律体系の導入は，日本の文明化を推し進める上で，また欧米列強から認められるようになる上で必要なものと考えられたのであるが，導入の過程においては多くの議論が交わされた。問題は，どの国の法律体系をどのように日本に導入するかであった。

　欧米の法律概念は，明治時代の日本ではまだ全く知られていなかった。例えば，明治期の法学者である箕作麟祥は1869年にフランスの民法を翻訳するにあたって，「droit」の訳語である「権利」，同じく「devoir」の訳語「義務」を新しく創り出さなくてはならなかった。こうした法律概念の違いから，箕作のフランス民法典を翻訳する試みは困難を極めた。当時司法卿であった江藤新平は，箕作に翻訳されたフランス民法を基に日本の民法を起草するよう指示した。しかし，全三冊，1820条にわたる民法草案が完成される4年前，1874年に江藤は佐賀の乱を起こした罪で処刑された。この民法草案もフランス民法典の完全な模倣であるとして採用されなかった。同じ頃，1873年に来日したフランス人のギュスターヴ・ボアソナードが刑法と治罪法（刑事訴訟法に相当）を1877年に起草した。それらは，1880年に採択・公布され，1882年より施行された。その後，ボアソナードは1879年に民法の起草に着手した。そして，その一部は採用され，残りの部分は日本人によって起草された。これらは統合され，1891年に1つの法令として公布され，1894年に施行された。しかし，フランスの法律慣習に精通する法律家と，イギリスの法律慣習に精通する法律家の間で派閥的な激しい論争が起こった。この論争は，当時高まっていた司法絶対主義への傾向と相まって，フランス型民法（いわゆる旧民法）を早世させた。その結果，1892年この民法の施行は延期されることになった。そして，旧民法の修正を基本として，新しい民法草案が三人の日本人によって起草されることになったのだが，その際には他のどの国よりもドイツの民法を参照して起草された。しかし，新しい民法の中には，フランスさらにはイタリアの民法の影響もみられる。これとは対照的に，日本の刑事訴訟法はほぼ忠実にド

イツのシステムを継承している。そして、新しく起草された民法は、総則、物権、債権、親族、相続の五編を持つこととなった。この第一編である総則は、1895年に完成し、1896年に公布された。最後の2つは、1898年に完成し同年帝国議会で承認された。完全な新民法は、1898年7月16日に施行された（野田 1976）。第5章では、この研究に一番重要な意味を持つ民法第34条の草案に関連した論争を、「公益」という規定と許認可規定に関する決定がどのようになされたかに注目して詳しく検証する。だがここでは、一般的にこうした法典論争が、日本の法律制定における大きな特徴であるということが重要であると述べるにとどめる。

　日本の法律は、アメリカを中心とした連合軍による占領期にさらに改正された。アメリカは、日本の新憲法を実際に起草しただけでなく多くの司法改革を推し進めた。この研究の関心の範囲内では、民法第34条に付加された特別法令がある。この法律は、宗教団体などの社会団体の結成を容易にする目的でつくられた。それは概ね一定の成功を収め、これらの社会団体が今日日本に多数存在する原因となった。

　以下本章では、日本の法律の下での市民社会組織の規制を法的な面から議論する。まず市民社会団体結成に関連した法律、法人の様々な分類について述べる。次に、団体運営に関する規制、税制面での待遇、公的資金の市民社会団体への供与、政府による認知の重要性について述べる。さらに、団体の成長に影響を与える郵便規制など法的規制の問題について述べ、最後に法律体系の形成は政治的闘争の産物であるという本書の主張を繰り返し提示して締めくくる。

2．団体結成に関わる規制

　日本国憲法第21条は、集会及び結社の自由を保障している。しかし実際には、この大まかな保障は任意の団体の結成に対してのもので、全ての団体が簡単に法人格を取得できるというものではない。法人格というものが重要であるのは、日本が制定法を基本とする国家であるからである。日本の民法の下では、非営利公益法人としての資格を有しているのはわずか26,089団体しかない。これに対して、アメリカでは140万もの団体が、アメリカの内国歳入庁（日本の国税庁に相当）によって非営利団体として認められている（表1－1を参照）。日本の小規模団体は、法人格なしでも活動

することが可能ではあるが，その結果多くの困難に直面することになる。法人格を欠くことによる不都合は本章で後ほど詳述するが，制定法のシステムにおいて団体が法的な立場を有するためには，法人格は不可欠である。例えば，団体が銀行の口座を開いたり，職員を雇用したり，資産を所有したり，事務所を借りるために書類にサインしたり，国内の政府機関と共同のプロジェクトに従事したり，さらにはコピー機をレンタルすることでさえ，法人格がなくてはできないのである。法人格はこうした機能的な意味での重要性に加えて，団体や市民社会全体に対する正当性の裏づけという意味でも重要なのである。

(1) 法人の資格

1998年のNPO法成立までは，公益法人の認証制度は，非常に厳しく制限されていた。この厳しい規制は，1896年に公布された民法の第34条に基づいていた。集会及び結社の自由は憲法第21条で保障されているが，この大まかな保障は民法第33条によって制限されている。それによると全ての法人は，民法その他の法律の規定によらなければ成立しないとある。法人とは，法的に存在を認められ，権利と義務を有する団体または組織のことである。こうした法的資格抜きには，団体は法的に存在することができない。法人について規定している民法第33条は，民法の総則第2章にある。民法第33条にある法人の一般規定は，2つの柱からなる。民法第34条と35条は，法人の形態について規定している。この2つの条項は，一般規定の枠組みの中に特殊なカテゴリーを作り出すいくつかの特別規定によって補足されている。第35条は営利法人の設立について規定しているが，第34条は同様の規定を非営利法人に対して定めておらず，その代わりに公益法人に関して非常に抑制的なカテゴリーを定めている。このことは，非営利団体であるが公益団体ではない組織に対して当てはまる法人格のカテゴリーがないという法律上の盲点を作り出している（1998年のNPO法はこれを解消するためにつくられた）。言うまでもなく，「公益」という概念を中央官僚が狭義に解釈しているため，これに該当する団体は数多く存在する。それらの団体に対する法的カテゴリーはなく，その結果それらは非公式の任意団体として，もしくは営利法人として活動せざるを得ない。こうした状況は，市民社会組織に対する公的な正当性を否定することにもつながる。政府が

公的な正当性を付与する役割の重要性が、他の先進民主主義国家よりも大きい日本において、これは非常に有害なことである。さらに、法人格取得を妨げている法的特徴が他にも存在する。民法は、公益法人の許認可を、「主務官庁の裁量」に委ねている。したがってこの規定は、各々の省庁がそれぞれの管轄分野に関連する団体に対して許認可を与える形で運用されている。公益法人は担当省庁から補助金を受け設立されることがあるだけではなく、時には補助を受ける省庁から多数の退職した公務員を受け入れて雇用することもある。活動内容が複数の省庁の管轄にまたがる団体（例えば環境、教育問題など）が法人格を取得するのは、極めて困難である。そうした団体は、複数の省庁から認可を受けなくてはならず、こうした状況は「共同監督」と呼ばれる。

1996年9月20日に閣議決定された「公益法人の設立許可及び指導監督基準」は、公益法人を公共の利益の実現を目的とするものでなくてはならないと定めている。そして、以下に該当する団体は、公共の利益の実現を目的としない団体としている。(1)同窓会、同好会等構成員相互の親睦、連絡、意見交換を主たる目的とするもの、(2)特定団体の構成員又は特定職域の者のみを対象とする福利厚生、相互救済等を主たる目的とするもの、(3)後援会等特定個人の精神的、経済的支援を目的とするもの。

これらの規定に該当する団体でも、中央官僚は高い金銭的なハードルを設置している。官僚はしばしば公益法人の認可にあたって、民法が定める「確固とした財政的基礎」を根拠に、3億円の資本金を必要条件として要求する[2]。通常これほどの金額は市民団体に簡単に集められる額ではなく、多くの団体がこの要件を満たせずにいる。このように、日本の認可制度は、活動目的や内容が管轄省庁の意向にそぐわない団体には非許容的な形で運用されている。事実上そのような団体は、官僚の裁量に依存したこのシステムによって法人格を認可されることはない。どのような団体が設立を認められるかを官僚が決定する、これがシステムの選別機能である（「NPO法の検討」1997; NIRA 1995; 毛受・青木 1995; 山本 1995 and 1998）。事実、

（2） この条文は、「公益法人は設立目的の達成などのため、健全な事業活動を継続するに必要な確固とした財政的基礎を有する」とある。この条文は、理論上柔軟に解釈することができる。官僚の狭義的解釈は、法の精神に則ったものというよりは、政治的意図の表れである。

たとえある団体が非営利で公益を目的とするものであるとしても，その団体が法人格を取得できるよう認可する義務は官僚にはないのである（雨宮 1999; 林 1972, p. 53）。その結果，官僚が好意的にとらえていない団体は法人格を付与されないことになる。このため，組織運営に支障をきたす団体が驚異的な数にのぼっている。大雑把に言うと，このシステムが日本の市民社会組織の展開そのものを規定しているのである。

⑵　法人格がない場合の運営上の支障

多数のNPOが，様々な理由で法人として認可を受けていない。それは団体の運営に様々な支障をきたしている。特に，団体が大規模かつ専門化した組織になろうとする場合大きな障害となっている。法人格を持たない市民社会団体の苦労は既述の通りである。第１章での例証を思い出して欲しい[3]。

⑶　認可手続き

認可の可否にかかる時間には制限がない，そして何が公益法人団体に該当するかという点に関して明確な基準は存在しない。申請手続きには数年を要する。決定に反対すると行政訴訟になる可能性があるので，全面的に申請が却下されることはあまりない。後述するように，たとえ官僚が法の運用を誤ったとしても，それを発見することは困難である。足立区医師会の裁判では，すでに医師会が存在する同区内に第二の医師会の社団法人の

（3）　Karen Nakamuraは，日本の聾唖者を研究した本の中で好例をあげている（Nakamura, *Deaf in Japan*, Cornell University Press, 2006）。日本の聾唖団体は，一般的に良い待遇を受けていた。恐らくそれは福祉サービスの委託先として使われてきたからであろう。聾唖者の全国組織である，全日本ろうあ連盟は各県に支部を持っているが，その支部の中には法人資格を持たないものもある（そのうち17支部が法人資格を持たず，１支部は財団法人，４支部は社会福祉法人，５支部は社団法人である）。法人資格を持たない支部は，政府から資金を受け取ることも，重要なプロジェクトに参加することもできない。Nakamuraによると，「法人格を持たずにいることが，県支部にとってよくないというのは明らかである。なぜならば，会員にとって重要な委託事業を受けられないことがあるからである」（Nakamura 2006, p. 12）。

設立許可を求めた申請が棄却された（最高裁判所判決昭和63年7月13日判例時報　1297号29頁）。この事案では，「裁判所が公益法人設立の不許可処分の適否を審査するに当たり，当該不許可処分において主務官庁が一定の事実を基礎として不許可を相当とするとの結論に至った判断過程に，その立場における判断のあり方として一応の合理性があることを否定できないのであれば，他に特段の事情がない限り，右不許可処分には裁量権の範囲を超え又はそれを濫用した違法はないものとしなければならない」と，最高裁は判決を下した（雨宮 1999, p. 135）。認可基準は明らかに重要な問題であるので，本書第5章においても認可基準の議論（表3－2参照）に触れる。そして，民法第34条のケーススタディの中で，この抑制的な認可基準が選択された背景について詳しく検証する。しかしここで結論を先取りして言うと，厳格な基準は極めて自覚的に選択されたと言える。

　こうした法的環境の結果，NPO団体のステータス，団体数，独立性は非常に制限された。もちろん，市民社会団体は営利団体の形をとることも可能である（実際そうしている団体も存在する），もしくは法人格を持たぬ任意団体にとどまることもできる。しかしそういった場合，それらの団体は法的もしくは社会的に認可された市民社会組織に付与される正当性を奪われる結果となる。日本の法律体系は明らかにNPOに対して強い偏見を持っていると言える。

(4)　公益性の定義

　公益法人は原則的に，公共の利益を目的とする団体でなくてはならない。しかし，それは誰の定義によるものであろうか？　日本のように複雑な民主主義社会においては，公共の利益というものが何であるかという問いに対して様々な意見があってしかるべきである。少なくとも，認可を申請する公益法人の審査という目的においては，主務官庁が公共の利益を定義する権限を与えられている。これまでに述べたように，こうした定義は柔軟性を持つもので，特定の省庁の利益に大きく反することのない団体にのみ適用されている。それ自体は決して驚くべきことではないのだが，恐らく多くの読者が意外に思うであろうことは，公共の利益の定義に関して官僚に与えられた法的独占状態の度合いであろう。こうした官僚の権限を制限するものは，官僚が露骨に権限を乱用した際に起こる行政訴訟の可能性だ

けである。だが,行政訴訟の可能性に備えた態勢にも抜かりはない。定義を官僚の「裁量」に任せる文言の他にも,公益団体に許可を与えるのも官僚である。行政手続き法もまた官僚による許可の是非を問うことを困難にしている(官僚は許可申請の却下の理由を提示する必要もなく,許可審査にかかる時間にも制限がない)。こうした事実に加えて,官僚が公共の利益を見誤ったと証明することはほとんど法的に不可能であり,官僚の法的立場の優位性は明らかである。本書第5章において,「公共の利益」を目的とするという必要条件は,当初の原案が却下された後に,計画的に再挿入された事実について述べる。民法の原案を比較することによって,「規制論争」の論拠を示すことができるだろう。

(5) NPO新法の影響

1998年に「NPO法」と呼ばれる新しい法律が作られた。これは,主に法人の分類を増やすことで公益法人の問題に対処しようとする試みであった。長期的にみると,NPO法は日本の市民社会を活性化することにつながるだろう。この法律は多くの団体が法人格を取得することを可能にする。2002年7月の段階ですでに7,500以上の団体が法人格を得ている(詳しくは後述を参照)。団体数の増加だけでも,市民社会の活力にとって重要なことである。さらに重要なことには,NPO法は団体が官僚の審査を経ずとも法人格を取得できるようにし,その後も官僚の行政指導に縛られることなく運営することができるようにした。こうした措置は,これらの団体の政府や国際機関との関わり方を変化させることになるだろう。法人格を持つことによって団体は,政府や海外の機関と共同でプロジェクトを遂行する際に容易に契約を交わすことができる。団体は官僚の監視をほとんど受けることなく活動すべきであるが,こうした独立性はごくわずかで,限られた団体にのみ与えられている。ほとんどの団体は,法人格がもたらす法的機能に重きを置いている[4]。それは法人格を取得することによって,団体のみ

---

(4) 日本政府の調査によると,市民団体が考える法人格の欠如がもたらす最大の問題は,社会的に認知されないことである。しかし,すべてが法人格の欠如によるものにも拘らず,「安定雇用がないこと」,「政府の委託事業が受けられないこと」,「契約を交わすことができないこと」は別々の回答として計上されている。EPA n.d., 27.

ならず市民社会全体が法的な正当性を得，社会的に意義のある目的を持ったものであると認知されるようになるからである。

NPO法は1998年12月1日に施行された。現段階では，以下の3つの点が重要である。第一に，申請団体の数は当初少なかった。法律施行後には多数の団体が申請に駆けつけるものと思われていたが，1999年8月上旬までその数は1千にも満たなかった。神奈川県は，NPO団体の申請申し込み殺到を見込んで7つの窓口を用意したが，1999年12月18日までに届けられた申し込みは僅か8件であった（シーズ ニュースレター 22；毎日新聞1999年12月6日[5]）。しかし1999年の冬から春にかけて，申請申し込みの数は倍増した。

さらに，申請を見込まれていた数千の団体が2004年半ばまでに申請を届け出た（政府の統計によると，申請数19,025，うち17,424団体が2004年7月31日までに許可を受けた http://www.npo-homepage.go.jp/data/pref.html）。この申請の遅れは，多くの団体，特に従来より活動を続けている団体の「wait-and-see（様子見）」戦術を反映したものであった[6]。また法的立場を変更するには，時間と努力を必要とする。例えば，書類や契約上の名義を団体代表から団体名に変更するといった無駄ではないが非常に時間のかかる作業をしなくてはならない。法人格の取得は革命的ではなく進化的な発展である。「ゲームのルール」が変更された他の例と同じように，アクターが新しいインセンティブに対応するには学習段階を経る時間が必要なのである。

法律の運用はいつでも厄介なものであるが，それは日本も例外ではない。NPO法は官僚の裁量を厳しく制限すると明言しているにも拘らず，NPOに申請する団体はいまなお行政指導の対象となっている[7]。NPO法の趣旨

---

(5) シーズ ニュースレター 22（1998年12月25日 p. 2）；毎日新聞（1998年12月6日）によると，1年内に3,000団体以上の申込みが見込まれていたものの，実際に初年度に申し込んだのはわずか52団体であった。

(6) こうした現象について，日本経済新聞（1998年11月29日）は1つの例を挙げている。バングラディッシュの開発に携わる東京のある団体は，法人格は団体に必要なものであるにも拘らず，NPO法が実際どう適用されるのか，未だに様子見をしているという。

(7) 毎日新聞（1998年12月6日）。この記事によると，NPO法の条文にも拘

に反して，官僚は団体が申請する前に，団体と協議することがある[8]。もちろんこうしたことは，団体が申請書類を抜かりなく記入することを助けようとする親切心から生まれることは疑うべくもないが，それはNPO法の趣旨に反するものである。それはまた，なし崩し的に申請審査制度設立につながることも否定できない。さらに深刻なことは，申請を不許可とされた団体の数が非常に少ないことである。2004年6月30日現在わずか86団体[9]。多くの主要業界団体は，業界内の会員しかいないという理由で不許可とされた。これは行政指導のもう1つの一面である。法施行直後の申請不許可の多さは，書類の不備によるものであろうと考えられる。NPO法はまた，申請が却下された場合の理由の明示を義務化しており，却下後の再申請も認めている。情報の開示を伴うこの申請手続きは，行政指導と申請審査制度の不透明性を排除するために定められた。

今の段階ではまだ完全にこの制度が，初めに意図された通りに機能して

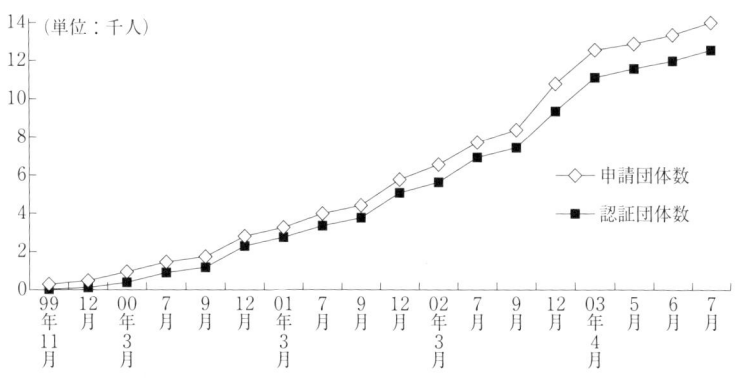

図3-1　NPO法人の申請団体数と認証団体数の変移

出典：内閣府NPOホームページ：http://www.npo-homepage.go.jp/data/pref.html.

らず，官僚はNPO団体が不正を働かないように，その活動を調査し続ける必要があると考えている。

(8)　回答した402団体のうち，80.6％の団体が，官僚に申請内容を変更するように言われたと答えている。(松原明氏との個人的インタビュー，1999年8月20日)

(9)　内閣府NPOホームページ：http://www.npo-homepage.go.jp/data/pref.html.

いるとはいえない。また（本章後半において述べる）税控除の欠如も，苦情を招く理由の1つになっている。教育団体の中には，私立学校法人にあてられている補助金を受け取ることが困難であると述べている（「NPO参入に資金問題の壁」日本経済新聞2004年7月24日）。 法施行からわずか2～3年のうちに，驚くほど多数のNPOが結成され法人格を取得した。この急激な増加は，図3-1が示すとおりである。法施行直後に混乱した傾向があったものの，NPO法は立案者が掲げた目的を果たす方向に進んでいる。

3．法人団体の法的分類

この項は，日本における3種類の団体について述べる。第一の種類は，狭義の公益団体である。これは民法第34条に基づいて，社団法人もしくは財団法人として承認された団体のみを指す。第二は，広義の公益団体である。これは民法第34条に付加された特別条項に基づいて，社会福祉法人，医療法人，学校法人，宗教法人，もしくは特定非営利活動法人として承認された団体を含む。そして最後に，民法第34条とは別の法律に基づいて承認された市民社会団体で，これらには公益信託や自治会などがある（本章の表3-1を参照）。 図3-2はこれら法人の法的分類の概念的な位置づけを，2つの軸に沿って示している。水平の軸は営利団体と非営利団体を分け，垂直の軸は公共の利益を目的とするものと私的な利益を目的とするものを分ける。以下本章では，この表にある4つの区分を使って，法人団体の分類を詳しく説明する。さらに，それらの法人団体の法的根拠となる法律も，この表を使って図式的に説明する。これによって読者は，どういった法律の条項が様々な団体の設立の法的根拠となっているかが簡単に理解できる。また，各種の法律条項とそれに従属する団体との関係についても詳述する。

(1) 公益法人——狭義の定義

社団法人は民法第34条によってその設立が認められている2種類の公益法人のうちの1つである。その条文は以下の通りである。「学術，技芸，慈善，祭祀，宗教その他の公益に関する社団又は財団であって，営利を目的としないものは，主務官庁の許可を得て，法人とすることができる。」団体

図3－2　民法に基づいて設立される団体

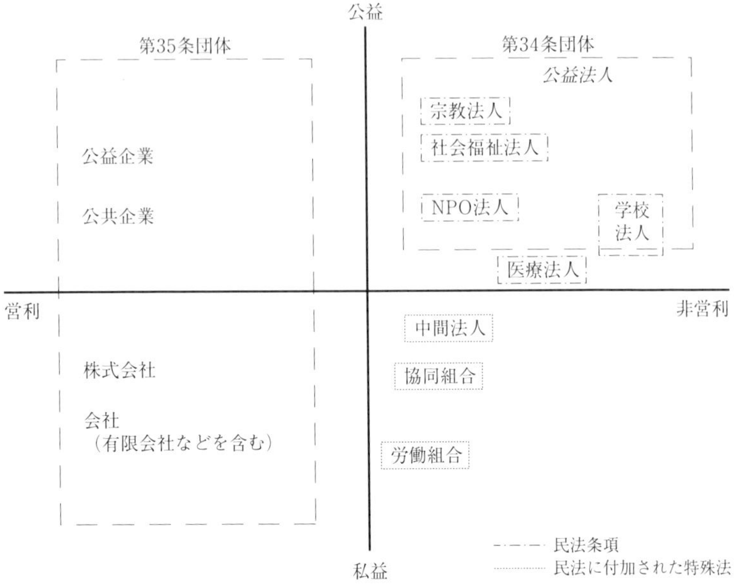

```
                           公益
          第35条団体    │       第34条団体
                       │              公益法人
                       │        宗教法人
          公益企業      │        社会福祉法人
                       │                        学校
          公共企業      │        NPO法人         法人
                       │
                       │        医療法人
  営利 ─────────────────┼───────────────────────── 非営利
                       │        中間法人
          株式会社     │        協同組合
          会社         │
          (有限会社などを含む) │   労働組合
                       │
                       │            ----- 民法条項
                           私益     ───── 民法に付加された特殊法
```

出典：日本国民法

はその会員によって結成されるものであるが，一旦法人格を取得するとその団体は，その規模と会員構成に拘らず，（法律上）独立した意思をもって存在するものとみなされる。団体の結成にあたっては，主務官庁に法人格の申請を行い，許可を受けて行われる。例えば，法律問題を扱う団体は，法務省に許可申請を提出しなければならないが，日本とトリニダード・トバコの友好親善を深めることを目的とした団体は外務省に許可申請を提出しなければならない。実際には，団体の活動が複数の省庁の管轄にまたがることがある。こういったケースでは大きな問題が生じるが，特に郵政省（現総務省）と通産省（現経産省）との間にみられた省庁間の縄張り争いが起こっている分野では団体の結成に対して大きな障害が存在する。許可を申請する団体は，その活動内容に関連のある省庁すべてから許可を受けなければならない。例えば，国際人道団体のアムネスティ・インターナショナルのような団体は，法務省と外務省の双方からの許可を必要とするであろう。社団法人となった後は，社団の規約に沿い社員総会によって

運営されなくてはならない。

　財団法人は，民法第34条によって承認されるもう一種類の公益法人である。これに該当する団体の活動目的もまた，「学術，技芸，慈善，祭祀，宗教その他の公益」に関するもので，「営利を目的としないもの」でなくてはならない。社団法人は複数の会員を中心に結成されるが，財団法人は一定額の資金を中心として結成され，その資金を寄贈者の意向に沿って公共の利益を目的として正しく管理運用することを目的としている。原則的に，財団法人は会員を持たないのであるが，その活動は創設者によって定められた設立規約に沿って，理事会によって運営される。財団法人の申請手続きは，資金の金額上の条件が重視されることを除けば，社団法人とほぼ同じである。

(2) 公益法人：広義の定義

　社会福祉法人は，社会福祉事業法の第22条に基づいて結成された団体のことである。1951年に制定されたこの法律は，戦後占領軍による政治改革の一部である。正確に言うと，これは民法第34条に付加された特別法である。特別法を付加することによって，公益法人のサブカテゴリーがつくられ，それらに新しい規定が定められた。恐らく最も重要なことは，許可に関する規定が緩やかになったことであろう。第2章で述べたこれらの団体は，主に老人，子ども，障害者へのサービスの分野で活動している。中でも最大規模の社会福祉法人は，5歳以下の子ども向けのデイケア・センターが中心である。これらの団体の許可基準は，公益団体よりも緩やかで，特に厚生労働省はこれらの団体を許可することに中心的な役割を果たしている。

　教育法人と学校法人もまた，占領期の特別法制定に伴う自由化によってその設立が認められた団体である。これらに関連した法律には，1949年に制定された私立学校法の第3条がある。これらの団体は，基本的には普通の学校である。しかし，狭義の公益法人とは別の教育法人という分類には，より自由な活動が認められている。これらの団体は戦前には財団として組織されていたが，当時は特定の教師を解雇させることができるほどの強い権限が政府に与えられていた。これらの団体を許可するのに中心的な役割を果たしているのは，文部省である。

宗教法人も占領期の自由化によってその設立が認められた団体である。これらの団体は，1951年制定の宗教法人法第4条に基づいており，文科省宗務課の許可を受ける。

　医療法人は基本的に医療関連の事業を行う非営利目的の法人であるとする見方が一般的である。これらの団体の許可には，厚労省があたる。

　特定非営利活動法人は，1998年制定のNPO法によって新しく創られたカテゴリーである。これは民法第34条に付加された特別法によって創られたカテゴリーである。これらの団体は，経済企画庁（現在は内閣府国民生活局）が許可業務を行う。

(3) その他の団体

　公共信託は，公共の利益を目的とした基金である。公共信託というカテゴリーは，1923年に成立したものの1977年まで使用されずにいた法律に基づいている。この背景には1977年当時公共信託が，公益法人のしくみが抱えていた問題に対する解決法として考えられていたことがある。建設省（当時）と外務省が，1977年に初めて公共信託を2団体許可した。以後公共信託の団体数は増加したものの，その数はいまだ限られている。

　自治会は一般的に法人とはみなされないが，自治会の一部には資産を持つものがある。法人格を持たないことによって自治会が運営上の障害をきたすことを考慮して，政府は「地縁による団体」という新しい法規格を作った。自治会に対する政府の迅速な対応は，特定非営利活動法人制度の創設時にみられた長期にわたる論争と対照的である。

　中間法人は，必ずしも公共の利益を目的としない非営利団体を対象とした新しい法規格である。こうした団体としては，同好会，同窓会団体，業界団体，産業団体などがある。中間法人という新しい非営利団体を創る計画は，2000年に初めて公表された。同窓会団体，業界団体，互助会，自治会などは，中間法人の許可の対象になるものと予想されていた。中間法人法は，平成13年法律第49号として制定され，翌年施行された。

　中間法人法は，中間法人を有限責任中間法人，無限責任中間法人の2種類に分類している[10]。両方とも2人以上の職員を雇用することが条件とさ

---

　　(10)　この分類はここでの議論には重要ではないが，会社法に存在する分類

れている（それぞれ同法第81条第4項の4と第108条の4による）。この他，中間法人は登記を義務付けられ，一定の条件を満たさねばならないが，登記には官僚の許可を必要としない。ここで述べたその他の団体と比較すると，中間法人は，合弁会社や有限会社にみられるように，公共機関に干渉される度合いが非常に低い。

有限中間法人は以下の条件を満たさなければならない。定款を作成し公証人の承認を受ける（第10条），理事または監事を選任する（第13条），基金の調達，配分，支払いにおいては規定の手続きに従う（第14，15，16条），団体設立においては，理事または監事が所定事項を調査する（第18条），主たる事務所の所在地において，法務局に設立の登記を行う（第19条）。無限中間法人は，定款を作成し（第93条），主たる事務所の所在地において，法務局に設立の登記を行う（第94条）。有限中間法人の設立時における基金は，三百万円を下回ってはならない（第12条）。無限中間法人は，共同責任のため基金の最低金額の規定はない。寄贈者の数にも最低限度などは設けられてはいないが，余剰金の会員又は社員への分配は禁じられている。第9条によると，商法に基づいてすべての中間法人は，資産・負債の目録と損益計算書を提出しなければならない。有限中間法人はさらに活動報告書と余剰金の分配・損失の管理についての対応策を提出する必要がある。公益法人やNPO法人とは違い，中間法人は収支予算書や在庫報告書を提出する必要はない。有限中間法人は，帳簿や報告書を公開せねばならないが，無限中間法人にその義務はない。また商法の規定によって，中間法人に予算報告書を提出する義務はない。有限中間法人は，少なくとも1名の監事を持つ必要がある。法人税の税率は，中小企業のそれと同じ22％（年間所得800万円以下）と30％（年間所得800万円以上）と規定されている。中間法人の収入は，年度末ごとに上記の規定に沿って課税される。

2002年の中間法人法の施行以来，設立された中間法人は比較的少ない。2004年4月までに設立されたのは，わずか966法人（そのうち有限法人は829，無限法人は137）である。現在の法人設立は，月におよそ30法人のペ

と似ている。団体と債権者との関係，団体が法人を職員として持てるかどうか，社員総会・役員・監査が必要かどうか，などによって決まる（第97条；第38条，第45条，第51条，第102条，第103条；第10条，第96条を参照）。

ースである。ほとんどの法人は，業界団体と産業団体であり，同窓会団体や同好会などは同法の起草段階で予想されていたよりもはるかに少ない。中間法人法は，その適用範囲が限られたものであるため，日本の市民社会の発展に与える影響は非常に限られている。

表3－1は，日本の市民社会組織の法的分類をまとめたものである。団体の種類は，それらに関連した法律（とその公布年），（関連法律の規定にある）団体の活動目的，許認可機関，（監査のレベルと許認可機関の自由裁量のレベルを決める）許認可基準，そして法人格を獲得した団体の数に沿

表3－1　日本における団体の法的分類

団体の法的分類	関連法律（公布年）	関連法律による活動目的	許認可機関	許認可基準	法人数
社団法人	民法第34条(1896)	学術・技芸・慈善・祭祀・宗教その他の公益に関するもので，営利を目的としない活動を行う社団	関連省庁	許可	11,867
財団法人	民法第34条(1896)	学術・技芸・慈善・祭祀・宗教その他の公益に関するもので，営利を目的としない活動を行う財団	関連省庁	許可	12,814
社会福祉法人	社会福祉事業法第22条 (1951)	社会福祉事業を目的とした法人	厚労省	認可	13,307
学校法人	私立学校法第3条 (1949)	私立学校設立を目的とした法人	文科省	認可	11,765
宗教法人	宗教法人法第4条 (1951)	宗教の教義をひろめ，儀式行事を行い，及び信者を教化育成することを主たる目的とする団体	文科省	認証	183,894
医療法人	医療法第39条 (1950)	病院，医師若しくは歯科医師が常時勤務する診療所又は介護老人保健施設を開設しようとする社団又は財団	厚労省	認可	14,048
公共信託	信託法第66条 (1923，1977適用)	祭祀・宗教・慈善・学術・技芸その他公益を目的とする信託	関連省庁の大臣	許可	433
認可地縁団体	地方自治法260の2 (1991)	地域住民によって結成された組織	市町村長	届出	841
特定非営利活動法人	特定非営利活動促進法 (1998)	保険・福祉・教育・まちづくり・学術・文化・芸術・スポーツ・災害救援活動・国際協力（全11項目）の促進，またこれらの活動を行う団体の運営又は活動に関する連絡，助言又は援助の活動を図る団体	内閣府国民生活局（旧経企庁）	認証	7,634
中間法人	中間法人法(2002)	社員に共通する利益を図ることを目的とし，かつ，剰余金を社員に分配することを目的としない社団	法務局	登記	966

出典：筆者の分析による。また，Pekkanen 2000c, Pekkanen and Simon 2003 も参照。

表3－2　許認可基準の説明＊

許可	官僚に広い自由裁量を与える
認可	実際には許可とあまり変わらないが，法律上は許可より自由裁量が制限される
認定	2001年の税制改革で作られた新しい規準。後述
認証	前例にも，自由裁量の範囲はあまり明確ではない
届出	必要条件を満たせば，自動的に申請を受理。官僚の自由裁量はない
登記	自動的に申請を受理。官僚の自由裁量はない
登録	自動的に申請を受理。官僚の自由裁量はない

＊　許認可機関に与えられた申請採否における自由裁量のレベルに応じた順位。
出典：筆者の分析による。また，Pekkanen 2000c, Pekkanen and Simon 2003 も参照。

って紹介する。

　表3－2は，許認可基準のより詳細な説明を紹介している。これらの許認可基準は，各団体の法的分類による関連法律が定めるものである。この基準によって申請の可否を決める許認可機関の自由裁量も変わってくる。許可制の下では，許可機関（普通は省庁）は団体設立申請の採否に非常に広い自由裁量を持つ。反対に，届出制の下では，政府機関の裁量には関係なく，（申請書類の記述が正しいものであるとの仮定で）自動的に申請が受理される。第5章における民法第34条とNPO法のケーススタディが示すように，法律の枠組みを作る段階において許認可基準の問題は非常に激しく議論される分野である。

4．団体運営の規制

　日本の市民社会組織の規制の重要な特徴は，規制が団体の自主性を制限するという点にある。これは，主務官庁が団体に対して強い監督権をもつこと（また団体に課せられた報告義務）が1つの理由である。さらに重要なことには，許認可・監督・解散命令の権限が1つの機関（つまり主務官庁）に与えられているということがある。たとえ主務官庁が正しい意図に基づいていても，こうした枠組みは，規制を受ける団体の自主性に対して恐ろしい影響を与えることもありうる。市民社会組織を取り巻く法律と規制の網は，様々な法的分類の下で法人格を取得する際に限られるわけではない。それらは，次に述べるように団体の活動や運営，さらに後述するように財政支援などの面も網羅している。

(1)　報告義務

公益法人は，団体に対する調査と法人格の剥奪の権限を持つ主務官庁に対して報告義務を負う。公益法人に与えられる税制上の優遇措置も，他の先進民主国に比べるとあまり寛容なものではない。さらに悪いことには，官僚が公益法人に対する「行政指導」の権限を要求し続けていることである[11]。行政指導は，国に許可を受けた団体が許認可権を持つ官僚の意向に従うことを強制し，市民社会の自主性を阻害する。笹川平和財団（公益法人）の理事長を務める入山映氏はこうした状況を，以下のように述べる。「我々のように上手くやって許可を受けた団体でも，当局の厳格な統制や指導に従わなければなりません。悪名高い行政指導の話をするとしたら，何日もかかりますよ」（入山映，日本国際交流センター主催の会議「Financial Support to NGOs」における発言。東京，1997年6月20日）。行政指導はこのように強力な形で使われている。そのため多くの識者が，例えば社会福祉法人などは，政府に安くこき使われる下請け企業でしかなく，真の意味でのNGOとして必要な自主性をすでに失っていると考えている。実際に，海外から日本に来て活動する団体は，様々な業務上の不利益にも拘らず，まさにこうした官僚統制を回避するために，公益法人の資格をあえて取得しないようにしている。経済企画庁（現内閣府国民生活局）が行うNPOの全国調査によると，法人格の取得申請を行わない理由で最も多いのは，会計・財務報告の義務の負担が大きい（61％）であった。また第3位の理由は，NPOの活動目的や活動内容が官僚にコントロールされてしまう（45％）であった（経済企画庁『NPO法の検討』1997）。公益法人は，活動内容の年間報告書，資産目録，会員数の記録，前年度の財務報告，来年度の活動予定・予算見積りなどを提出する義務を課せられている。

(2) 団体の調査

　許認可省庁は公益法人に対して調査を行い，通達を出す権限を与えられている。この通達に従わない場合は，団体を解散させることができる。また，許認可省庁は抜き打ちの審査と監査を行うこともできる。

---

(11) この監督権限は，民法第67条によるものである。同法の第2節は，主務官庁の監督体制を定めている。さらに民法第84条は，公益法人の代表が主務官庁の指導に反した場合の罰則を定めている。

(3) 団体の解散

民法第68条(i)(iv)は，許認可省庁が公益法人の設立許可を取り消した場合，法人は解散しなくてはならないと定めている。同法71条は，公益法人が定款に定められた行動内容以外の活動に関わった場合，法人設立許可取得時の条件に反した場合，もしくは許認可省庁の通達に背いた場合，許認可省庁は法人の許可を取り消すことができるとしている。民法施行法第25条は，法人の許可取り消しに当たって，許認可省庁による審査と，法人許可取り消しの理由を明らかにすることを義務付けている。これは，該当法人が解散理由を不服とした場合，裁判所に抗告できるように設けられた措置である。ここで興味深い点は，許可取り消しの措置は，許可を与えた時点での許認可省庁による公益判断の間違いによるものであると解釈されるのではなく，その後の状況変化に基づくものであるとされている点である。さらに，法人には抗告する権利が与えられているものの，法的には許認可省庁に有利な状況になっている。この理由の1つには，公益判断において許認可省庁が非常に広い自由裁量権を与えられていることがある（雨宮1999；林 1972, pp. 192-193）。法人の解散が決定した場合，裁判所は該当法人が所有している資産を，類似する法人または許認可省庁に分与する権限を持つ。

5．税制

税制上の優遇措置は，市民社会セクターの成長を促すことを目的として設けられている。それはまた，こうした団体が公共または大勢の利益にかなうものであるという認識の表れであるとも言える。寛大な優遇措置は，団体がより大きな活動資源を持つということであり，団体の成長を促進するものである。日本の市民社会組織は，あまり寛大な税制上の優遇措置を受けてはいない。税制の問題は一括して考えられることがよくあるが，それは非常に複雑で多岐にわたる問題である。しかし本書の研究目的から，筆者は税制上の2点（団体運営に対する税金控除と企業・個人による団体への寄付金に対する税金控除）のみを取り上げることにする。

(1) 税制措置

法人税法第4条と第7条によると，狭義の公益法人（社団と財団）は，営利目的で得られた収入を除き，法人収入税の課税を免除される。営利目的の活動の例として33種類の活動が記されているが，それらによる収入に対しても27％の税率（通常の法人は37.5％）しか適用されない。また公益法人は，収入の20％に対して税金を免除されている，ただしその収入は公益にかなう活動を促進するためのものから得られたものに限る。しかし，公益法人は消費税・その他の間接税・地方税を納めねばならない。ただし，後者は美術館・博物館の建設や研究目的のものに対しては免除される。さらに公益法人は，他のいくつもの税金を免除されている。例えば，寄付基金の利子収入に対する税金の免除などがある。これらの税制上の優遇措置は重要なものではあるが，狭義の公益法人に該当するほんの少数の公益法人にのみ与えられている。

　医療法人は，公益法人に与えられた優遇措置を受けることができない。医療法人は社会保険制度から支払われた医療費を除いて，営利法人と同様に課税され法人税を納める。しかし，財務省が公益にかなうとして認めた特殊医療法人は例外として扱われる。特殊医療法人は，27％の税率で課税され，その他の税制上の優遇を受ける（例えば，看護師の教育施設用に取得された土地への課税控除など）。社会福祉法人，私立学校法人，宗教法人は，狭義の公益法人と同じ条件で扱われるが，いくつかの減税措置がある。例えば，200万円以上の収入または営利行為で得られた収入の50％を控除することができる。

(2) 慈善寄付への課税

　公益法人への寄付金は寄付主に課せられる税金の控除対象とされ（間接的なもので確実性は低いかもしれないが），公益法人に課せられる税金控除と同じように，公益法人の活動資源を増やす効果がある。企業や個人から公益法人に寄付され，一定の条件を満たした寄付金は，寄付主に課せられる税金への控除対象となる。しかしながら，控除対象とみなされる条件は限定されている。税金控除の認定は，ほとんど財務省の自由裁量に委ねられている（雨宮 1999, p. 208）。個人収入の4分の1から1万円を引いた額の寄付金は，所得税法第78条(2)-(2)に「特定公益増進法人」として認定された団体へ寄付された場合または「指定寄付金」に定められた用途に使

われた場合，税金控除対象とみなされる。特定公益増進法人，いわゆる「特増」，とは，特定法に基づき政府と非常に緊密な関係をもつ，総合研究開発機構，日本財団，社会福祉法人，私立学校法人など26の法人のことを指す。公益法人も，財務省の認定を受けることによって，このリストに加わることができ，200ほどの団体が，すでに認定されている。企業は，規定の額（収入の1.25％と資本金の0.125％を足した額）以内であれば，これらの特増に寄付することができる。こうした寄付を受けることができる団体は，表3－3に挙げるとおりである。これとは対照的に，アメリカでは，100万以上の団体が企業と個人から税金控除の対象となりうる寄付金を受け取ることができる。

表3－3 税制優遇措置を受ける特定公益増進法人の法分類

公益法人（狭義の定義）	822
学校法人	1125
社会福祉法人	14,832
その他	189
合計	17,026

出典：山内 1999, p. 89. このデータは1996年のものであるが，新聞記事によると公益法人の数字は2005年の時点ではあまり変化していない（毎日新聞2005年4月23日 p. 11を参照）。

2001年度の税制改革では，特定非営利活動法人（NPO法人）の中で認定特定非営利活動法人（認定NPO法人）と認定された法人に税金控除措置を与える条項が制定された。これらの条項は，2001年3月31日に施行され，同年10月1日から有効とされた。認定NPO法人の認定に申請するNPO法人は，規定の必要事項（後述）を満たすと国税庁から認定を受けることができる。

しかし1999年11月までに認定された1,034のNPO法人（うち回答は463法人）を対象とした調査によると，現行の法体制に満足しているのはわずか5.2％であった。法的資格そのものは非営利団体にとって重要なものであるものの，大多数のNPO法人（84％）が法的資格に対して抱く不満は，税制上の優遇の不備であった（松原明氏との個人的インタビュー，1999年8月20日）。同様に，政府の調査によると，96％のNPO法人が，何らかの税制上の優遇が必要であると答えた（総理府 2000）。市民社会団体は団体への減税と団体に行う寄付行為に対する税金控除を必要としているが，彼らが受けているのは後者だけである。

(3) 低税率の落とし穴：税金控除の定義

認定NPO法人が受ける税金控除には3つある：

1．個人は，自身の所得の25％から1万円引いた額までを上限に，認定NPO法人に寄付することができる。つまり，300万円の所得がある個人は，74万円まで寄付することができ，その額を所得税の控除対象とすることができる。こうした寄付金の限度額は，税控除の対象となる寄付金全てに当てはまる。それらは，認定NPO法人，特定公益増進法人（公益法人の一種で，いわゆる「特増」と呼ばれるもの），社会福祉法人などが該当する。

2．法人（企業など）は，認定法人に税控除の対象となる寄付をすることができる。その限度額は，企業と個人とで違う。企業の場合には，所得の0.0125倍に資本金の0.00125倍を足した額になる。個人の場合，所得の0.025倍となっている。そして個人の場合と同様に，この限度額はすべての寄付金に該当する。

3．認定NPO法人に対する相続財産の贈与は，相続税を課税されることなく行うことができる。

これら3つの条項は，特定公益増進法人と社会福祉法人に対して定められた条項と同じである。また，認定NPO法人は地方税の免除対象とはならない。

(4) 税金控除の認定

税金控除に関する決定は，国税庁長官が行う。国税庁長官は，税金控除に関する決定を行うため（またはその特権を剥奪するため）に団体を調査することができる。この税金控除の資格を得るためには，いくつものハードルをクリアしなくてはならない[12]。

例えば，報告義務は非常に広範囲にわたるものである。団体は毎年報告書を国税庁に（年度末から3カ月以内に）提出しなくてはならない。国税庁はこれらの報告書を3年間公開する。さらに以下の書類の提出が必要となる。資金（収入源とその額，さらに借入金の額）に関連した書類，活動・サービス・それらの対象・請求額のリスト，認定NPO法人と50万円以上

---

(12) これらの条件は，法令を施行することで税金控除とすることができる。しかしそれでも，課税額が変わる可能性は低い。この条項は，財務省のホームページで見ることができる。http://www.mof.go.jp/genan13/zei001g.htm

の取引をもつ取引先・それらの名前と取引額のリスト，会員の状況・会費・求人状況・異なる地域（自治体）に住む会員の数，寄付に関連した活動（活動予定も含む）や寄付金集めの方法などの詳細な報告，寄付主の氏名・住所・寄付額，従業員の氏名・給与額，認定NPO法人の申請の際に許認可省庁に提出した全ての書類のコピー。この許認可省庁は，認定した法人がその定款や法律に違反していないことを証明しなければならない。

また活動内容にも様々な制限がある。宗教活動・政治活動は禁止されている。認定NPO法人が隠れみのとなることを防止するために，それらが特定の個人と特別な関係を持つことや，企業・宗教団体・政治団体に寄付すること，役員・社員・寄付主・それらの親族などに特別な報酬を与えることを禁止している。同様に，親戚関係にある者，もしくは他の団体の社員・役員・理事の親戚が従業員の3分の1以上を超えることは認められない。

支出に関しても制限がある。少なくとも支出の80％と寄付金収入の70％は，特定の非営利活動（その団体が認定NPO法人として認定された本来の活動目的）のために使われなければならない。資金を調達するにあたって，認定NPO法人は寄付金集めの条件と方法，寄付主の氏名などを公開し，さらに事前に国税庁に報告しなくてはならない。そして実際の資金調達に関連した決定も同様に行われなくてはならない。事後に報告される緊急時を除いて，海外への資金の移動は期日・金額・受け取り主を事前に報告しなくてはならない。また厳格な会計基準が適用される。

そして3種類のテストによって公益性の判断が行われる。第一に，地域性のテストがある。認定NPO法人は，以下の条件のうち最低でも1つを満たさなくてはならない。(1) 複数の市町村の個人・法人から寄付金を集めなければならない，そして1つの市町村から全体の80％以上の寄付金収入を得ることはできない。(2) 特定の非営利活動を複数の市町村で行う（1市町村で全体の80％を超えてはならない）。(3) 資金調達活動とサービスの提供を複数の市町村で行う（1市町村で全体の80％を超えてはならない）。第二のテストは，互助団体になることを防止する4つの条件を満たすことである。例えば，団体の会員向けのサービスや支出が，全体の活動の半分を超えてはならない。また団体の活動の半分以上が，会員間の交流・会合・意見交換などにあてられてはならない。

第三の公益性の判断は，パブリック・サポート・テストによって行われる。これは寄付金などの収入金額が，団体の経常収入額の3分の1以上であるかどうかを調べるものである。経常収入とパブリック・サポート（一般からの支持）は，厳格に定義されている。経常収入は，政府からの補助金などは含まない。1個人（もしくはその親族）や1つの法人からの寄付金は，パブリック・サポートの全寄付金額の2％までしか計上されない。これは1個人・1法人からの巨額の寄付金がパブリック・サポートとして換算されてしまうのを防ぐためである。役員・社員・その親族からの寄付金は，特別な状況以外はパブリック・サポートとみなさない。パブリック・サポートとみなされるのは，3千円以上の寄付金に限る。

　2003年度税制改革に伴って，政府は認定NPO法人資格の条件を緩和した。中でも重要なのは，パブリック・サポート・テストの条件を経常収入の3分の1から5分の1に引き下げたことである。すなわち，経常収入の5分の1以上を寄付金でまかなうNPOは認定NPO法人資格を与えられることとなった。また，寄付金の定義も，1千円以下（それまでは3千円以上）のもの，相続財産の贈与にあたって1人あたりの限度額を超えるもの，国際機関や国・地方の公共機関からの補助金や委託業務に対する手数料がそれぞれ除外されることになった。1個人からの寄付金も以前は経常収入全体の2％までが限度であったが，5％までに変更された。経常収入の総額を計算する際には，5％の限度額を超えたものは除外しなければならない。認定NPO法人に複数の市町村にわたる活動を義務付ける規定も廃止された。

　全体的に見て，これらの法改正は抜本的なものとは言えない。結論で述べるように，重要なのは，その改正のスピードである。これらは，わずか2年前の税制改革で行われた法改正をさらに拡大して改正したものであった。しかし，認定NPO法人の資格を取得できたのは限られていた。2004年の段階で16,000存在したNPO法人の中で，認定NPO法人の条件を満たしたのはわずか24団体であった。

6．非営利団体への公的資金援助

　補助金，業務委託，およびその他の公的資金は，市民社会組織の発展を促す資源となる。もちろん，公的資金への過度の依存は，団体の自主性に

とって問題である。このことは，非営利団体を運営するにあたって，非常に難しい問題である。アメリカにおいてさえも，政府が非営利部門の最も大きな収入源になっている。それは日本でも同様である。しかし，さらに興味深いのは，公的資金の支払いのパターンである。日本政府は社会福祉法人を厚遇するが，政策提言団体などへの支援はほとんどない。これは政府が行う他の支援のパターンとも類似している。つまり，ある種の団体を支援し（その自主性は弱められるものの），他の団体を阻害するパターンのことである。

日本国憲法第89条は，公の支配に属しない民間組織に対する公的資金の提供を禁止している。この条項は，政府が多くの市民社会団体に提供する補助金や業務委託を難しいものとしているが，その解釈は一定ではない。

市民社会団体における雇用の総数のうち，86％は教育・医療・社会奉仕などの福祉関連の部門が占める[13]。社会福祉法人に対する政府の支援は手厚く，あらゆる意味でそれらは日本政府の一部であると解釈することもできる。このことは，社会福祉法人に対する寄付金関連の税制上の優遇にも表れている（表3−1参照）。この優遇措置は，他の市民社会団体へのそれを遥かに凌駕するものである。こうした状況は，官僚の意図と直接結びついていない団体への処遇と比較すると，その違いは歴然としている。日本の政策提言団体の雇用者数が平均してわずか3.35人でしかないように，これらの団体の予算と雇用が非常に小規模であるのは第2章ですでに述べたとおりである。これとは対照的に，公益法人の雇用規模は遥かに大きい。繰り返しになるが，日本の政策提言団体と環境団体は，政府から多くの資金援助を受けることはない。例えば，日本の平均的な非営利団体はその経常収入のおよそ半分を公的資金に頼っているが，環境NGO団体の経常収入に占める割合はわずか27％でしかない[14]。日本の市民社会組織の研究の中で辻中は，72.9％の市民団体（主に活動家の団体を指す）は法人資格を持っておらず，その中で1億円以上の予算を持つものはわずか5.2％に過ぎないと述べている。一方，90.9％の農業・林業団体は法人資格を持って

---

(13) Simon et al. の国際調査によると，この日本の数字は「他の22ヵ国の平均値（68％）より遥かに高いものである」(Simon et al., 1999, p. 251)。

(14) 非営利団体は，資金の平均45.2％を公的資金から得ている（Simon et al., 1999, p. 253; 山内 1999, p. 149)。

おり，そのうちおよそ3分の1が1億円以上の予算を持っている。さらに市民団体のうち29%は予算といえるものすら持っていないが，ほとんどの農業・林業団体は資金を持っている。また，その他の団体に比べて市民団体が政府機関と互助的な関係（情報のやりとりなど）を持つことはまれである，と辻中は述べている（団体基礎構造研究会 1998）。辻中・森（1998）の別の研究は，市民団体は他のどの団体よりも，全国レベルで活動している割合が低い（全体の27.6%）と指摘している（辻中・森 1998）。

日本における市民社会団体の規制は，政治化されている。その理由は，市民社会団体関連の法律に対する省庁の自由裁量の大きさ，日本の官僚が持つ行政指導の習慣と様々な手段，公共部門を形成する政府の大きな役割，などいくつか挙げられる。こうした規制の政治化は，団体に対する処遇の大きな違いを引き起こしている。政府が団体に与える（または団体から徴収する）資金は，重要な資源となっている。団体設立に関連した規制と同様に，資金の大小も団体の発展に影響を与える。資金調達のパターンから，日本政府と様々な団体の関係について多くのことを知ることができる。

環境問題における政府との対立的な関係の歴史から，環境団体への公的援助の少なさは別段驚くことではない。図3-3は，環境団体の資金源をグラフにしたものである。その中の3つの棒グラフは，民間からの供与（慈善寄付），会費（年会費・会報の売り上げなど），政府からの資金供与（補助金・業務委託など）が環境団体の経営収入に占める割合を示している。例えばアメリカの場合，環境団体の経営収入の40%以上が公共部門からの資金である。一方，日本の環境団体はほとんど政府からの援助を受けてい

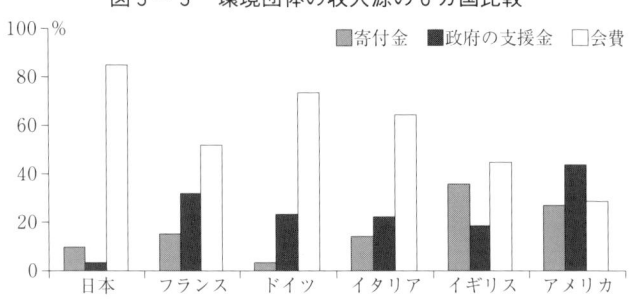

図3-3　環境団体の収入源の6カ国比較

出典：Salamon and Anheier 1996から引用。

ない。本書でとりあげる議論や事実を考えるとさほど驚くべきことではないが，他の先進民主国と大きく異なる。

GEPON調査のデータを分析すると，同じような違いが見てとれる。GEPON調査は，日本とアメリカにおいて最も影響力を持つ環境団体のいくつかを対象にした研究調査である[15]。日本で（政府の補助金を受ける可能性が最も高い）有力環境団体のうち，政府の補助金を受けているのは，わずか20.4％しかいない。しかし，アメリカで調査対象となった団体のうちほぼ半数の団体が，連邦政府から補助金を受けている（筆者によるGEPONデータの分析結果）。

市民団体と政策提言団体は，公的資金援助の欠如を示すもう１つの好例である。なぜなら，それらの団体はしばしば政府と対立関係にあるからである。実際，日本におけるこれらの団体は非常に小規模である。それらは平均してわずか3.35人の職員しか持たず，その年間支出額も平均わずか3,612万円（日本の非営利団体の平均年間支出額の22.7％）しかない。市民団体・政策提言団体の例は，日本政府がそれらの団体に対していかに公的資金と法人資格を与えていないかを示している。日本における市民社会組織に対する規制の政治化を考えると，政府に最も冷遇されるのはまさにこれらの団体であると考えられる。

日本では「市民団体」という言葉は，独立した活動家の団体を指す。それらは，アメリカで「本物」の市民社会団体と呼ばれるタイプの団体と同じ特徴を持っている。それらは様々な活動に携わっており，この市民団体という分類は政府から独立している団体という意味で使われる。政府の調査によると，市民団体の活動内容の中で最も多い（37.4％）のは，老人介護・幼児保育・障害者介護などの社会福祉関連のそれである。しかし，問題指向型（issue-oriented）団体も多く存在する（15.7％）。それらの団体は，環境問題，消費者問題，人権問題，ジェンダー問題，平和問題などの分野で活動している。また，犯罪防止，交通安全，災害防止などの問題に取り組み，通常自治会の範囲に入る地方団体の多く（16.9％）も市民団体とし

---

(15) GEPON調査は，影響力が強く重要な環境団体を対象にした詳細な調査である。巻末の参考資料により，GEPON調査の根幹の部分は，重要な環境団体（日本から100団体，アメリカは60団体）からのものである。

て分類されている(第4章を参照)。他にも教育,スポーツ,文化の分野で活動する市民団体 (4.6%) も多くある(経企庁 1998a)。いろいろな法的分類にまたがる広範囲の定義にも拘らず,市民団体のカテゴリーは日本研究者・専門家にとって重要な意味を持つ。市民団体を自称する組織は,法的資格・公益法人・社会福祉法人・その他の法人格を持たない任意団体ということになる(第2章を参照)。

独立した団体というイメージから考えられるように,これらの団体が政府から支援を受けることはほとんどない。その結果,上記のようにその可能性があるにも拘らず,これらの団体が法人格を持っているケースはごくまれである。例えば,首都圏の市民団体を対象とした研究によると,ほとんどの団体 (82%) が法人格を持たない任意団体のままで活動している(団体基礎構造研究会 1998, p. 19)。JIGS の調査によると,日本の市民団体が法人格を持つことはまれで,わずかに全体の27.1%にすぎない。これは,アメリカの市民団体の100%,日本の農業団体の94.1%,日本の宗教団体の100%が,法人格を持っている事実と際立った対照をなしている(辻中・崔 2002b, p. 292)。同様に,国際協力の分野で活動する市民社会組織のうち,法人格を持たない団体は90%を占める (JANIC website, http//www.janic.org/en/whatjanic.html, 2002年7月27日取得)。図3－4から,日本の市

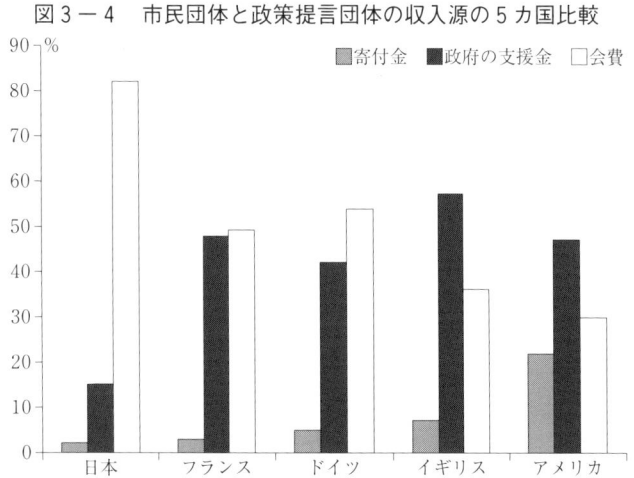

図3－4　市民団体と政策提言団体の収入源の5カ国比較

出典:Salamon and Anheier 1996から引用。

民団体が政府から受ける資金援助がいかに少ないかが見てとれる。このグラフは，民間からの供与（慈善寄付），会費（年会費・会報の売り上げなど），政府からの資金供与（補助金・業務委託など）が団体の経営収入に占める割合を示している。アメリカとイギリスでは，公的資金が最大の収入源となっている。フランスでは，公的資金と会費が市民団体と政策提言団体の収入に占める割合はほぼ同じくらいである。しかし，日本では公共機関からこれらの団体に与える資金の規模は極めて小さい。

　市民団体は自主性を強調する。しかし法人格を得る代償は，しばしば許認可省庁の退職官僚を雇い入れることに事実上同意することであったりする。さらに，霞ヶ関のOB（OG）達に快適な住家を与えることは，許認可省庁が団体の活動に強い影響力を持つことを意味する。これらの元官僚が，団体の役員になればその支配はさらに強力になる。第2章で論じたように，元官僚の天下りを受け入れるケースは，公益法人の全体の3分の1にも及び，さらに団体の役員を務めるケースは全体の6分の1にも及ぶ（『公益法人白書』1998, p. 124）。政府と対立する団体への公的資金の少なさの裏には，法人格を認められた団体との協力関係またはそれらに対する強い支配が見られる。強力な支配と人的な交流（天下り）は，団体の自主性を弱めるものである。協力と支配は，日本市民社会の重要な問題である。統計データを分析するだけでは，この重要性はなかなかつかめないものである。質的分析の一環として筆者が行った聞き取り調査のほとんどが，市民社会組織の専門職員が政府に対する不信感をもっていることを明らかにしている。政府が市民社会組織を支配しようとするのではないかという危惧は，自主性を維持しようとする対策への関心と同時に広く共有されている。日本の市民社会組織は，政府の影響と支配から自主性を守るという難しい問題に直面している。

　税制上の優遇のパターンも，政治制度からの議論を裏付けるものである。特定公益増進法人という公益法人の副分類がある[16]。一般的に，個人や企

---

(16)　制定法である日本の税法は，いろいろな面でアメリカのそれとは異なっている。公益法人は課税対象になる活動については，企業より低い税率を課されている（アメリカは「related activities（関連活動）」というシステムを使っている）。しかし日本では，特定公益増進法人（いわゆる「特増」）という限られた少数の法人向けの寄付金以外は税金控除の対象ではない。

業からの寄付金は税金控除の対象ではないが，特定公益増進法人への寄付金には税金控除が認められる。1997年に232,776あった公益法人の中で，この特別な法人格を持つのは17,000団体しかなかった。政府は高齢化社会の問題などに対処するために，公益法人の副分類である社会福祉法人の設立を促進した。(図3－5を参照) そして当然のように，14,832あるすべての社会福祉法人が特定公益増進法人の資格を有している (山内 1999, p. 198)。後述するように，2001年の時点で認定NPO法人を含む新しい税制度が施行されたが，それらの優遇措置を受けるには厳しい条件を満たさなければならない。同様に，政府から供与される資金もある限定された種類の市民団体にのみ与えられる。日本政府が市民社会組織を抑圧してばかりいると考えるのは単純に過ぎる，むしろその規制の枠組み（資金の流れも含む）は，ある種の市民社会団体の成長を促すものである。第2章で述べたように，政府の資金が関与する教育・医療・社会福祉の分野の雇用は，国際平均との比較で，民間部門の2倍にもなる。それら3分野の雇用は国際平均の56%であるが，それら以外の分野では28%である[17]。

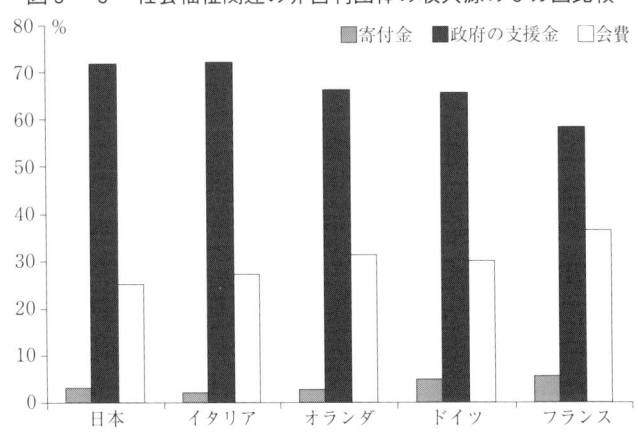

図3－5　社会福祉関連の非営利団体の収入源の5カ国比較

出典：Salamon and Anheier 1997から引用。

税制上の優遇措置はさらに複雑で，控除対象の寄付金，減税措置，公益法人の免税活動などを含む。

(17)　これもまた，日本の市民社会組織の発展が労働流動性や社会不均一性

東京都と茨城県の市民社会団体・利益団体の法人格，予算，雇用者数を詳しく調べた調査がある。そこで使われている団体の分類に注意する必要があるが，その調査（団体基礎構造研究会 1998）は，市民社会団体に関する数々の重要な点を明らかにしている。特に，同研究は法人格を最も得やすい団体の種類を挙げている。予想通り，市民団体は通常，法人格を持たないことが多く（72.6%），団体の規模も小さい。市民団体で10人以上の職員を持つのは全体のわずか12.5%で，20.8%は職員を持たない。NGOで法人格を持つものも少なく（24%），全体の36.4%の団体の予算は500万円以下である。宗教団体もさほど大きくない。10人以上の職員を持つのはわずか25%で，12.5%は職員を持たない。しかし，前にも指摘したように，全て宗教団体は法人格を持っている。信心深いと自覚する人は，他の国に比べて非常に少ないにも拘らず，日本に宗教法人が多く，またそれら全てが法人格を持っている理由は，宗教法人を設立するのが非常に簡単だからである。これは，SCAP（連合国最高司令官）が市民社会団体の規制を自由化した占領期における改革の名残りである。SCAPは，日本における宗教の自由を保障することに深い関心を持っていた。この結果の1つが，宗教に熱心ではないとされる国であるにも拘らず，宗教団体が多く，またその全てが簡単に法人格を取得できる現状である。上記の調査はまた，経済・教育・医療・社会保障関連の団体も法人格を持つ確率が高いと指摘している。さらに驚くべきことは，農業・林業団体の規模の大きさである。それらの団体は，90%以上の割合で法人格を持っている。これは，それらの団体が官僚と自民党に太いパイプを持っているからで，日本の政治に詳しい者には別段驚くべきことではない。林業団体のうち1億円以上の予算を持つのは，全体の30%でしかないが，90%以上という高い割合で法人格を持っている。同じくスポーツ関連の団体で1億円以上の予算を持つのはおよそ30%程度であるが，その中で法人格を持つのは林業団体の約半分の割合である（団体基礎構造研究会 1998）。林業団体と市民団体を比べた時，結論としてある種の団体は他の団体より法人格を容易に取得することができるということは避けられない事実だと言える。省庁や自民党と親密に繋がっていることが多い農業・林業団体は，最も容易に（少なくとも最も高い確率

に基づいた説明だけでは不完全であるという明確な証拠である。

で）法人格を取得できる。その対極にあるのが、市民団体やNGO団体である。それらの団体は官僚や政党とは疎遠で、法人格を取得するのが最も難しい（少なくともその可能性は最も低い）。

　団体基礎構造研究会（1998）の調査はまた、許認可省庁と許認可を受ける団体との関係にも光を当てている。それらの団体は、活動の分野によって分類されている。例えば、農業団体、教育団体、さらに市民団体などに分かれている。その上で、法人格の許認可を受けるにあたって、官僚となんらかの取り決めを行ったかどうかをそれぞれの団体に質問している。こうした関係のすべては、団体と許認可団体のつながりを意味する。このつながりをより強くするために、許認可省庁と意見交換をした、許認可省庁から行政指導を受けた、許認可省庁から出向職員の受け入れをした、退職後の雇用を提供した（天下り）ことがあるか質問調査をした。これら4つの項目で、農業団体はこうした関係を持ったことがある割合が最も多く、市民団体はその割合が最も低く、そうした関係を持つ可能性も最も低かった。許認可省庁からの出向職員を受け入れた農業団体の割合（22.9％）は、両者の深い関係を示すものである。これは、許認可省庁の退職官僚への多大な資金援助（天下り）をしたことがある農業団体の割合（17.1％）にさらに明確に表れている。市民団体は、最も自主性を保っている。市民団体は、退職官僚を雇用することはなく、行政指導を受けることもあまりない（農業団体の74.3％に対して、24.6％）。さらに、官僚と相談をしたり意見交換をしたりすることも、他の団体に比べて少ない（農業団体の48.6％に比べて、15.9％）。

　確かに、ある種の団体は退職官僚を雇用する可能性が高い。JIGSデータ・セットによると、法人格を持つ団体が退職官僚を雇用している可能性は、それらの団体が受ける行政監督のレベルと緊密に関連している。例えば、（公的企業の一種である）特殊法人を除いて、退職官僚を雇用している割合が最も高いのは、公益法人の1つ（財団法人：18％）である。そして、厳格な行政監督と許認可規制が低い団体は、退職官僚を雇用している割合も低い（筆者の分析による）。

　表3－4は、各種の市民社会団体とその他の様々な団体・組織との関係について詳しくまとめたものである。この表は、市民社会団体と政党・その他の分類に属する団体・独自の分類を持つ団体・メディア・官僚・国際

表3－4　日本における市民社会団体とその他の団体・組織との関係
　　　　市民社会団体による評価＊

市民社会団体の種類	市民社会団体による関係の評価		
	極めて良好（4.5-5.4）	良好（4.0-4.4）	普通（3.5-3.9）
市民団体	市民団体　5.3；消費者団体・福祉団体・自治会　4.8；女性団体　4.6；メディア　4.5	評論家　4.4；労働団体・政党・国際機関　4.2；農業団体　4.1；外国政府・海外団体　4.0	経済団体・大企業　3.9；官僚　3.8
農業団体	農業団体　6.0；自治会　5.1；政党・消費者団体　4.8；官僚　4.7	メディア・評論家・福祉団体・女性団体　4.3；労働団体　4.2；経済団体・市民団体　4.0	大企業・国際機関　3.9；外国政府・海外団体　3.9
専門家団体	評論家　4.9；メディア　4.6；官僚・国際機関　4.5	福祉団体・女性団体・自治会　4.3；労働団体・経済団体・政党・大企業・消費者団体・市民団体　4.2；外国政府・海外団体　4.0	
平均	自治会　4.6；評論家・福祉団体　4.5	官僚・政党・メディア　4.4；労働団体・経済団体・消費者団体・市民団体　4.3；大企業・女性団体・国際機関　4.2；農業団体・外国政府　4.1；海外団体　4.0	

＊　6段階の評価基準。6が最も良好な関係，1が最も険悪な関係を示す。
出典：団体の基礎構造研究会，1998，より引用。

機関・大企業・海外団体・外国政府などとの関係を6段階の評価で示している。この調査は団体自身がつける評価に基づいており，6点は完全な協力体制，1点は完全な対立関係を意味する。団体の関係は，極めて良好・良好・普通の3つの分類に分かれている。表3－4は，市民団体・農業団体・専門家団体・「平均」団体と他の団体との関係を表示したものである。最も良好な関係は，農業団体同士の関係である。市民団体は官僚との関係が最悪で，他の市民団体との関係が最も良好である。市民団体と官僚との関係は，同調査全体の中で最も低い評価をつけたもので，非常に険悪なものだとわかる。市民団体の自らと自国の政府との関係の評価は非常に低く，農業団体が評価する自らと外国政府との関係の評価よりもさらに険悪だと言える。アメリカ政府が日本の農業市場の自由化を求め強く圧力をかけていることを考えると，これは驚くべきことである。

　自治会が，市民団体と農業団体の両方と良好な関係を持っていることは注目に値する。自治会の対外関係の評価の平均値は，他の全ての団体の平

均値よりも高い。自治会と専門家団体との関係がそれほど高い評価でないのは，自治会が専門家の団体ではなく一般の人々の集まりであるということによる。

7．団体設立

第1章では，アメリカのいくつかのケースに注目しながら，多くの国の政府がいかに団体設立を直接支援しているか述べた。団体設立の問題は，日本に固有のものではない。驚くべきことは，いかに多くの公益法人の設立が官僚の直接関与によるものかということである。例えば第2章で述べたように，詳しいデータはないものの，経産省に許可を受けた公益法人のリストを見ると，通産省（現経産省）によってつくられた団体が多数存在することがわかる。これは，大蔵省（現財務省）や運輸省や建設省（現国土交通省）などにもあてはまる。同じようなデータで，公益法人の役員に名を連ねている退職官僚の数をまとめたものがある。一般的に，4分の1以上の公益法人が退職官僚を役員として受け入れている状況にあり，建設省（現国土交通省）などにいたっては2分の1以上になるケースもある[18]。こうした団体の影響を見極めるのは容易ではない。しかし，評論家の多くはそれらの団体が日本の「市民社会のエネルギーを吸い取」り，公共法人の存在意義を希薄にしていると批判している。政府機関が公益法人をつくるのにはいくつかの理由がある。自らの職員を増員することができないため，公益法人を代わりとして使う時がある。また，公益法人はある特別な政策を遂行するため，さらに退職官僚の天下り先として作られる場合もある（小川2004のNPO法人に関する同様の考察を参照）。

8．正当化

アメリカの労働運動に関して，William Forbath は「法律によって構成されたある種の労働者意識を探るため，『組織された労働者』と裁判所や判例法との遭遇」を分析している（Forbath 1989 [1991], p. 6）。Forbath は，法律が労働組合の戦略に影響を与えているだけではなく，さらに労働運動の

---

(18) このデータは，『公益法人白書』(1997, p. 124) から計算したものである。該当したのは26,826公益法人のうち6,918公益法人である。

イデオロギーまでも形成していることを示した。このことは重要な意義を持っている。労働組合に焦準を当てたストライキ規制やボイコット規制の判決の広がりへの反対運動に集中した結果，労働運動は消極的自由の追求や反政府運動に重心をおくようになってしまった。そしてこのことは，ヨーロッパのいくつかの例とは対照的に，アメリカにおいて労働組合が広範囲な社会階層を中心にした所得分配運動の立ち上げに対する失敗を助長した。しかし重要なのはアメリカにおけるコーポラティズムの失敗ではなく，むしろ法的枠組みが，ある分野のあり方を強力にかつ巧妙に形成するということである。日本においては，政府は公共の利益の判定者であり市民社会組織に正当性を与えるものという見方を，法制度が生み出している。この点に関して確実な論拠を探すことは困難であるが，筆者は市民社会団体のメンバーや代表の会合やセミナーに出席した経験や，彼らとの数々のインタビューの中で，彼らのこうした姿勢を目の当たりにした。例えば，首都圏にある200程度の市民社会団体の代表を集めて，まもなく行われようとしていた法改正を議論するために行われた会議のことが思い出される。会議の途中，聴衆の１人が立ち上がって，横浜市役所がNPO団体に情報を提供するために事務所を設置したことに言及した。すると，直後聴衆の間にざわめきが起こった。そして，他の団体の代表が立ち上がった。そこにいた人々のNPO法とその手続きに対する深い知識から考えて，彼が会議に出席した人々を募って自ら同じような事務所を自分達やさらに小さな市民社会団体のために設置することを提言する可能性は大いにあった。しかしそうではなく，その男性は「なぜ都庁は，我々にそのようなことをしてくれないのか」と非難めいた口調で言った。そして，多くの聴衆がその発言に同意した。このエピソードは，市民社会団体の代表の間にさえ見られる，政府への依存心を明かすものである。市民社会団体の代表達でさえも政府に指導を求めるし，まして一般の人々は政府が市民社会団体に正当性を与えることをさらに強く期待している。第４章では，正当性が自治体にとっていかに重要なリソースであるかを議論し，この問題は第６章結論においてもう一度広く検証する。

(1) NPO法にみられる論拠

1998年のNPO法の下で法人格を申請した団体のほとんどは，比較的新

しい団体であった。1999年5月までに申請した団体を対象とした調査によると、1949年以前に設立された団体が2つあったものの、半数以上の団体が阪神大震災以降に設立されたものであった。これと対照的に1997年の調査では、設立年の平均はだいたい1980年であった[19]。これが意味するものは、法律が与える恩恵は運営の面よりも正当化の面により明確に表れるということであろう。すでに設立されていた団体は、当初は様子見の姿勢をとっていたが、今では数千の団体が法人格を取得している。ほとんどの団体の前身はボランティア団体（76.3％）であるが、社会福祉法人やその他の団体からNPO法人の資格を取得したものもある（総理府 2000）。当初は、世間に認知されずにいた設立間もない団体が正当性を得るために、その近道（自分達の団体がどんなものであるかを示す以前にはなかった方法）としてNPO法を利用していた。NPO法人として最初に認証された北海道の団体は、半年で会員が3倍にも増加した（朝日新聞1999年5月3日）。日本では、正当性は昔から団体の法人格と共に与えられるものであった。実際に、大多数のNPO法人（81.5％）が法人格を取得することで得るものとして、正当な団体としての社会的信用と認知（つまり正当性）を挙げている。ほとんどの団体（60.8％）が何らかの寄付金を受け取ることから、正当性は非常に重要なものである（総理府2000年）。他にも、法人格のメリットとして、団体の活動が非営利目的であることの認識（61.7％）、政府の業務委託の契約が取りやすいこと（52％）、そしてその他の運営上の利便性を挙げている（日本青年奉仕協会 2003, p. 193）。

これらのデータは、法律が持つ正当性付与機能が多くの人々にとって予想されていたよりも強力であるということ、政府が市民社会に与える社会的正当性の皮肉な重要性を示している。法人資格の欠如は、個々の団体の正当性を非常に脆弱にする。しかし同様に、非営利法人という法的分類の欠如は、非営利部門そのものの正当性を脆弱にするものであった。NPO法人の数の急増とその規模（市民団体と比べて）の拡大は、「政治制度」から

---

(19) 申請団体の調査では、調査した624団体のうち383団体から回答を得た。そのうち2団体は1949年以前に設立され、その後10年ごとに4団体、2団体、12団体、61団体が設立された。1992年から94年の間に75団体、1994年から99年に214団体、そして13の新団体があった（松原明氏との個人的インタビュー、1999年8月20日）。

の議論の論拠となるものである。

(2) 間接的な法律

　市民社会団体の発展に影響を与えるのは，団体を直接規制する法律だけではない。他の様々な規制も同様の影響を与えている。例えば，市民社会団体の郵送コストを低減する郵便規制は，多数の会員を抱えた団体の成長を可能にする。アメリカでは，幅広い層に入会を呼びかけ，多人数と密な連絡を持つことで多数の会員を抱える団体は，郵送割引に依存しており，郵便制度は大規模団体の育成に重要な意味を持っている。日本にはこうした郵便割引が存在しないため，多数の会員を獲得しようとする団体の運営コストが高く，その運営が成功する可能性も低い。第1章で述べたが，東京にある小さな市民団体の代表が筆者に明かしてくれたように，スーツケースに郵便物をいっぱいに詰め，韓国へと飛び，そこから日本へ向けて郵送した方が安くつくことがある。前にもふれたように，これは韓国から日本への国際郵便の料金が韓国への渡航費その他を含めても，日本国内から発送した場合の郵便料金の総額よりも安いからである。

　もう1つの例は，政治体制そのものである。アメリカの政治体制は，いろいろな団体が影響を行使することを可能にする多数の「veto point（拒否点）」を持っている。さらに，党議拘束がゆるく，集票力のある団体の影響を受けやすい政党から構成されているにも拘らず，極めて影響力の強い立法府がある。しかし日本では，国会議員の人脈に基づいた後援会のような個人的支援団体が繁栄している（Krauss and Pekkanen 2004）。また外部の影響から隔離され比較的独立した官僚が，アメリカのようなシステムが作るものとは異なるインセンティブを構成している。もちろん，日本にも農協のような大規模かつ政策提言型の団体が，少数存在しているのは事実である。次節では，政治体制の重要性についての議論を「規制論争」論にからめて，さらに深めてみたい。

9．むすび

　これまで見たように，前述の日本の民法の成立段階と（第5章で述べる）NPO法の政治背景を簡単に調べるだけで，規制の枠組みは偶然の産物ではないと分かる。むしろ，それらは政治的プロセスの結果生まれたものであ

る。日本の法学者や役人は法律を中立かつ論理的なものであるととらえることが多いが，法律の成立にあたって多くの意見の衝突があるのは当然のことである。William Rikerが政治制度一般について述べたように，政治制度は政治論争の結果を忠実に反映したものである。前にも述べたように，日本市民社会の規制には２つの大きな特徴がある，それは変化しない性格と（いくらかの抜け道を含んだ）非寛容性である。この２つの特徴の起源は，日本の民法の成立段階にある。団体設立を規制する民法は，ロビー活動などを通じて政策に影響を与える団体をほんのわずかしか生まなかった日本の市民社会の発展経緯を決定付けた。驚くほど変化しない特性をもった日本市民社会組織の規制を説明するには，継続的な影響を持つ政治制度（政治制度の粘着性「Stickiness」）以外のものも考慮する必要があるが，民法が大きな影響を与えているのは間違いない。

　民法自体とその第34条は，他の法律や日本の伝統的文化の副産物ではない。それらは，政治論争の産物である。もし第34条を読んで，それが社会団体の設立をわざと難しくしていると感じるならば，その感想は的を射たものである。民法第35条は，経済発展をスピードアップさせるために，営利法人の設立を容易にするものであるが，公益法人に関連した第34条は団体を限定している。第５章における第34条のケーススタディは，こうした厳しい条件を明らかにする。法律書類にホコリが積もるほどに変化しなかった占領期から1998年までの期間と比べると，1998年以降の法改正は目覚しいものであった。このこともまた，政治的要因を通した見方で分析しなくてはならない。第５章でこれらの法改正を詳しく検証し，第６章では本書の第三の議論——規制枠組みは政治，特に政党の選挙戦略に大きく影響される——を展開するための論拠を提示する。しかしその前に，日本の市民社会に多く存在する地域団体に焦点をあてる。

第4章　自治会と地域市民社会

　地域の市民社会組織（特に自治会）の研究は，本書の2つの主要議論をさらに発展させることにつながる。その2つとは，市民社会組織の発展における政治制度の重要性を説く「政治制度」からの議論と，市民社会組織の特殊な発展パターンが日本の民主主義に与える影響を説く「政策提言なきメンバー」論である。本章の内要を簡単に説明する前に，この2つの議論が本章とどう関わっているのかを明らかにしたい。

　これまでの政府が日本市民社会組織を形成するという議論では，市民社会団体が直面する障害や規制などに焦点をあててきたが，地域市民社会団体の話はこれとはかなり違ったものである。例えば，自治会は日本全国に普及している市民社会組織の形であるが，他の先進国ではむしろ珍しいものである。日本では，正式には国民のほとんど全員が自治体の会員といえる。この30万近い地方組織は，自発的な発生と普及，政府による統括，GHQによる廃止，再生，現在の活動，という長い歴史を持っている。しかし，自治会の歴史の重要な要素は，自治会の普及と今日の発展の中心に，それを促進した政府の政策があるということである。自治会のケースは，政府の政策がいかにある特定の種類の市民社会団体の発展を促したかを明らかにする。

　第2章で述べたように，日本における小規模な地域団体は，自治会だけではない。本章では，子ども会や老人会などの団体にも触れる。しかし自治会は，最も普及した地域市民社会団体である。その広い普及状況が，この章で自治会に焦点をあてる1つの理由である。もう1つの理由は，欧米において日本の自治会がほとんど研究されていないということである。そ

して，第三の最も重要な理由は，この問題が政治制度からの議論に密接に関連していることである。最後の理由は，国家と社会の境界線を曖昧にする自治会が，欧米で広く受け入れられているモデルと大きく異なる国家と社会のあり方を例示するからである[1]。自治会はこうした現象の最もよい例である。その他の例を挙げると，全国社会福祉協議会の地方組織である交通委員会や人権擁護委員がある。全国社会福祉協議会は地方における奉仕活動を促進し，19万人の「民生委員」を通じて日本全国で多くの人々に社会サービスを提供することによって，国家と社会の境界線を曖昧にしている。日本の福祉専門家の数の驚くべき少なさは，かつて福祉提供に対する日本文化の表れであるとされたが，最近はそうしたシステムを促進する政府の役割が認識され始めている（Goodman 1998; Estevez-Abe 2003）。本書で後述するように，自治体とその他の組織は，欧米の知識を背景にした国家と社会の境界線の研究にみられる社会関係資本を育成する政府の役割に関する考え方を再考させるものである。自治会は日本におけるそういったタイプの組織のなかで，最も顕著かつ普及したものである。

　自治会のケースは，本書の第4の議論の重要なポイントも例示する。日本の市民社会組織は，「政策提言者なきメンバー」によって成り立っているもの，つまり社会関係資本の育成には大きな役割を果たすが，政策提言によって政治論争に影響を与えたりする力は制限されている。本章のむすびでは，自治会のような地域の団体がいかに社会関係資本を提供し維持していくことができるかについての論拠を検証する。そこではまた，自治会が組織としては充分な可能性を持ちながらも，政策決定に対する影響がいかに限られているかについても検証する。筆者はこの2つの現象は関連を持っていると主張する。地域における会員と会員資格に制限を設けない自治会の性質が，自治会の社会関係資本提供への貢献を強力にするが，会員の全面的な支持を得ない限り，政策提言をすることを難しくしているからである。

　この章は，上述の議論を深める要点を挙げながら，自治会について詳細

（1）　Benjamin L. Read と筆者は，そうした組織を（国家と社会の境界線の）「straddlers（ふたまた）」または「ambiguous associations（曖昧な集団）」と呼ぶ（Pekkanen and Read 2003, Read and Pekkanen, forthcoming を参照）。

に説明する。まず，本章は自治会の性質と役割について説明する。次に，自治会の歴史を簡潔に述べ，政府が自治会の全国に及ぶ普及に果たした役割についてふれる。自治会と政府の関係の議論では，両者のつながりを詳しく検証する。むすびでは，本章の検証結果を上述の2つの議論とからめてまとめる。

1. 自治会とは何か？

自治会は，日本の市民社会組織の重要な一面である。自治会は一定の居住区域ごとに作られ，通常100から300世帯で構成されている。日本全体でおよそ30万の自治会があり，日本人のほぼ全員が1つかそれ以上の自治会の会員となっている。会員は会費を納め，会長を選出し，さまざまな活動に参加する。その活動は居住区域を中心に，公園の清掃，防犯，地域の運動会や祭りや子供向けの催しの運営など多岐にわたる。自治会の活動は地方自治体との協力（主に自治体から住民への情報提供におけるもの）も含む。

広く日本で使われている自治会の定義というものは，特別存在しない[2]。そこで，筆者は以下のように自治会を定義する。

> 自治会とは，地理的に限定された小規模の居住区（近隣地域）から会員を集める任意団体を指す。その活動は多岐にわたるが，上記の地域を中心としたものである。

ここでは，現代日本における自治会の現状を説明する。まず自治会の数と会員数の状況について述べる。会への加入は任意であるにも拘らず，自治会の数と会員数は国際的観点からみても非常に多いものである。次に，自治会の活動内容を検証し，いかに自治会が多くの地方団体の核となる組

---

(2) しかしRobertsonは，彼女が調査した東京郊外の小平市市役所が提示する自治会の定義を引用している：
（自治会）は，地元住民によって自発的に組織され，民主的に運営される団体である。その目的は，地域の意識と会員の相互援助を高め，社会福祉の質を向上させることにある。要するに（自治会は），市内のある特定の地域に設立され，市に登録された非営利組織である。街灯の管理の目的だけに作られた団体は，（自治会から）除外される（小平市生活課 2003, Robertson 1991, p. 154 に引用）。

織を形成しているかといった点に注目しながら自治会の組織的特徴を調べる。

日本の国内外において，自治会に対する誤った見解がいくつもみられる。なかでも最もよくみられるのが以下の3種類のものである。(1)自治会は市民社会団体ではあるが，強制力をもってつくられた政府の一部である。(2)自治会は社会の一部（主に中小企業のオーナーや自民党支持者）だけを対象とした，排他的な組織である。(3)自治会に参加するのはほんの一握りの人間である。これらの見方は，すべて誤りである。自治会は政府とつながりを持ってはいるが，それは自主的な組織であり，政府の一部ではない。この誤解は恐らく，明らかに政府の一部であった戦前の自治会のイメージから来ているものであろう。また自治会の会員は確かにある程度保守的傾向を持っているが，リベラルな人々も参加している。最後に，自治会に参加する人々の数は多い。まずこの第三の誤解から最初に解説しよう。

(1) 自治会の会員

団体数で言えば，自治会は日本で最も一般的な市民社会組織の1つである。その名称に多少差異があるが，日本では298,488の自治会が活動している[3]。自治体に加入している世帯数や参加率に関する全国規模の統計はあまりない。しかし，法人格を有する8,691の自治会に関しては正確なデータがある。それらの過半（50.6%）の会員世帯数は，300世帯以下である。1,000人以上の会員を抱えるのは，ほんのわずか（13.1%）であるが，5つに1つ（20.4%）は501人〜1,000人の会員を擁している。最も一般的な規模は，101〜300人（35.7%）である（総務省 1992）。101〜300人程度が，自治会（少なくとも法人格を持っているものに関して）の「一般的」な規模と言えるだろう。法人格を有する自治会は，土地などの資産を管理するために法人格を取得するケースが多い。規模の大きい自治会はそうした資産を持っている可能性が高いので，法人格を持っている自治会は，自治会全体の平均よりは多少規模が大きいと予想される。全国の自治会を網羅す

---

(3) 最も一般的な名称は，「自治会」(32.8%)，次に「町内会」(25.7%)である。その他の名称としては，「町会」，「区会」などがある。こうした名称の違いは，団体の活動内容や組織の違いと関係していない。本書では，これら全ての団体を，総称して自治会と呼ぶ（中田 1996, p. 276）。

る詳細な統計データは，存在しない。しかし，多くの研究者によって得られた様々な地域の自治会に関する詳細な調査はいくつか存在する。一般的に，これらの調査にみられる自治会の規模は，上記の政府による法人格を有する自治会を対象とした調査から予想されるものと同じくらいである。横浜市にある（法人格を持つものも持たないものも含めた）すべての自治会を対象とした大内の詳細な調査も，同じような結果を示している。1987年4月に行われた同調査によると，自治会の会員数は最小7世帯から最大3,074世帯に亘る。そのうち20.7％の自治体は100世帯以下で構成され，32.0％は100〜399世帯から成る（大内 1990, p. 242）。やはり政府の統計と同様に，「一般的」な自治会の規模は大体100〜300世帯程度と考えられる。

自治会はその性格上地域的に限定されるので，加入率はその地域に居住する住民に対する自治会の会員の割合で計算できる。自治会の加入率は驚くほど高いが，全ての会員が会費を納める以上のことをするわけではない。会員であることが，積極的な参加を意味するわけではない。しかし大勢の人が自治会に参加しているのは確かである。自治会に積極的に参加しているのが，ほんの一握りの会員だと考えるのは間違っている。実際に，参加する人々の割合は，国際的観点からみると驚くほど高い。

内閣府の1976年の調査によると，調査を受けた人のうち60％は，自分の地域の自治会に参加していると答えた（Kage, unpublished, p. 9 に引用）。数値は多少異なるが，1979年の世論調査も同様の傾向を示している。この世論調査によると，半数以上の人（55％）は自治会に加入していると答えた。加入していると答えた人のうち，全体の3分の1（31％）はたまに参加する程度だが，11.2％は積極的に参加する，7.2％は自治会の役員をしていると答えた（Robertson 1991, p. 165-166 に引用）。

自治会の特徴の中で注目すべきことは，会への加入率が増加しつつあるということだ。少なくとも，1970年代の調査が示す加入率（1979年は55％，1976年は60％）は，後年の調査のものよりも低い（1997年は71％，2000年は72％）[4]。1997年のデータは図4－1が図示するとおりである。

（4） 1997年度調査は，日本放送協会によって行われたものである。2000年度の調査結果は，Ikeda 2001 によるものである。それ以降のデータは，2000年の全国サンプル（n=1618）から得られたものである。経企庁 1998b も参照。

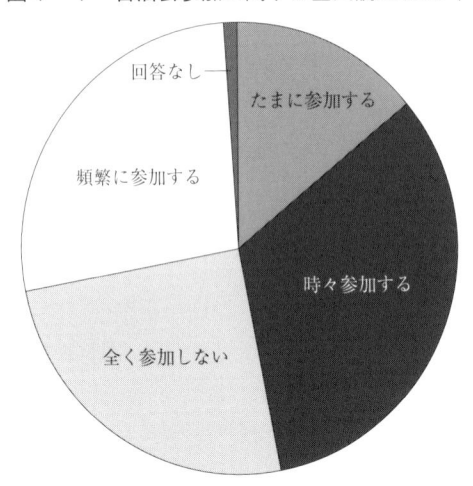

図4－1　自治会参加に関する全国調査1997年

出典：Japan Broadcasting Survey. 1997年3月. N＝2947.
http://roperweb.ropercenter.uconn.edu　2003年11月9日取得

　積極的な参加者の総数も同じく増加傾向をみせている。1997年の調査にある「頻繁に参加」という語句が1979年の調査にある「積極的に参加」と同じレベルを意味するのであれば，自治会に積極的に参加している人数はこの20年間に増加している。
　こうした増加傾向についての確証はもう少し詳細な調査を待たなければならないが，少なくとも自治会の活動は盛んで，全国に広く普及しているということは確かである。このことは，自治会のような団体の活動に不利になりそうな独り暮らし世帯や単身者人口の増加や，（時にモラルの低下とも解釈される）弱まりつつある社会の繋がりに鑑みると，驚くべきことかもしれない。数百万人の日本人の地域社会と自治会への貢献が，予想された自治会活動への参加の低下を食い止めている重要な要素である。しかし後述するように，政府もまた自治会を守るのに積極的である。自治会の活力を継続させるために，政府官僚も重要な役割を果たしている。
　これらの全国調査は，いくつかの詳細な地域調査によって裏打ちされている。横浜市の自治会の調査の中で，大内は50％以下の加入率の自治会は，ほんのわずか（5.4％）しかなかったとしている。こうした活気のない少数の自治会がある一方，ほとんどの自治会は高い加入率を誇っている。3分

の2の自治会は90％以上の加入率で，16.8％の自治会は70〜90％の加入率であった（大内 1990, p. 242）。東京の3つの自治会を調べた White は，「この3地域の自治会と他の研究から得られたデータによると，自治会の会員のうち4人もしくは5人に1人の割合で自治会の総会や他の活動に参加しており，郊外ではその割合は多少低いようだと推定される」と述べている（White 1982, pp. 154-155）。White は，自治会のある特定の活動は高い参加率を示しているとしている。調査が示すところによると，自治会会員のうち4分の1から2分の1が趣味の会合や運動会などに参加したか，そのビラなどを配る作業を手伝ったと答えている。京都と大阪の郊外から選出したサンプル3地域の自治会の会員90％が，自治会のゴミ捨て場を利用，または近所の清掃活動・街灯の修理などを手伝ったと答えている[5]。人々は自治会の活動にどの程度参加するのだろうか？　ある全国調査によると，最も多かった回答は「年に一回」（45％）と答えたとあるが，自治会に関わっている人たちの間ではほとんどの人が少なくとも「月に一回」は自治会の活動に参加したと回答している（図4－2参照[6]）。

要するに，大多数の日本人が自治会に参加しており，非常に積極的に参加するのは少数であるが，ほとんど全ての日本人が自治会の会員となっている。これが幅広い参加を意味するのか，幅広い無関心を意味するのかは，グラスの水が半分減っているというのか半分残っているのかというような問題である。しかし比較の背景からみると，日本人の成人人口の半分がある組織で活動しているということは，それが非常に活力あふれる団体であると言えるだろう[7]。

---

(5)　White 1982, p. 155. データ出所は，東京市政調査会 1971, pp. 109-113. 町報行政 1976, pp. 90-106 and pp. 248-261.

(6)　これらのデータは，内閣府によって行われた調査から得られたものである。同調査を引用しているのは，それが自治会への参加に関する唯一の調査であるからである。しかし，この調査はいくつかの異常な調査結果を示している（これについては後述する）。そのため，筆者はこの調査結果に疑問を抱き，不完全なものと考えている。

(7)　各国の自治会を調査した研究者は何名かいるが，筆者が知る限り比較調査をしているのは以下の通りである（中田 1997, 2000；中田 2000, Pekkanen and Read 2003）。

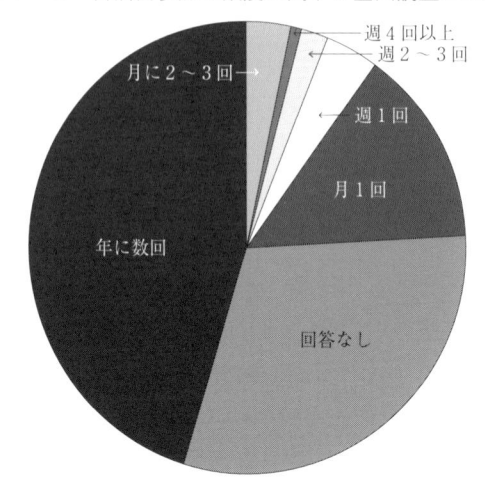

図4－2　自治会参加の頻度に関する全国調査2003年

出典：日本総合研究所2003, p.147. N=607.

(2) 自治会は本当に自由意志に基づいた団体なのか？

　自治会は，強制的な団体なのだろうか？　たしかにその加入率は，共産主義国における投票結果の報告を連想させるものがある。しかし高い加入率と比べると，活動に参加している割合が低いことを考えると，自治会への加入は完全に任意のものだと思える。だが忘れてならないのは，自治会の会員には会費を納める義務があるということだ。家賃に自治会費が含まれているアパートなどを除くと，会に加入したくない人は会費を納めなければいい。つまり会員になるには自ら加入の意志を表明しなければならない。自治会の活動が盛んな地域では，社会的なプレッシャーから加入してしまうことがあるが，やはり加入することを決定するのは本人である。例えば，共同で公園の清掃にあたるというのは，典型的な自治会の活動である。清掃作業を面倒なものだと感じ，社会的な義務から参加するという人も多いかもしれないが，その一方で共に働き公園を清掃するということに誇りを感じる人もたくさんいる[8]。奉仕活動への参加を促す社会的プレッ

---

　(8)　ほとんどの日本人がある程度自治会とかかわりを持っているため，筆者は多岐にわたる多数の自治会会員と会話をすることができた。しかし，

シャーというものは，日本特有のものではない。アメリカにあるロータリークラブやボーイスカウト団体やその他の市民組織のメンバーも，なんらかの社会的プレッシャーを受けて参加している面もある。

　しかし，後に詳しく述べる社会関係資本のことを考慮せずに，自治会の驚くほど高い加入率を理解することはできないだろう。自治会に参加する日本人の多くは，その活動に本当に参加したいと願うからというよりも，参加しないことによって近所での評判が悪くなることを恐れるからという場合が多い。当然，自治会活動への幅広い参加は，参加することをよしとする規範を強め，非協力的行為（とその代償）を目立たせる。ある住民が自治会への参加を拒否したとしても，その人の家に隣人が押し寄せてきたり，強制的な措置がとられたりすることもない。ただ，人々がよく口にするのは，近所の社会的ネットワークの一員になれず，日常生活に支障をきたすことを恐れるということだ。この典型的な例としては，自治会に加入している住民は，旅行などで家を長く留守にする間大事な荷物が届く場合，隣人に頼んでおけば安心だということである。自治会に入っていることでその住民は自らが信頼できる人間で互助の精神を持っているということを他の住民に知らせることができる。これは，そうすることで困った時に隣人に助けてもらったり，親切にしてもらったりすることがあるということだ。こういった形で，自治会は社会的ネットワークを作り，またそれによって支えられているとも言える。

　会費の額には差があるが，大体の場合は月に1千円以下である。ほとんどの日本人の場合，近所のしきたりに背いたり，近所で村八分にあったりするリスクをとるより，会費を払う方がましだと考えるだろう。奉仕活動に情熱を持って自治会に加入する人もいるだろうが，ほとんどの日本人は加入するのが当然だからと考えている（日本総合研究所 2003, p. 52参照）。しかし，政府による調査によると，自治会に積極的に参加したいかと尋ねた質問（実際参加したかどうかではない）に，57.9％の人が積極的に参加したいと答えた（経企庁 1998b,『資料』p. 16）。この数字が，実際に積極

それらはフォーマルなインタビューではない（フォーマルであった場合も多くある）。こうした会員の見解を本文で紹介しているが，それはこれらの会話から筆者が受けた印象に基づいたものである。そして，それらはある特定の人物の見解ではない。

的に参加していないがそうしたいと答えただけの人も含むのかどうかは分からない。この数字は1997年と2000年に得られた実際に積極的に参加している人の数よりは低いが，ほとんどの人は自治会への参加の意図を持っているから参加しているということを示唆している。Bestorが言うように，「(自治会の) 会長達は，加入を拒否した世帯はないけれども，強制されて加入したものは1人もいないとよく言うが，恐らくそれは両方正しいのだろう」(Bestor 1989, pp. 165-166)。ある意味でこれは社会関係資本だといえる。逸脱行為は強制力ではなく，社会の規範とネットワークによって抑制される。社会的プレッシャーは強制ではない，自治会は自由意志に基づいた組織なのだ。実際，このように人々を社会ネットワークに取り込むことによって，社会関係資本を形成し維持することから，自治会は日本の国家にとって非常に貴重なものになるのである。

(3) 自治会の活動

人々は，実際に自治会で何をするのだろうか？　その他の面でもそうだが，自治会の間には活動内容の面で大きな多様性がみられる。ミナモト町（仮名）という東京都のある地域を調べたBestorの優れた研究は，自治会の様々な活動内容を紹介している。例えば，盆踊り・花見・正月行事など。さらに，「子ども会の行事は頻繁に行われ，大人も子供と同様に楽しんでいる。また大人だけの小旅行もある。毎年夏には，30〜40人ほどの子供と10名ほどの大人が，1時間ほど離れた公営のプールに行ったりする。また毎年計画された，海辺でのピクニックなどの催しが行われる。婦人会は定期的に温泉旅行に行ったりもする」(Bestor 1989, p. 157)。

自治会に対する批判でよく聞かれるのが，自治会は政府によってつくられた自主性のないもので，ただ地方自治体の末端として質の悪いサービスを提供するだけだというものだ。しかし，自治会の活動をよく調べると，こういった批判が間違いだというのは明らかになる。ほとんどの自治会は，政府からの援助を受けるために，情報伝達などのサービスに従事するが，表4－1が示すように自治会の活動はこれだけには留まらない。自治会は，広い範囲のコミュニティ・サービスや様々な活動に従事する活力あふれる団体だと見るべきである。また自治会は，その重要性を熟知する政府と緊密な関係を持つものの，自主的な市民社会団体である。地方自治体の「安

第4章　自治会と地域市民社会　　121

表4−1　長野県上田市の自治会の活動内容と優先活動

活動内容	上田市自治会の活動割合（%）	優先活動と答えた上田市自治会の割合（%）
公園の造成・管理	39.5	6.5
祭りの運営	85.5	32.3
スポーツイベントの運営	79.0	21.7
クラブ活動の運営	75.8	24.2
会報の出版	26.6	5.6
勉強会の運営	39.5	0.8
子ども会の助成	89.5	26.6
老人会の助成	83.1	11.3
婦人会の助成	51.6	0.0
青年会の助成	24.2	3.2
公民館の建設・管理	83.9	13.7
排水溝・河川・道路の清掃	91.1	45.2
防火・防災	84.7	32.3
自治体公報の配布 *	89.5	16.1
公費の集金 *	87.1	10.5
住民から地方自治体への陳情	84.7	31.5
政治家の支援 *	25.0	2.4

出典：安井 1985, p. 210.
* 自治体もしくは政治家に関連した活動；N=408

い下請け」的な活動だけではなく，自治会は多くの自主的かつ地域に根ざした活動を行っている。

　表4−1は，長野県上田市の自治会の活動内容を記したものである。安井は，この中規模都市にある自治会の活動を調査した（安井 1985）。この表は，自治会が様々な活動にどのくらいの割合で従事しているか，また各自治会がどの活動を最優先しているかを示している。この2つの数字を見ることで，自治会の活動がどういうものかがわかるだろう。

　繰り返しになるが，安井の上田市の詳細な調査と同様の調査は全国レベルでは行われていない。しかし，他の地域の自治会の活動を調べた調査は他にもある（Bestor 1989, 付録参照）。活動内容の分類は研究者によって多少違うが，自治会の役割はだいたい似通っている。だが日本には30万の自治会があるので，当然多少の差異はあるだろう。

　表4−2は，別々の地域の自治会の活動内容を比較した数少ない調査の1つをまとめたものである。菊池は，大阪，東京の商業地域，埼玉県，栃木県茂木町，福井県のある村の自治会を調査している（菊池 1990）。菊池が

表4－2　5地域の自治会が従事する活動の割合

活動	大阪市（都市部）(506)*	千代田区（都市部）(67)	埼玉中流アパート（郊外）(29)	茂木町（農村部）(92)	福井県上中町（農村部）(39)
道路・河川・街灯の管理	34.2	31.3	31.0	72.8	84.6
祭り	46.8	70.1	89.7	67.4	81.6
運動会	30.4	50.7	86.2	40.2	82.1
文化・教育活動	9.1	31.1	62.1	14.1	56.4
自然保護	11.3	19.4	27.6	9.8	33.3
防犯・防火	50.0	73.1	65.5	42.4	79.5
自治体公報の配布	68.4	73.1	82.8	77.2	84.6
自治体への陳情	39.5	52.2	82.8	65.2	87.6

出典＝菊池 1990, p. 224 より引用。
* カッコ内の数字は自治会の数；N=733

　調査した733の自治会は，日本全国の自治会の1％にも満たないが，この調査は自治会の活動に地域性があるということを示唆している。さらにこの調査は，都市部・郊外・農村部の自治体を網羅している。菊池の調査結果は，自治会が情報伝達の活動にも従事してはいるが，その主な活動は地域コミュニティのための活動であるという見方を裏づけている。

　予算の使い方も，地域コミュニティのための支出が主であると考えられる。例えば，Bestorの調査にある自治会は次のような支出を行っている。会合費88,000円，管理費291,081円，街灯172,742円，衛生95,157円，寄付金118,800円，連絡費139,370円，青年会138,123円，神社奉納金112,600円，祝い金・見舞金16,000円，人件費・事務所54,460円，催し物272,604円，交通安全対策費21,190円，備品費16,750円，防火見回り費14,860円，交通費1,380円，その他7,690円，婦人会への補助金50,000円，老人会への補助金30,000円，祭り100,000円，監査費用20,000円，予備費30,000円，前年からの繰越金36,927円，廃品回収からの収益金252,463円，廃品回収繰越金496,888円（Bestor 1989, p. 282）。横浜の自治会を調べた別の調査では，全体の24.5％の予算が，祭りなどの大きな催し物に使われたとされている（大内 1990, p. 247）。

(4)　自治会に参加するのは誰か？　自治会，政党，性別，政治家

　日本人が自治会に広く参加していることはすでに述べたが，この参加者が幅広い層から来ているということについても触れなくてはならない。自

治会は時に自民党や地域の保守勢力の付属品であると批判されることがあるが、この見方は正確ではない。確かに、自治会の会長は政治的活動に関わることが多いが、必ずしも保守的ではない。自治会長はその地域の代表者であり、自民党は長年日本で最も人気のある政党である。自治会の会員の支持する政党に関するデータはない。しかし存在するデータから、この問題を考察することはできる。もし自治会の会長に保守派が多く含まれているとすれば、自治会の上層機関にも保守政党の支持者が多いはずである。しかし表4－3が示すように、9つの都市を対象に行われた調査でも政党支持は多様性を持っていることが分かる。この表はまた、1983年の衆議院選挙で各政党が自治会の役員から獲得した票の割合も示している。「支持政党なし」と答えた回答者がどう投票したかについては不明であるが、自治会が必ずしも保守政党支持ではないことが分かる。

表4－4によると、自治会の会長の多くが、（必ずしも限定されるわけではないが）左翼的とみられる核兵器反対運動に参加している。この2つの表から考えると、自治会の会長はより政治活動に参加する可能性が高いが、必ずしもより保守的であるとは言えない。Scott Flanagan et al. は、「町内会

表4－3　一般有権者と自治会役員・会長の政党支持の比較

	支持政党						
	自民*	公明*	民社**	社会**	共産**	その他	支持政党なし
一般有権者	45.7	10.1	7.2	19.5	9.3	7.3	
会長経験のある自治会役員	46	3	5	5	5	1	24
会長経験のない自治会役員	36	5	5	3	3	1	35
自治会役員全体	39	4	5	4	4	1	32

*　保守政党：自由民主党、公明党
**　革新政党：民主社会党、日本社会党、日本共産党
出典＝一般有権者の数字は、1983年12月12日の衆議院議員選挙で各政党が獲得した票の割合。
自治会役員の数字は岩崎1985, p.434より。

表4－4　自治会役員と会長による反核兵器運動への参加状況（％）

	活動内容					
	会合への参加	署名活動	寄付行為	嘆願書に署名	何もせず	運動に反対
自治会会長	4	5	11	31	46	3
自治会役員	3	3	7	25	57	5
合計	3	3	6	26	54	5

出典＝岩崎1994, p.434.

と商店会は，全てのケースでとは言えないが，保守ネットワークに結びついていることが多い。反対に，一概には言えないが，高層マンションの自治会や労働組合は革新ネットワークと繋がっていることが多い」(Flanagan et al. 1991, p. 127)。Curtisは1960年代の保守的地域について書いた中で，別府市にある自治会を自民党の一部だと見るのは行きすぎだとしながらも，自治会会員の多くが一般的に保守政党・保守政治家に共感を持っていると指摘している (Curtis 1971, p. 111)。

自治会の中でどのような政治活動や社会化が行われていようと，それが一辺倒ではないのは明らかである。自治会によって反映されていないのは革新政党の支持者ではなく，公明党の支持者である。

自治会会員の性別と年齢について調べた唯一の全国調査によると，男性の方が女性より多い（日本総合研究所 2003, p. 41）。しかし女性の方が男性より参加するという間接的な証拠もある，だが確信を持ってそう主張するには更なる調査が必要である。前述の調査はまた，その地域に居住している期間と自治会の参加状況の関連についても触れている。同調査結果は理にかなっていて驚くべきものではないが，居住している地域に強く帰属している人々は，自治会に参加する可能性が高いというものである。交通手段と通勤状況の変化によって，地域へのこうした帰属が弱まっていくという予想が，地方自治体の役人に自治会の加入率低下に対応する政策を作らせている。

自治会のすべてを包含する性格にもかかわらず（もしくはその性格が理由で），自治会は地方政治にとって重要なものである。若田は，「地方政治家が地盤を作ろうとする地方組織の中で，最も重要なのが自治会である」と主張する（若田 1994, p. 174）。基本的に自治会は，地方選挙の候補者に投票者と直接顔を合わせ握手する機会を提供する。その見返りとして，自治会は政治家から公約を引き出したり，地域の問題の解決に地方議会で便宜を図ったりしてもらうことができる。自治会は，地方の要求を聞いてくれるならいろいろな政党と協力するのが普通である。もちろん，中には地方政治との関わり合いを避ける自治会もある。

筆者の国会議員・地方議員・自治会長とのインタビューの多くでは，政治家が自治会を集票目的で使おうとすることがあるという証言が得られた。筆者の印象では，自治会は非常に有効なものであるが，当然のように全国

レベルというよりは地域レベルでその効果をもっとも有効に発揮するようである。その性質から，自治会は様々な意見を包含しており政治活動があからさまになると，疎外される会員が生まれたり，内輪もめが起こったりする危険がある。こうした事態を避けるために，自治会は政治家と協力することを避けることが多い。Curtis はその著 *Election Campaigning Japanese Style*（『代議士の誕生』）で，自民党への支持を集めるために自治会がどう使われているかを詳細に描写している。

しかし，筆者が1994年の選挙制度改革後に行った自民党代議士とのインタビューでは，違ったパターンが見られた（この違いは恐らく，Curtis が調査した時代に強かった保守的傾向，選挙制度改革後の選挙戦略の変化，自治会自体の変化などによるものであろう）。都市部と農村部いずれの代議士とその秘書らも，有権者と直接触れるのに自治会が非常に重要なものであると考えている[9]。しかし彼らは，あまり自治体に票集めを期待してはいない。その代わり自治会の会合に「相乗り」することがある。例えば，ある代議士（または候補者）に好意的な会員が，会合の場所と期日を知らせたりすることがある。そして，連絡を受けた代議士は会合に立ち寄り，挨拶をする。ある自民党代議士は，「公民館で少し話をしたり，質疑応答をしたり……これを月に10回ほどやります。一番重要なのは，テレビや新聞だけを通して政治に関わるのではなく，直接関与すること」と話す（石川県選出の自民党議員との筆者インタビュー，2004年8月6日，東京）。ある民主党代議士は，自身の自治会対策を，「自治会の会長は政治活動に関わってはいけないのです。彼らは，基本的に中立でなくてはいけません……でも，私がこの選挙区で選挙活動を始めた時，最初にやったことの1つは，この選挙区内の300を超える自治会の会長を訪ねることでした……そして

（9） これは，筆者による多くの国会議員とそのスタッフとのインタビューに基づいたものである。例えば，2003年10月と2004年6月の2度のフィールド・トリップの期間中，東京選出，四国選出，大阪選出の国会議員（3人とも衆議院小選挙区選出の自民党議員）に，彼らの地元事務所でインタビューした。筆者はまた，それらの国会議員のスタッフ，後援会の会長（大阪のみ），配下の地元議員（町会議員，県会議員）にもインタビューした。東京では，自民党・民主党・公明党の国会議員と自治会との関係についてインタビューした。しかし彼らの選挙区を訪れてはいない。

多分150以上の（自治会の）新年会で再び訪問して……さらに祭りに参加したり……」などと話してくれた（東京都選出の民主党代議士との筆者インタビュー，2004年8月31日，東京）。自治会の会合に顔を出すことは，いろいろな政治家が可能な限り行う一般的なものである。別の自民党代議士は，「私は，（有権者に会う目的では）自治会を使わないのですが，自治会，ライオンズクラブ，消防団などの新年会には全部顔を出すようにしています」と不満気に話してくれた（千葉県選出の自民党議員との筆者インタビュー，2004年8月26日，東京）。

　ここで重要なのは，自治会の会合は候補者のために計画されたものではないということである，そして基本的に政治家はそれらの会合をコントロールすることはできない。むしろ候補者は，自治会を有権者と直接触れ合う貴重な集まりであると認識している。一般的に自民党の政治家は，組織的な選挙活動を好む傾向にある。さらに自民党の政治家は，自治会の会長をその地域の後援会の会長にすることを好むようだ。その理由は，自治会の会長がその地域と深く繋がっていて，人望を集めており，選挙に直接使える広い人脈を持っているからである。政治家は可能な限り自治会を選挙に使おうとする。ただし，彼らは自治会にいろいろな政治観を持った人々がいることを理解している。ある高知県選出の自民党代議士は，「（私の選挙区の）ほとんどの自治会は，いろいろな意見を持った人々が会員にいるので，基本的に政治に関わりたがらない。政治の道具として使われてしまうと，ごみの処理や子供の体育の指導などといったような機能が崩れてしまうので，（私の選挙区の）ほとんどの自治会は中立の立場を保つようにしています」と選挙目的での自治会利用の限界を話してくれた（高知県選出の自民党代議士との筆者インタビュー，2004年8月26日，東京）。

　しかし，自治会は政治家が有権者と触れ合うために利用するたくさんの組織の1つでしかなく，自民党の政治組織の中の歯車として機能するわけではない。筆者とのインタビューでは，自民と民主両党の代議士が可能な限り自治会を選挙活動で利用したり，後援会の一部として活用したりすると話した。彼らが自治会を利用する理由は，自治会が同じような意見を持った人々を集めているからではなく，ただ単に多くの人々を組織しているからである。有権者と触れ合うために，政治家は非常に多様な団体によって組織された催しの場で講演をする。その地域を代表する（またそうしよ

うとする）あらゆる政治家に，最適な場所を提供することができる。

これはアメリカの場合も同じである。Richard Fennoは，選挙区におけるアメリカの政治家の研究の中で，ある下院議員の話を紹介している。

> 「群衆を作り出すことはできないから，人が集まるところに行くんだ。ということは，その辺の道沿いに住んでいる人々よりも，商工会議所のような組織と話をするのに時間を費やすということだ。ほとんどの人々には直接会うことはできない。彼らは組織されていない。彼らは我々が入り込めるような機関も持っていない。リーダーやエリート達はいろいろな機関のトップにいる，だから彼らとは接触することができる。だが一般の人々とは接触できない」(Fenno 1978, p. 235)。

日本人の国会議員がよくするように，アメリカの議員も喜んで自治体の会合で講演をしたいと思うに違いない。そして有権者を地域ごとに組織化する（つまり政治家に「入り込める」ものを提供する）ことで，自治会のあり方は上記の引用文が指摘する問題点を明らかにしているのではないだろうか。その問題点とは，組織化された人々の意見は代表的なものではないが，そうした組織を持つことで，政治家とつながりを持つ特権を有するということである。

(5) その他の組織的特徴

自治体の特徴としては他にもう2点挙げられる。1つは，会長選出過程などを含む，自治会のリーダーシップのパターンである。もう1つは，他の地方組織の核としての自治会の役割である。

会長・役員の選出方法は自治会によってまちまちである。地域ごとまたは地域内の違いがあるが，現在では各世帯での持ち回りというのが最も一般的な会長の選出方法である。1973～75年の調査によると，任期を終えた会長が次の会長を推薦するというケースが典型的である（中田 1995[1981], p. 86)。しかしより最近行われた地域調査は，世帯間の持ち回りの方がより一般的で，約3分の2の自治体で行われているとしている（谷口 1985, p. 281；大内 1990, p. 243)。ここで留意すべきことは，自治会のリーダーは地方自治体によって選ばれているわけではないという点である。むしろ，

リーダーの選出過程は自主的なものである。これは戦前の自治会でも同様であったと考えられる。Hastings は軍国主義が台頭する以前の東京の自治会について,「恐らく最も重要なことは,自治会の会長の中に,官僚や教育関係者が見当たらないということであろう。だから,実際に自治会は単なる警察や区役所や教育機関のリーダーシップを延長したものなどではない。自治会のリーダーシップは,地域に根ざした自治会の性質を反映したものである」と書いている (Hastings 1995, p. 81)。

リーダーシップの持ち回り制の増加傾向は,社会変化によるものかもしれない。White は昔行われていた権力乱用に触れながらも,このように述べている。「(自治会の) 伝統的な特徴であった,画一主義,党派心,家長制度,権力主義などを忘れてはならないが,日本の都市部においてはそうした行動を元来支えてきた社会的・行動的基盤は存在しなくなったというのが我々の見方である」(White 1982, p. 265)。

Bestor は,合意に基づいたリーダーシップの選択方法に二面性があると指摘する。「この選択方式は,権力主義的かつ専断的で,自己永続する寡占制度で完全に統制されているように見えるかもしれない。(自治会)に反対する人々(主に自治会に参加しないことで反対の意を示す)は,こうした表現は会長選出の方法だけでなく自治会の活動全般に当てはまると主張する。しかし自治会の支持者は,新会長選出やその他の重要な決定を下す前に行われる会長とその他の住民による長い審議が,決定過程に権力の抑制と均衡をもたらすと主張する。長期にわたる『根回し』のプロセスを通じて,住民は自らの意見を述べ,反対を表明することもできる,そしてそうした決定に関与することができないのは,自ら自治会の活動に参加しないことを選んだ人々であると,彼らは主張する」(Bester 1989, pp. 188-189)。

自治体職員にとってより緊急な問題は,自治会への関与を大切にする世代が減少していくことである。全国各地で多くの自治体職員が,現在の自治会のリーダー達が高齢化しており,時間をとられる自治会の役員職を若い世代がやりたがらないという不安を筆者に打ち明けた[10]。このことが,

---

(10) 年齢別に分類された自治会会員の唯一のデータは,日本総合研究所 2003である。このデータによると,自治会参加の割合が最も高いのは30代の人間であった。しかし,性別・全体の参加率のデータと同様に,この調査結果もまだ初期的なものとみるべきである。確信を持って断言するには,

Putnam（2000）がアメリカで起こっていると指摘した世代交代の兆候であるのかどうかは明らかではないが，自治体職員の不安は非常に切迫したものがある。

自治会の意思決定過程も興味深いものがある。Bestor は，彼が比較研究の対象とした東京のミナモト町（仮名）のすべての住民が，「意思決定が一極集中していて，決定を下す権限と（自治会活動）の重要事項を決める明確な影響力は役員達が握っている[11]」と信じて疑わないと主張している。Steiner も，全員の合意に基づいた意思決定過程は，諸刃の剣だと警告している。事前の推薦と合意を優先して，地方の自治会会合で多数決によって決定を下すことは避けられることが多いが，自治会のこうした団結の別の一面は，その排他的な性格と一部の住民を仲間はずれにする性質である（Steiner 1965, p. 211）。この見方を最も強く持つのは Robertson であろう。彼女が調査した地域の中で最大の自治会である「学園西町内会」に実際に参加して観察した結果出した結論は，学園西町内会が会員の無関心と傲慢な役員によって構成された「実質的な独裁体制」だというものであった。

自治会のより重要な組織的特徴は，それらがいかに他の関連地方組織の核になっているかということである。この特徴の重要性は2つの点にある。1つは，それが地域市民社会の形成を促進するということ。2つ目は，自治会が会合の場所などの物理的な便宜や団体の核になるものを提供することで団体設立の諸費用（transaction cost）を削減させ社会関係資本を維持する団体を育成する効果的な手段であるということである。大内は，「このように任意団体が自治会と交わり，自らのネットワークをその地位に築いていくのだ」と述べている。さらに公園管理会，読書会，健康促進会，子ども会，老人会，婦人会などの団体は，自治会の補助団体としてさらに緊密な関係を持っている（大内 1990, p. 271；鰺坂 1994, p. 299；さらに倉沢・秋元 1990も参照）。

老人会と婦人会は，自治会の下部組織であることが多い，そして一般的にそのメンバーは重複している。しかし，それらは別々に存在しており，

さらなる分析が必要である。
(11) Bestor 1989, p. 186. 役員のポストは45あったが，役員は25名であった（Bestor 1989, p. 282）。

独自の会合と会費収入を持ち，時には（少ないながらも）独自の補助金を地方自治体から受け取ることがある。老人会の典型的な活動としては，地元の健康施設を訪れたり，交通安全や歴史の勉強会をもったり，温泉旅行を主催したりする。もちろん老人会は，この章のむすびで述べるように社会関係資本の形成に貢献している。

自治会は多様性をもつ集まりである。しかしこれまでの検証で明らかなように，自治会は地域のコミュニティ活動を中心とした任意制に基づいた団体である。これは，自治会が政府と何の関係も持たないということではなく，むしろ重要なのは自治会が真の市民社会団体であるということである。後述するように，自治会と政府の関係は，自治会の普及を強力に後押しした政府の支援と継続的な会員勧誘の試みなどがある。

2．自治会の歴史

自治会の起源と発展の考察は，自治会の市民社会団体としての役割と政府との緊密な関係に光を当てることになる。ここでは，自発的な社会団体の遺産としての自治会と政府の創造物としての自治会という点に注目しながらその歴史を簡潔に検証する。この一体化した歴史は，筆者の広い議論における自治会の重要点である。自治会の自発的な社会団体としての起源は，自治会が市民社会団体であることの証左である。しかし当初そうした団体は，日本の一部にしか存在せず，人口の10％以下しか含まなかった。自治会が現在日本全土に普及したのは，1920年代の日本政府の施策によるところが大きい。このことは，日本政府が市民社会団体の発展を抑制するだけではなく，それを促進する力を持つことを示す。これは，政府が市民社会組織を形成する影響力の源となっているといえる。

従来の見解では，日本の自治会の起源は中世時代にあるとされる。確かに，非公式，擬似政府的，もしくは強制的な自治組織は，日本の歴史のいろいろな時代で重要な役割を果たしてきた。日本人学者の学説の多くは，都市部の自治組織（「町」）が自治会のはしりであるとするこうした見方を支持しているようだ。例えば，上田惟一は自治会の起源を，京都の近隣世帯で構成された防犯・町火消しの組織であるとする（上田 1985）。それらはPutnamの *Making Democracy Work* に紹介されているイタリア北部の社会関係資本の高い地域に生まれた市民協会と似たものであったと考えられる。

「町」が地方自治に大きな影響を持ったのは間違いなく，また恐らく文化的な基盤になったであろうが，それらは自治会の直接の祖先ではない。むしろそれは，20世紀初頭に自発的に出現した都市部の自治会である。しかし，自治会の起源とそれが普及した理由は別である。自治会が普及した理由の1つには関東大震災への対応という社会的な要素もあるが，その急速かつ単一な普及は政府の政策によるところが大きい。

(1) **自治会の前身**

自治会の前身としてよくふれられる「組」は，「互助を目的として結束した近隣世帯の集団であった。組は15世帯くらいから成り，共同作業や支援のための村の下部組織として機能した。組の構成員は共同で田植えをしたり，祭式などの準備をしたり，葬式をきりもりしたり，家や道路を作ったり修理したり，資金や信用そして特に労働力をお互いに供給しあったりした」(Noma 1993, p. 841)。Steiner は，組の伝統が強く残る農村部と都市部を区別する。農村部の自治会は，「その公式の姿が自然に発生したものではなく，そこには公式な組織の基盤となる何か非公式な社会組織が少なくとも存在した」(Steiner 1965, p. 217)。

Hastings は，自治会の前身について以下のように述べる。「15世紀の京都において，1つの『町』は一並びのいくつかの家屋によって構成されていた。『町』の構成員は，お互いに防火・防犯と救助の責任と義務をお互いに負っていた。16世紀には，町総代が実質的に京都を統治していた。徳川幕府の政治秩序は都市の自治を決して認めなかったが，京都の統治を町民とその自治組織に頼っていた。大阪では……町人が大阪の民間部門を治めていた。彼らは取調べを行ったり，情報を交換したり，税を徴収したり，商業を管理したり，記録を残したりなどといったことに従事していた」(Hastings 1995, p. 73)。しかし Hastings は，これらの組織と自治会には直接の関係はないと断言し，以下のように述べている。

「日本人の町内会に対する一般的な見方は，町内会は非常に古いもので，さらに古く由緒のあるアジアの制度から派生したものであるというものである。『五人組』，『町総代』，『世話人』，『若衆会』，『氏子集団』などは，よく明治時代以前の自治会の前身であるとされるもので

ある。……自治会は江戸時代の統治制度から直接派生したものではない。……さらに，自治会が江戸時代の制度から派生したという論証は精密な調査に耐えうるものではない。……自治会は，しかし都市の過去を再現したものでも，村社会の都市バージョンでもない。上記の通り，20世紀の制度とそれらの前身とされている江戸時代の制度の間には，実質的なつながりはない。自治会は任意制に基づいたもので，その地域の世帯を全て含む団体である。江戸時代の制度の加入は強制的で，基本的に地主・家主・資産家に限られていた。江戸時代には五人組でさえ，人口の60％を占める小作人が含まれないことがあった」(Hastings 1995, p. 74-75; 田中 1990, p. 31も参照)。

　農村部の場合，Bestorによると「昭和初期には，農村地域である雲谷で生まれた組織の中で，荏原町の東京合併への準備に応じる町・下部組織・制度・組織のリストに入りうるようなものは全くなかった」(Bestor 1989, p. 64)。

(2)　**自治会の興隆**

　歴史的起源の議論はひとまず措くとして，現代の自治会は20世紀に発展したものである。20世紀初頭，少数の自治会が自発的に結成されたが，それらが政府の衛生組合制度の導入によって大きく発展したのは1920年代のことである。1940年に存在した自治会のうち7割は，昭和に入ってから結成されたもので，23％が大正時代，わずか7％が明治時代であった（秋元1990）。自治会の加入数は1920年代に入ってから急速に増加し，1933年には東京の人口の77％が自治会に加入していた。予算の面でも，東京の自治会の予算総額は，都の税収総額の8分の1にも及んだ（Hastings 1995, p. 72)。

　自治会はこれらの任意団体と祭りなどを催す地元の神社を中心にした組織から発達したものである。しかしその急速な普及は，政府が作った組織である衛生組合の型を採用したことによるものである。もともとそれは自治会を作るために考案されたものではなかったが，自治会は衛生組合の制度体制を導入した。この流れは，地元の自主的な団体設立意欲と政府が構築した制度体制の興味深い融合だと言える。Hastingsが言うように，「政府の衛生組合に関する法令は自治会の型をつくり，震災時の政府の救済政

策は自治会の普及を急がせたが，自治会設立の先導的行為とその浸透への努力は地元住民から生まれたものであった」(Hastings 1995, p. 79)。

　研究者の多くは，自治会制度の確立が大正デモクラシーの一端だと考えている。田中重好は，自治会がすべて上から押し付けられたものだとする見方は間違っているとし，「行政の対応があったとすれば，それは（このころ自治会設立に向けた動きが起きた）時期よりも後に行われたものである」としている。もちろん，政府の後押しがなければ自治会がこれほど急速に東京で広がることはなかっただろう。例えば，このころの神田区では112の自治会のうち61が任意団体から転化したものであった。それらの任意団体のほとんどは，1890年から1914年に設立されたものであった。112の自治会のうち22は1919年以前に，70は1920年から1924年に設立されたものであった。その70の自治会でさえ，4つ以外は何らかの前身組織が正式に自治会として転化したものであった（田中 1990, pp. 33, 40）。

　Hastings の見解は，「東京の自治会は地元の任意団体と政府の交流によって生まれたものである。明治政府の指導者達が江戸時代の地元組織を廃止した後も，地主や資産家が小作人とのつながりを通じて，警視庁の管轄外の近隣問題などを支配し続けた。明治の新制度の下では，地元コミュニティを形成する活動を行う公式なメカニズムが存在しなかった。そのため地元住民がその都度，神社の祭りの運営や青年の出征祝いなどのために集団を作っていた。例えば，1881年の神田の大火事が，隣の下谷区住民が防火組織を作るきっかけとなった。多くの地元組織が単に交友団体と自らを定義していた。それらの地元団体は『町』を基礎として作られており，様々な名称で呼ばれていた。さらにそれらは，特定的かつ限定的な機能を持っていた」(Hasting 1995, p. 76)。

　Hastings が主張するところによると，「神社組織と自治会の関係は複雑であった。資料によると，神社組織から自治会が生まれたというよりは，自治会が神社組織を吸収したとみることができる」(Hastings 1995, p. 76)。Hastings は，政府が自治会の普及に果たした役割はいくらか間接的であったということを強調して，以下のように述べている。

　　「1900年7月1日に施行された法律では，東京都は伝染病の蔓延を防ぎ，衛生観念を培うために全ての町村に衛生組合を設立するよう指

示した。……1900年の法令施行後の東京の地元団体に対する重要性は，『町』を組織の礎とし，各家庭の家長が加盟することを義務付けたことである。衛生組合の多くは，その後資金不足から衰退していった……しかしそれらの設立は，自治会がとるようになった組織の型を作り出した。それは決められた地域の全世帯が加入する型の組織であった。1920年代ごろには，ほとんどの衛生組合が自治会の一部になっていた。……そして衛生組合の型を持つ組織が，徐々に神社組織や交友団体の機能を持つようになっていった」(Hastings 1995, pp. 77-78)。

Doreもまた，衛生組合の重要性は自治会普及の原型となったことだと指摘している (Dore 1958, p. 272)。

自治会普及の別の要因は，1923年の関東大震災である。Hastings は，関東大震災が「自治会が東京各地に広まる起動力となった。震災直後とその後の混乱の中での自治会の活動を通じて，市民の救済という団体の理念を示した。公式の組織が存在した地域では，会員が消防活動や住民の避難を行ったりした。……自治会の存在は，震災後の数週間の間必要不可欠であった。1934年の調査に対する回答の中で，古くからある地域の自治会の21％が，震災が団体設立のきっかけとなったと答えた」(Hastings 1995, pp. 78-79; Steiner 1965, p. 219 も参照)。田中とDore は共に，自治会が震災（特に警察・救護活動への支援を組織すること）を通じて，その理念を地元住民に示したとみている。そして，それらの地元住民はその後別の自治会を立ち上げることになった。また，震災時の自治会の活動は，政府が自治会を育成し利用しようとする意欲を掻きたてた (田中 1990, p. 42; Dore 1958, p. 272)。

田中重好もまた，1900年の法令で作られた衛生組合を強調する。特に，この法令の対象が地主だけではなく，全ての世帯であったことに注目している。田中の解釈は，政府は衛生関連の問題だけではなく，その他の面でも全ての住民を組織化することができるという考えを持っていたというものである (田中 1990, p. 33)。当時の資料によると，衛生組合は東京都全体に設立されたのに，積極的に活動していたのは都の半数程度であったようである (田中 1990, p. 34)。それでも1930年代には全ての区に自治会が存在し，3分の1以上の自治体が1923年から1927年の間にかけて急速に設

立された。

　自治会のその後の普及に関して田中は,「その背景として,中央政府の意向が働いていたことは否定できない」,そして近隣地域が1つの単位として存在することを（政府が）容認したことが,そこに任意団体が設立されることになった理由であると主張している（田中 1990, p. 27）。田中は1920年代の急速な自治会の普及について,いくつかの理由を挙げている。それらは政府の後押しと内部の自発的組織化であるという。1924年10月の政府文書（定款の例文や会費に関するものなど）の中に,田中は自治会を間接的に育成しようという政府の試みを見出している。自治会普及のもう1つの政治的要因は,1925年の普通選挙法の公布・制定である。政治家は,自治会を票の掘り起こしに利用しようとした。特定の候補者を支援した自治会は少なかったが,区議員の77%は以前自治会の会長か副会長であった（田中 1990, pp. 38-40）。つまり自治会は集票活動よりは,リーダーの育成により有効的であったということである。

(3) 軍国主義下の自治会

　政府の下部組織としての自治会のイメージや隣人を監視する自治会といったイメージは,今も一部で根強い。それらは日本の軍国主義下における自治会の変容によるところが大きいと考えられる。このころ自治会は国家総動員体制下におかれ,その後地方自治体に社会統制の手段として組み込まれた。1931年の満州事変以降,中国との戦争が激化する中で,政府は空襲時の防火訓練などといった目的で自治会を利用した。1940年には自治会は地方自治体の一部にされ,完全に政府に飲み込まれてしまった。自治会への加入は強制的となり,その任務は配給・民間防衛・プロパガンダなどに及んだ。「隣組」システムは10から15世帯を一組として,国債・公衆衛生・配給・民間防衛などを割り当てた。それらは,情報の伝達や共同作業などの目的で利用された。また有効な社会統制の手段でもあった。

(4) 自治会の廃止と再生

　連合国最高司令官（SCAP）は,軍事政権が国民を厳重に統制する手段であったと目された自治会を廃止することを決定した（Norbeck 1967, Masland 1946, braibanti 1948などを参照）。「アメリカ進駐軍の政策立案者たち

にとって,『町会』は基本的に非民主主義的なものであり(John Embree はそれらをナチス・ドイツの党組織と同一視した),それらは廃止されることとなった」(Bestor 1989, p. 75)。Steiner は,「(自治会が)日本全国に画一的に作られ,配給に従事し,防空壕を掘り,消火活動にあたり,愛国主義を喧伝していた時,多くの者がそれらの活動は有事に必要なものであると認識していた。しかし社会統制の圧力を嫌い,その廃止を望んでいた者も多かった」という(Steiner 1965, p. 228)。しかし田中は,自治会の廃止を求める民間の運動は存在せず,ほとんどの人々はその再生を喜んだと主張する[12](田中 1990, p. 47)。1947年 SCAP は,日本全国に21万あった自治会の廃止を決定した。また,自治会が別の名前で存続することを禁止する規制を作った。日本政府は1952年自治会禁止令を撤回した。自治会は,任意かつ独立した団体として設立されることが認められた。SCAP の努力にも拘らず,自治会はすぐに再生し,1956年には98％の市町村で活動するようになっていた(Bestor 1989, p. 75; Curtis 1971, p. 109)。

(5) 今日の自治会

上述したように,自治会の目立った特徴の1つとして,自治会の加入率が今日も増加しつつあるということがある。独身世帯やアパート暮らしの増加や(時に道徳の低下とも解釈される)社会の絆の弱体化などの変化が日本社会の骨組みに脅威を与えていると考える評論家たちは,こうした自治の動向に驚き,また歓迎するだろう。数百万の日本人の地元コミュニティと自治会に対するひたむきな取り組みは,予想されていた自治会参加の低下を防ぐのに重要な役割を果たしている。しかし,国家もまた自治会を守ることに積極的である。地方自治体の役人は,評論家などよりももっと自治会の動向に注視している。日々の業務において,彼らは自治会が自治体とコミュニティにとっていかに有益かを理解している。元神奈川県職員で地方行政の学者に転職したある人は,自治体の役人の間で自治会が非常に実用的な貢献をしてくれることを当然と考えていると話す。確かに,

---

(12) さらに Dore によると,1953年初めには東京の住民の32％が自治会だけではなく隣組まで設立していた。それらの住民の3％はそれらの団体を否定的にみており,20％が肯定的に,そして8％が分からないと考えていた。

筆者が多数の自治体職員と交わした会話の中で，こうした考えに異論を呈する者はいなかった。したがって，多くの役人が自治会の加入者と参加者を維持するため積極的に活動するのは驚くべきことではない。それらの活動は，市役所職員が自治会を訪問したり，自治会への参加を呼びかけるパンフレットを配布したりすることがある。彼らがよく訪れるのは，まだ自治会が結成されていない新しいアパートである。そういった所で，彼らは自治会の結成を促すために可能な限り努力する。インタビューの中で，地方の役人の多くが自治会加入の減少に対する懸念を明かしてくれた。戦後日本で自治会が維持され加入率を増加させてさえいる理由の1つは，間違いなく国家の地方支部のたゆまぬ努力である。

3．政府と自治会の関係

国家が自治会を支援する具体的な手段は様々あるが，後で詳しく議論することにする。ここでは，なぜ国家がこの種の団体をこれほど強力に支援したのかその理由を探る。このことは後にさらに詳しく述べるが，その理由の1つはすでに何度かふれている。つまり，社会関係資本である。日本政府の役人は，必ずしも社会関係資本という言葉を使うわけではない。その代わりに彼らはコミュニティや人のつながりの強化といった言葉を使うが，彼らの目的は完全に社会関係資本とつながっている。

自治会の直接的・間接的効用は，社会関係資本を供給し行政を助けるということである。しかし自治会は，国家と対立することはない。自治会は定義上地域的に限定され，常勤の専門職員を持たない。問題指向型の市民社会団体とは違って，自治会は政府から積極的な支援を受ける。第二に，この恵まれた環境が，市民社会団体でもある自治会を繁栄させた。自治会はほぼ全ての日本人を会員としている。第三に，政府支援のパターンは，会員勧誘と自治会の自主性に疑問を呈する。前にも述べたが，市民社会団体の自主性を弱めようとする試みは，日本政府の政策の特徴といえる。

このように，自治会のケースは筆者の議論の要点を例示している。なかでも問題指向型の市民社会団体と比較される，国家の自治会への優遇措置は，自治会の国家との協力姿勢と地域に限定されたことで専門化できず国家と対立することがないという事実で説明される。

その一方，重要な市民社会団体である自治会は，日本に存在する市民社

会への積極的な参加の可能性を示す。同時に，日本における国家の継続的な（ある意味で成功を収めた）自治会への加入勧誘の試みは，真の自主性をもった市民社会組織に対して国家が持つ不安を示唆している。

　自治会は，非常に古くからあり，戦後を通じて現代的に生まれ変わり存在している。自治会の安定した組織体制は，1995年の阪神大震災の際にみられたように日本文化がボランティア活動や社会運動を生み出さないという見方が誤りであることを立証するものである。また環境運動でみられるように，永続的な市民社会組織を建設するのに必要な長期にわたる関わり合いも日本で不毛だとはいえない。自治会の安定した組織は，第１章で既述し第６章でさらに詳述する筆者の第二の議論を支持する論拠となる。つまり政治制度の枠組みを検証することによって，社会運動と永続的な組織的遺産の乖離，さらに戦後日本市民社会の歴史的方向性を説明することができるという議論である。しかしながら会員勧誘に国家が介入する恐れがあるが，自治会は間違いなく市民社会団体であり地域参加の確たる形態である。また問題指向型の市民社会団体が直面する厳しい規制環境の反面，自治会は政府の積極的な支援を受けている。つまり自治会の成功は，国家が市民社会組織の形成の重要なファクターであるとする筆者の主張を立証するものである。国家と自治会の関係は，国家がいかに市民社会組織を形成するかについての筆者の議論と自治会の理解にとって非常に重要なものである。自治会に対する一般的な批判としては，自治会は独立した市民社会団体ではなく，むしろ政府の創造物もしくは地方自治体の下部組織でしかないというものである。前に（pp. 127-130）筆者は自治会活動の活力とリーダーシップの選択過程から論証を挙げて，こうした単純な見方に反論した。自治会が政府の創造物ではなく独立した市民社会組織であるという見方を裏付ける証拠を，自治会の予算の例と，どの団体が地元の問題に対応しているかの分析および地元住民の調査から後ほど提示する。自治会に対するもう１つの批判は，自治会は自民党の提携団体であるというものと，一握りの権力者が支配する権力主義の名残りであるというものである。この批判に関しては，前に述べたとおりである。

　多くの地方自治体と自治会が互いに有益な関係を持っているのは明らかである。この関係は普通，地方自治体が何らかのサービス（主に情報の伝達や集金など）の代わりに小額の資金を自治会に提供するというものであ

る。この資金は，自治会を支配するには到底及ばない小額のものである。その代償として，自治会は自治体とのパイプを使って住民の陳情（主に道路や街灯の管理など）を行う。これは双方向の関係で，政府との単なる下請け関係ではない。また政府と距離を保ち，政府関連のサービスを一切行わない自治会があることも忘れてはならない。ほとんどの自治会は政府の要請に対して自由裁量を持ち，承諾することもあれば断る場合もある。

(1) 政府の下部組織としての自治会

自治会が単に政府の役割を無料で行う市民のボランティア組織であるという見方を最も強く支持しているのは，Steinerかもしれない。「地元の神社の祭りを運営したりといった社会的な機能を」いくらか持っていると認めつつも，Steinerは「自治会の機能のほとんどは，本来市役所がなすべき事案について，単に協力するだけである。例えば，市役所は主要な道路にちゃんとした街灯を設置する，そして地元の団体が人通りの少ないわき道に街灯を設置し，夕方電気をいれ，朝電気を消し，必要な時に電球の交換をする。市の警察官と交番の巡査は巡回を行うが，地元の団体もまた見回りをし，店や家屋を泥棒や火事から守る。時に自治会は，ごみ捨て場を提供したりもする。よくチラシなどを配って『市民教育』につとめたり，若者の非行防止を目的として柔道や剣道などの伝統的なスポーツ活動を助成したりする」と述べる。Steinerはまた，「自治会が地方税の集金を行うときもある。市役所を手助けすることによって，頻繁に補助金を手にする。そして自治会は，圧力団体 対 政府という機能を持ちながらも，実質的に地方行政の付属機関となっている」(Steiner 1965, p. 222)。ここでは，ボランティア団体が政府に「属する」機能を代行することが，有益な副作用をもつという社会関係資本研究の議論はここでは一旦おいておくとする。またある機関が特定の機能を果たすべきであるとする欧米の慣習に基づいた価値観も，ここでは考えないことにする。それにしても，政府の代理として行う業務は，本章の前半に示したように自治会活動の大半を占めるものではないということは明らかである。

同様の批判は今日でもあてはまるかもしれないが，Steinerの記述はかなり前の時代の自治会についてのものである。自治会に対して最も厳しい批判をしているこの研究は，40年ほど前アメリカの占領が終わった後の時期

に行われたものである。その当時は、Steinerだけではなく多くの研究者が、軍事政権の遺産として自治会を見ていた。この頃、自治会がどのような活動をしていたか詳細に記録した資料はない。今日の自治会活動はコミュニティ中心の活動が、政府の業務よりはるかに多い。いずれにせよSteinerの辛辣な評価は、今日においては当てはまらない。

Bestorは、「研究者は、自治会を単なる政府の下部組織に毛が生えたようなものとみることが多い。自治会と政府の間の対立や意見の相違は、よほどの時にしか起こりえないと思われている。だが、筆者は以下でこうした見方が誤りであると指摘する……13」と書いている。Bestorはまた、地方自治体が自治会をどのように見ているかについて以下のように述べている。「公務員達は自治会を、（政府の一部ではなく、独立した市民の団体という自治会の立場にも拘らず）任務を委託できる最下層の機関であり、それらは政府の支配下にあり命令に従うものであると考えている。地方政府の役人は、自治会や地元団体になるだけ多くの地方行政の業務を遂行させたいと考えているが、たいていの場合回りくどい方法でやらざるを得ない。地方政府の一部だと認識されることを嫌う自治会の役員達の意向にも拘らず、区役所との連係はミナモト町（仮名）自治会の重要な任務であり、活動の大半を占めている。自治会と最もよく接触するのは、区の出張所である」（Bestor 1989, p. 106）。

(2) 自治会が政府のためにすること

自治会が地方自治体に供給するサービスの範囲は、前にもふれた。ほとんどすべての地方自治体が、なんらかの形で自治会と共同で業務にあたることがある。1980年の自治省（当時）の調査によると、地方自治体の70％（2,294自治体）が自治会を自らの業務の中で利用したと答えている。95％の地方自治体が、自治会を通じて市民と連絡することがあると答えている

---

(13) Bestor 1989, p. 102. しかしBestorの目的は、自治会の政治的自主性を主張することではない。Bestorは、自治会が政治的な組織や政府に操作されるものというだけではなく、それらはコミュニティの目的のために存在すると主張している。この点でBestorは、「自治会が作り出すムードは、自治会が行うどんな明確な政治活動よりも重要なものである」（Allison 1979, p. 205）というAllisonの文を引用している。

ので，先の質問で自治会を利用していないと答えた30％の地方自治体も，なんらかの形で利用したと考えられる。地方自治体が自治会と共同作業する手段は様々である。最も一般的な手段は，自治会会長に業務を委託するものである。その際地方自治体が会長に代金を支払い，その代金が自治会に入るという仕組みになっている。こうした行為が2,183の地方自治体で行われているが，地方自治体と直接委託契約をしたのは170の自治会に過ぎない。自治会が法人格を持たない場合行われる別の方法は，自治会以外の他の独立した地方団体を自治会が作って地方自治体と協力するやり方である。自治会と共同作業することがないと答えた214の地方自治体のほとんどが，こうした団体と提携している。こうした団体のほとんどすべてが，自治会会長によって設立され，自治会から独立しているというのは名目上だけの話である。地方自治体は，多くの自治会が法人格を持っていないにも拘らず，自治会に資金を流すことには何の問題もないようである，これはある種の市民社会団体に対する対応とはかなり異なる。

　上田惟一は，自治会が政府のためにすることを「行政協力活動」と呼び，3つのカテゴリーに分類している。第一のカテゴリーは，「連絡と情報伝達業務」である。これは，低価格で信頼性のある情報伝達と収集の手段である自治会が，政府に提供するサービスの最たるものである。自治会が包括的で地元に根ざした組織であるという性質ゆえに，情報の伝達と収集に効率的であるというのは明らかである。

　上田の第二のカテゴリーは，「その他の業務」である。これは，(a) 国勢調査や災害被害調査など様々な調査業務，(b) 選挙管理委員会など委員会への人材の推薦，(c) 様々な互助防災計画などがある。自治省（当時）はこれら2つのカテゴリーで自治会を使った地方自治体を調査している。調査対象になった地方自治体の数は，3,278であった。それによると，ほとんどの地方自治体（90.9％）が，何らかの情報の伝達手段として自治会を利用した。多くの地方自治体（74.0％）が，地元住民と連絡を取るために自治会を利用しようとした。それよりは少ないが，かなりの数の地方自治体がさらに広い目的で自治会を利用しようとした。それらは，納税通知の配布（52.3％），聞き取り調査の収集（53.7％），さらには防災訓練への参加を住民に呼びかける（45.5％）などである（上田 1985, p. 444に引用）。同様に，中田は埼玉県の地方自治体がどのように情報伝達を行おうとしたか

を調べた。それによると、自治会を通じて伝達されるのは一般的に公報（92%）であるが、納税通知、国民健康保険の書類、国民年金の書類、投票所入場券（投票券）、さらには国勢調査の書類まで自治会を使って配布されることがある（中田 1995 [1981], p. 209)。

上田の第三のカテゴリーは、「地元をまとめる業務」である。これは、事前交渉によって公共事業への賛成をまとめる「根回し」などがある。地方自治体の役人は、地元の自治会を訪れて、そうした事業への賛成をとりつける。このカテゴリーはまた以下の業務も含む。運動会などの大きな催しへの住民の参加を促すこと、または売りに出される土地の情報を住民に提供してもらうことによって公共事業の用地買収に役立てるなどである（上田 1985, pp. 444-448)。

Bestor はまた、「（少なくともミナモト町（仮名）では）自治会会長の意識は、地方自治体からの継続的だが雑多な依頼や要求のことでいっぱいである」と指摘している（Bestor 1989, p. 105)。大内は、横浜の自治会は、地方自治体から月平均12.4件（最大22件、最小6件）の協力依頼を受ける（年平均149件）。ほとんどの依頼は、住民への連絡目的のものである（Bestor 1989, p. 105)。

Bestor が行った東京の比較文化的考察は、地元自治会の運営を詳細に描写している。彼は、自治会がどのように情報伝達を行うかを以下のように鮮明に記録している。

> 政府の役人と（自治会の）役員らは、情報伝達を会の最も重要な機能であると考えている。（自治会）は安くて迅速な公式・非公式の情報伝達・収集手段をいろいろと持っている。例えば、掲示板、回覧板、複雑な連絡網、非公式な口コミ、そして4・5年に一度発行される詳細な（住所・氏名・電話番号・家主の職業などが載っている）住民の名簿など……自治会の最も完成された情報伝達システムは、ミナモト町（仮名）の50ほどの世帯ごとに回される回覧板である……理論上、このシステムは2日ほどで町内にある750世帯すべてに対して情報伝達・収集を行うことができる……この町の自治会は、町内に設置された7つの掲示板を持っていて……子ども会の行事、廃品回収の予定、神社の祭礼のお知らせ、町内での弔事の際のおくやみなど（を告示す

る）……回覧板と掲示板は町内会内の情報だけを伝達する。例えば，自治会・婦人会・老人会の寄り合い・旅行・食事会・その他の行事；廃品回収や消毒薬剤散布などの情報；募金のお願い；役員選挙の予告と来年度予算の承認；祭りのニュース；おくやみの通知……回覧板と掲示板は，時に都事務所や県警や消防署や保健所からの通知や，区の税金・福祉課，年金課，防災課などからの書類を載せたりすることもある（Bestor 1989, p. 105）。

Bestor はまた，「自治会との連繋は，間違いなく（都の）地方支部の最重要業務である……その職員は，ほぼ毎日地元のリーダーたちと広範囲の事案に関して連絡をとる。地方支部による各自治会との連絡の主なメカニズムは，自治会連合会である」（Bestor 1989, p. 109）。

(3) 政府が自治会にすること：地域コーポラティズム

地方自治体の役人が地元を訪問したりパンフレットを配布したりして，自治会の設立や活動を支援する努力はすでに述べた。地方自治体は，ほとんど全ての自治会（充分に成功している自治会も含めて）を積極的にサポートするが，その第一の手段は資金援助である。それらは直接的・間接的に行われる。直接的には，地方自治体が自治会に委託する（情報伝達などの）業務に対して支払われる代金がある。間接的なものは，補助金と助成金がある。いずれの方法でも，資金の総額はかなり小さいものである。その額は，時と場所によって変わってくる。例えば，香川県丸亀市（人口81,176人）では，補助金は一世帯あたり大体2.8ドル程度である[14]。自治会の活動パターンにみられるように，政府との関係は一見それほど群を抜いて大きいものには見えない。政府からの資金は，自治会の活動をコントロールできるほど大きいものではない。しかし政府の自治会への支援は，他の団体（問題指向型団体など）とは大きく違っている。政府の自治会育成は資金提供だけではなく，自治会への加入勧誘を容易にする公式の「認印」なども含んでいる。

---

(14) 丸亀市市役所生活環境課課長木村洋一氏との個人的なインタビュー，香川県丸亀市，2003年10月17日。

日本全国の自治会の予算を網羅した資料はない。しかし，いくつかのケーススタディや地域研究が自治会の予算について資料を提供してくれる，ただしほとんどの調査結果は首都圏にある自治会のものである。大内によると，横浜の自治会の予算の平均14.5％を政府からの補助金が占める（大内 1990，p. 247）。Robertsonは自身が比較調査した小平地区の中で最大の自治会の予算を分析している。それによると，その自治会の収入39,593ドルは，会費（72％），政府補助金（9％），助成金やその他の収入源（19％）から来ている。さらに，市の予算は32,658ドルを自治会への補助金（自治体あたり平均85.5ドル）に使っている。しかし，街灯や掲示板の設置に関しては別に資金が与えられている（Robertson 1991, p. 161）。Bestorが調査した地区の自治会は，平均18,278ドルの収入があった。そのうち13,642ドル（74.6％）は会費から，そして補助金はわずか2,481ドルであった（Bestor 1989, pp. 282-283）。

　自治会への公的支援は，資金援助よりもさらに重要である。自治会の半公的な立場は，あまり協力的でない住民も含めて会費を徴収することを容易にする。自治会への公的支援のレベルを数値化するのは容易ではないが，それはかなりのものであると思われる。それはもちろん見方次第でもあるが，筆者は政府が自治会を正当化する行為が，地方自治体からの資金援助よりも価値があるものだと考える。その意味では，第3章における1998年のNPO法施行のケースで提示した論証を思い出して欲しい。正当化は，自治会にいろいろな恩恵を与える源泉である。第一に，自治会が公式なものとして認定されていることは，多くの住民が加入する重要な要因であるだろう。第二に，近隣地域だけではなく，大きな公共の業務に携わっていると感じることも，自治会役員として貢献している多くの人々に対する，心理的な恩恵であると言えるだろう。地方自治体の役人と会合を持つことも，それらの人々が重要視され認められていると感じさせるものかもしれない。第三に，そして最も重要なことは，団体の正当化は独占的に地域を代表する点で肝要なものである。それは一種の地域コーポラティズムである。自治会は，国家と特権的な関係とコネクションを持っているため，同じ地域に対抗する自治会を作ることは考えられない。数千万の会員を持つ団体と同じように，個人間の意見の相違が起きた場合，住民が分裂して新しい自治会を設立するということはない。その代わり，権力争いに負けた

者やそれにあまりこだわらない人間は，自治会を辞め，競争相手に自治会を譲る。

　自治会が受けるもう1つの恩恵は，地方自治体とのコミュニケーションの連繋である。このことは，本章5（「政策提言」の説明の部分）においてさらに述べる。

4．自治会と国家：政治制度からの議論

　自治会の検証は，自治会の普及と継続における国家の役割の重要性を明らかにした。そうすることによって，第1章で述べた政治制度からの議論に対する論証を提示する。国家の自治会に対する支援は，第2章と第3章で述べた環境団体や市民団体とは大きく異なった形で存在する。自治会のケースは，市民社会組織を形成する上での国家の重要性を示す。歴史的にみると，自治会が国家の介入とは無関係に，今のように広く普及し盛んに活動しているとは考えられない。ここでの自治会と国家に関する議論は，3つのパートに分かれている。第一は，なぜ自治会が存在するかという問いに直接答えるものである。第二は，地方自治体が自治会を積極的に支援していない恐らく日本で唯一の地域である武蔵野市のケーススタディである。このケーススタディは，もし今日自治会が地方自治体の支援を失った場合どうなるのかといった点に光を当てるものである。それはまた，自治会に対する公的支援の重要性を示唆するものである。公正な見方を保つために，第三に自治会が政府の支援に依存しているという極端な見方に対して注意を促し，さらに自治会が市民社会団体であるという論拠を示す。

(1)　なぜ自治会は存在するのか？

　研究者達は，日本になぜ自治会が存在するのかという問いに様々な説明を提示している。いろいろな研究者に支持されている一般的な説明は，自治会はその前身組織と同じように，「日本社会の基本的な文化形態」を体現したものだというものである（大内 1990, p.275）。確かに，似たような組織は日本の歴史の中でたびたび見られる。

　より社会学的なもう1つの説明は，「自治会の組織化は，都市化や弱まりつつある地域の非公式なつながりに対する反応である」というものである[15]。Falconieri は，日本の自治会を「日本の村社会の慣習を都会に持ち込ん

だもの」であると言う (Falconieri 1990, p. 34)。H. D. Smith は，自治会は単に政府の政策の産物ではなく，都市化と向き合おうとする地域の意向を反映したものであると言う。同様に Dore は，自治会を「農村部のコミュニティが供給するような安心と一体感の代用」もしくは代理者であると見ている (Dore 1958, pp. 258 and 264)。Smith は「東京の文化の下層，特に中層から自発的に起こった道徳観念は，政府の取り組みの影を薄くした……町内会の目覚しい成長は，伝統的な道徳観念を喚起する東京の文化の可能性の表れであった。完全に自発的な組織である……自治会は，急激な人口移動の中で地域社会の安定を維持する重要な手段であった」(Smith 1978, p. 66)。中村のように政府の役割をあまり評価しない研究者もいる。中村は，「自治会の今日までの歴史において，自治会が大規模な政府干渉を受けたのは非常に稀であった」，さらに，「戦争開始後すぐに戦時体制がしかれる前は，自治会と官僚の連係は非常に少なかった」と言う (中村 1979, pp. 29-32)。

しかしながら，別の研究者達は自治会が「完全に自発的な組織」だとする見方に異議を唱える。例えば，秋元はそれらが実質的に政府により喧伝されたものだと考える (秋元 1990, p. 139)。ここでみるように，自治会に対する政府の影響は複雑な過去の遺物である。政府の役割の重要性とその規模は，依然として議論の的である。しかし大事なことは，自治会が政府の支援無しに今日見られる全国的な展開をなしえたとは考えにくいということである。

また，次の武蔵野市のケースで示すように，政府によって与えられた組織的リソース，正当化，資金援助無しに，自治会が住環境の変化の中で高い加入率を維持できたということも考えにくい。

自治会は混合した過去の遺産，つまり2つの起源を持っている。自治会設立に対する社会の意向は自発的なものであった，しかし1938年に東京府条例が改正され公的資格が付与されるまで，公式・法的承認はなされなかったものの，1920年代の自治会の普及は政府によって支援されたものである (Steiner 1965, p. 219)。この二元性は，現在の自治会の公的地位に残さ

---

(15) 菊池 1990, p. 221. 田中はそれらを，「我々の最も重要な組織体制の1つ」と呼ぶ (田中 1990, p. 52)。

れている。自治会は政府による正当化と資金援助によって発展している部分もあるが、住民の参加と支援無しには存在することはできない。

(2) 武蔵野市：政府支援を受けない自治会

　戦後における自治会に対する政府支援の重要性を検証する最善の方法は、政府が自治会を積極的に支援している地域と、政府が全く支援していない地域を比較することである。しかし筆者が知る限り、地方自治体が自治会を支援しないとする政策を持っている地域は一箇所しかない。それは東京郊外にある武蔵野市である。1947年3月の自治会廃止後、武蔵野市は自治会をいかなる形でも支援しないと決定した（武蔵野市, n.d. [b]）。この決定の背景には、この裕福な都市の革新的な理想がある（武蔵野市職員A氏との個人的なインタビュー、武蔵野市 2003年11月5日）。その代わりに、1971年から武蔵野市は市全域に「コミュニティ・センター」を作った（武蔵野市, n.d. [a]）。こうしたセンターは、ボランティアによって運営され、市から施設の維持に対して補助金を受けている（武蔵野市, 2000）。

　しかし自治会は、武蔵野市に存在し続けている。1999年に市役所が行った調査によると、同市には34の自治会が存在する。後述するように、武蔵野市は東京に通勤する人々や新しく移住してきた人々が多く居住している。自治会は、古くからいる住民の動きが少ない地域に多くみられる。こうした地域では、自治会への加入率も高い。しかし、武蔵野市の63,771世帯の中で、自治会に加入しているのはわずか6,280世帯しかない（武蔵野市職員B氏との個人的なインタビュー、武蔵野市 2003年11月14日）。武蔵野市の自治会加入率は9.85％で、前述の全国数値よりかなり低い。

　武蔵野市職員が個人的に明かしてくれたところによると、彼らは自治会と協力できないことを非常に残念に思っており、そのことが市役所の効率性を阻害していると感じている。例えば、市役所は自治会に回覧板を通じて情報伝達することを依頼できないので、市役所はそうした情報を駅に貼ったり新聞の折込み広告などに入れたりするしかない。

　このケースは、政府の支援が自治会の活動を促進するという明らかな証拠である。しかし、政府の自治会への支援だけで加入率が「通常値の」10％以上になると考えることはできない。武蔵野市はいろいろな意味で、自治会が普通に弱い地域であると言える。毎年同市の人口の10％は、12カ月以

内に転入してきた人々が占める（武蔵野市職員B氏との個人的なインタビュー，武蔵野市 2003年11月14日）。武蔵野市は都心に近く，人口の大部分が都心で勤務し，武蔵野市で暮らしている。Putnamがアメリカにおいて明らかにしたように，居住地と勤務先が大きく離れている場合，団体への加入率は低くなりがちである。さらに，自治会に参加したであろう人々の多くが，コミュニティ・センターの活動に参加している（ただし，自治会役員のほとんどがコミュニティ・センターの活動にも積極的に参加している）。

(3) 市民社会団体としての自治会

武蔵野市においては，自治会が市民社会団体であるということに異論の余地はない。しかしここでは，全国的にみても自治会は政府官僚や政党の創造物ではないという論証を挙げる。政府との包括的な連係という機能を持っているとはいえ，自治会の活動内容，予算，会員の政治的立場，陳情する能力の範囲からみても，自治会は独立した市民社会組織と考えるべきである（秋元 1990, p. 135）。自治会は，その規模，活動内容，国家とのつながりの強さの点でそれぞれ大きく異なる。日本の自治会は，キューバの革命防衛委員会（CDRs），韓国の班常会（bansanghoe），ベトナムの住民群・住民団体（cun bdan cu, to dan pho），インドネシアのrukun warga・rukun tetanga，中国の都市住民委員会（RCs）などのような他の国の地域レベルの組織とは大きく異なる[16]。興味深いことに，他国のこのような団体と比

---

(16) この相違はいろいろなことを教えてくれる。例えば，CDRsはその会員層と全国的な普及という面で自治会に似ているが，それらは中央政府の直接的な統制の対象となっている。CDRsについては，Fagen 1969, pp. 69-103を参照。政府支配と強力な市民社会という両極端のスペクトルで見た場合，CDRsの例は政府支配の側にある。RCsについては，Read 2000, 2001, 2002, Read and Pekkanen, forthcoming, 国分・小島 2002をそれぞれ参照。Readは昨今のRCsの変化を指摘して，それらがRCsを活性化し，政府の機関である現状から，日本の自治会に近いような形に変化させているとしている。世界各国を見渡してみると，国家と社会の関係を曖昧にしたり，国家と社会の両方にまたがったりするような（国家によって作られ，国家のために奉仕し，国家に支援される）組織が存在する（Pekkanen and Read 2003を参照）。

較しても，日本の自治会はより高い自主性を持っている（地域レベルの組織の国際比較に関しては Pekkanen and Read 2003 を参照）。

　バイタリティあふれる市民社会団体としての自治会という見方を支持する，さらに２つの論拠がある。第一に，住民の姿勢である。ほとんどの日本人は自治会をそれが存在して欲しいと考えている。地域コミュニティの求心力への証言として，62.3％の回答者が自治会の優先活動は住民の親睦と交流を深めることであるという点になんらかの形で同意を示した（山本 1985, p. 228）。別の調査によると，自治会の存在意義として，49％の住民が地域の親睦を深めるため，31％の住民が防犯や衛生の向上，そしてわずか６％が政府を助けるためと答えた（大内 1990, p. 249）。

　第二の論拠は，久保（1985）の大阪郊外にある吹田市の２つの地域を対象としたケーススタディである。どの地域組織が地域の問題に対応しているかを調べた調査では，自治会であるとする答えが最も多かった。これは両地域で共通であったが，他の点では地域による差異がみられた。ゴミ・排水収集，公園管理，医療，教育，社会福祉施設など16の問題分野の中で，自治会は15の問題分野で活動的であるとされ，そのうち９つの分野では最も活動的な地域組織であるとされた。ほとんどの住民が５つの分野で自治会と答え，４つの分野でも半数以上が自治会と回答した。これとは対照的に，PTA は教育問題だけを扱っており，女性もまた活動的な分野である。市民団体・運動は７つの分野で活動的であるとされたが，その一方で政治団体は５つの分野だけであった。ビジネス団体は青年団体と同様に１分野だけ，スポーツ団体と文化団体は２つの分野で活動的とされた。

　より新しい第二の地域では，自治会が11の分野で活動的であるとされ，８つの分野で最も活動的な団体とされた。大多数の住民が６つの分野で自治会を第一位に挙げた。ここでもまた PTA は教育問題だけとされたが，女性はあまり活動的でないとされた。ビジネス・商業団体は都市計画を含む２つの分野で第一位になった。市民団体・運動は５つの分野で活動的とされたが，政治団体はゼロであった。青年団体は１つの分野で活動的とされた。福祉ボランティアは，この地域の福祉問題で活動的とされた。スポーツ団体・文化団体は２つの問題分野で活動的とされた（久保 1985, p. 367）。

　両地域において，明らかに１つの傾向があった。自治会が地域の問題に最も対応していると見られているのは，自治会が真の市民社会組織である

からである。実際に，その包括的・地理的性質から，自治会は異なる理念を持つ他のどのような市民社会組織やクラブよりも地域の問題に対応していると考えられている。

　自治会の自主性の度合いの測定基準として，（武蔵野市のように）政府と全く関係を持たない自治会を見るだけではなく，自治会が政府と対立する場合を見る必要がある。こうした例は実際に存在するが，かなり限られている。こうした状況をとりまく問題は，次節において議論する。

5．むすび　政策提言なきメンバー集団としての自治会

　ここでの議論は，日本の市民社会組織は「政策提言者なきメンバー」の集団であり，日本の民主主義に大きな影響を与えているという本書の主要な主張と，本章における自治会の検証の結果を結びつけるものである。この節では，自治会の政策提言機能は制限されているが，社会関係資本の形成と維持（少なくとも，より強い地域の絆と深い相互信頼に特徴付けられる関係）に対して多大な貢献を果たしていることを示す。

(1)　自治会と政策提言

　ここで，民主主義理論の２つの枝である社会関係資本と多元主義について既述したことを思い出して欲しい。自治会は明らかに前者に当てはまると考えるべきである。自治会のような小規模な地元団体は，大規模な任意団体や政策提言団体に適した多元主義よりも社会関係資本を促進しがちである。自治会は，問題を深く調査したり，マスコミに影響を与えたり，政治家に陳情したりするのに必要な専門職員を抱えることはできない。自治会は確かに地域の問題について地方自治体と連携をとるツテを持っているが，自治会はその構造上政策提言なき会員の集団である。この節では，３つの点において自治会による「政策提言」を議論する。第一の点は，自治会が地域の問題に関して地方自治体に要求を伝える「トランスミッション・ベルト」のような役割である。第二は，自治会が政府の政策と対立する場合。第三は，自治会がごく限られた状況を除いて，元来政府に協力的であると思われる枠組みである。

　自治会が地方自治体との相互関係から受ける恩恵の１つは，地域の要求を伝える伝達経路である。これは逆に，地方自治体が地元住民に要望する

時に使われる経路と同じである。つまり、地元住民から自治会を通じ、自治会の役員から地方自治体の役人へと繋がるものである。地方自治体に対する自治会の要求は様々なものが考えられる。その中のいくつかは、工場や自動車による大気汚染、騒音、河川の汚染、電線の故障など環境問題に関したものが考えられる。また、会合やスポーツ・イベントなどに公共施設の使用許可を要求したりする。新しい学校や、交番街灯、バイパス、道路、市バス路線、市バス、電車駅、カーブミラー、横断信号、道路信号、より広い道路などの要求が自治会を通じて地方自治体に伝えられる（上田 1985, pp. 452-453）。

地方自治体は自治会の要求を尊重するため、地方自治体の反応は好意的なものが多い。上田が挙げている京都の例では、上記のような要求を出した自治会の記録と、要求を出した自治会の会合に参加した役員の記録がこれを物語っている。実際に、職員が自治会の要求を聞くよう指導する条例を出した地方自治体もある（上田, 1985, p. 449）。こうしたことに対する懸念があるとすれば、地方自治体が自治会の要求を通しすぎるため、都市計画に自治会の地域エゴ（"not in my back yard," NIMBY）が反映されてしまうことであると指摘する研究者もいる。例えば、自治会はスーパーマーケットのような大規模小売店の進出に反対することが多い。また、いくつかの自治会や自治会役員は政治家とつながりを持っているが、こうした関係が一方的なものであると考える理由はない。

実際に、政府の政策に対する自治会の反対が、1970年代の協力的なコミュニティ政策を生み出した（岩崎1985）。しかしそのようなケースは、非常に少ないと思われる。Hastings は「時に住民達は、国家の行動に反対するために互いに協力することがある」（Hastings 1995, p. 83）。菊池も「ある時期において、地元住民の市民団体としての性格が強くなり、自治会は環境問題で企業や地方自治体に反対する市民運動の中心組織または媒体として使われた」（菊池1990, p. 231）。政府との対立は重要な問題なので、もう少し詳しく検証してみたい。自治会は、政府に反対する市民の組織的な核として機能しうるのであろうか？　こうしたことはどの程度の頻度で起こるのか？　実は、菊池が指摘するように、こうした例が少なくとも1つある。「東京で、（市民団体などに）転向した自治会とさらに区議会までもが、都が建設を必要としたゴミ処理施設を、自分の地域に建設しないよう

に，もしくはその建設で不便をこうむらないよう，革新的な都知事と地域同士で『ゴミ戦争』を戦った」(Krauss and Simcock 1980, p. 197; Rix 1975 も参照)。Krauss and Simcock は，日本における市民運動の急速な広がりは，それらが組織的なネットワークを築くのに地域組織に依存したことによると考える (Krauss and Simcock 1980)。彼らが借用している「転向した自治会 (converted neighborhood association)」という言葉は，McKean が創りだしたものである。しかし，McKean 本人はこの概念について，「よく知られているが，あまり一般的ではない」とし，自身の調査の中で該当する団体がわずか2団体しかないことを明らかにしている (McKean 1980, p. 241)。つまり，こういうケースがあることはあるが，非常にまれだということである。

　政府との協力は多くの自治会の活動に不可欠のものであるが，政府との対立は一時的な現象であると考えられる。それはなぜか？　それには主に2つの理由がある。1つは，互いに協力することを習慣化する，政府と自治会の緊密な関係である。Hastings はこの協力姿勢が政府の支援によって培われたものだとし，「自治会が19世紀末の衛生組合や20世紀初頭の地域的抗議運動のような政治運動の後継組織とは考えられないほど，政府は住民組織を手なずけた。1923年の大震災後の数年間，自治会は頻繁に当局と協力し，市民運動の道具となることはほとんどなかった」(Hastings 1995, p. 84)。Bestor は，「政府との交流を通じて，自治会の構造・気風・活動の中に協力の精神が浸透している。」この自治会との協力と自治会への影響力は，自治会のネットワークの構築によって促進された[17]。Hastings が指

---

(17) しかし，Bestor は以下のようにも述べている。「地元組織とそのネットワークが維持する社会生活の複雑さと豊かさについて述べるとき，筆者は町会と住民との関係が簡単に白と黒に分けられるものではないということを示そうとした。明らかに，ミナモト町（仮名）の公式・非公式な構造は，行政的な性格を持つものである。そして，地元コミュニティの気風は，政治支援を集めることに力を貸すことができる。さらに，地方自治体と地元住民との政治的行政的な関係は，非常に複雑で一方的なものではなく双方向性のものである。確かに，自治会の会長や積極的な参加者は，保守的で，政府に協力的であることが多い。しかし，ミナモト町は，政府が押し付けようとする定義とは異なる形で，またそれから独立した形で，自らを意識している」(Bestor 1989, p. 266)。

摘するように,「自治会と民生委員会は,地元のボランティアと政府とのパートナーシップによって運営されてきた。自治会の場合は,その機動力は地元の関心からきているが,最終的に政府はこの組織を標準化し,地方自治体と繋がるヒエラルヒーに取り込むことに成功した」(Hastings 1995, p. 95)。McKean は,自治会の中で積極的に活動する人々は,「政府と国民の関係が,好ましいと考えることが多い」とみている (McKean 1980, p. 242)。

政府との協力のもう 1 つの理由は,構造的なものである。自治会は,一定の地域のほとんどの住民を会員とする専属職員をもたない小規模な団体である。したがって,住民全員が同意する問題を除いて,自治会は政策提言の道具には向いていない。自治会と政府の対立が,地域エゴ型の問題に限られるのには,こういう理由がある。しかし,その任意的かつ協力的な構造から,そうした問題においてさえ自治会は一時的な役割しか果たさない。自治会にとっては,街中でデモを行うよりも,政府にとって情報が貴重で役に立つ(新しい道路の必要性など)の限定された分野で地元の要求を提示する方が効果的である。自治会が政策提言に成功するとしても,それは地元での政策提言に限られる。

たとえ自治会が対立的というより協力的であるとしても,多くの自治会の自主性とバイタリティは,それらを市民社会団体とみるべきだとする主張を支持するものである。De Tocqueville は,アメリカの団体を「コミュニティの全員が団体の理論を学びにいく大きな無料の学校である」と呼んだ。皆が求める授業ばかりではないとは言え,自治会もまた学校のようなものである。自治会で教えられるものの 1 つは,信頼と協力,つまり社会関係資本である。

(2) 自治会と社会関係資本

「政策提言者なきメンバー」には,良い面もある。それはメンバー達である。地方自治体に関する一般的な通念は,強固な自治会が,地方自治体の業務と効率性を向上させるというものである。自治会は,日本の社会関係資本を作るのに重要なものである。本節は,本書の主要な議論を具体化するために,社会関係資本を形成する自治会の役割に焦点をあてる。社会関係資本は(特に異なった文化背景に当てはめる際には)議論が対立しがちな概念であるため,本節では日本に社会関係資本の概念が当てはまること

についても議論したい。

　政府が市民社会に与える影響とは別に，市民社会理論にとっての自治会の重要性にも焦点をあててみたい。地方自治体との協力を通じて，自治会は地方自治体のコストを下げ，業績を向上させることができる。それと同時に，自治会は社会関係資本に直接・間接的に貢献している。直接的な貢献としては，地元の公園清掃の例を考えて欲しい。もちろん，地方自治体が外部の専門業者に依頼することも可能である。もしくは，自治会に代金を払って清掃業務をやってもらうこともできる。自治会に払う代金は，外部の専門業者に払う代金よりも低いことが多い。しかしながら，住民の方が地元の土地をより綺麗に清掃してくれる。それと同時に，共同で作業したり清掃当番制にしたりすることは，地元コミュニティに社会関係資本を形成する。こうした形で自治会が地方自治体の業績を上げながら社会関係資本を構築するというのは，興味深い。自治会は間接的にも社会関係資本を形成する。自治会は，婦人会・青年会・老人会など多くの地元組織の核を形成する。こうした自治会の組織的インフラは，これらの団体の結成と運営を促進する。アメリカのAARPは積極的に政策提言を行うが，それ以上に日本の老人会は社会関係資本を構築することで会員達に貢献することができる。他人と頻繁に交流することは楽しいだけでなく，多くの老人にとって健康的なメリットがある。地元の保健施設を訪問することによって，どのような施設があり，どうやってアクセスすればよいかを老人達に理解してもらうことができる。また，医療関係者が老人達の健康状態をチェックしたり，問題を早期に発見したりすることができる。Putnamは，アメリカにおいて老人の健康状態と社会的な繋がりの強さに相関関係があると主張するが，これは日本にも完全に当てはまる。自治会の健康面での貢献と老人会について具体的なデータはないが，それらは確実に社会的な繋がりを高め，会員の健康と幸せに貢献している。

　表4－1にある上田市のデータを見ると，日本で自治会ほど社会関係資本に直接的に貢献する団体はないのではないかと思われる[18]。組織に埋め

---

　(18)　Whiteは以下のように述べている。「ここで使われている2つの変数（町への統合と非公式な社会参加）のつながりは，循環的なものである。なぜなら，町に参加する可能性が高い人々は，町との一体感を持っている，そのためより参加しがちである。この関係は，どちらかの側から，因果的

込まれたネットワークを通じて行われる情報伝達の面で,自治会が果たす役割は間違いなく重要である[19]。自治会への加入を促す社会的なプレッシャーとはなんであろうか？

日本総合研究所の調査の限界は上述したとおりだが,その調査は自治会への参加と個人レベルでの信頼について興味深い発見を提示する。近隣住民を信頼できると答えた自治会会員割合が,非会員の2倍であったということは別段驚くべきことではない(日本総合研究所 2003, p. 171)。さらに興味深いことに,自治会に参加している人は,誰に対してもより高い信頼感を持っている。自治会会員は,ほとんどの人を信頼することができると答える可能性が高い。断言するには因果関係に関して信頼するに値する論拠が必要ではあるが,これは自治会への参加が信頼感を高め社会関係資本の構築に貢献するということを示唆する。

自治会への参加と社会関係資本の関連性を示した上で,ここで日本において社会関係資本とは何を意味するのかをより詳しく論じてみたい。一般的な日本の団体,特に自治会は,団体活動への参加と社会関係資本に関する2つの重要な疑問を提示する。それら2つを議論した後で,さらに国際比較に関連した2つの問題点にふれてみたい。それらは社会関係資本の国際比較と,そうした調査における日本のポジションに関するものである。そして最後は,社会関係資本の文化的構成という最も厄介なものである。

　　　に始まると思われる。つまり,その地域に家を所有していることで,地域とのかかわり合いをもち,さらにそれが社会参加につながる。もしくは,新しい住民への参加の呼びかけが,参加を通じて社会参加への興味やかかわり合いを喚起する」(White 1982, p. 160)。

(19)　自治会のネットワークの型は非常に伝導力があり社会関係資本を維持するものであるが,その規範に関しては疑いが残る。Steiner は「研究者達は,自治会がニューイングランド地方のタウンミーティングのような Tocqueville のいう『自由の語学学校』になり得るかもしれないと考えている。しかしニューイングランドのタウンミーティングは,自由な議論を行い,民主的で強制されない選挙を行うことで民主主義を育成してきた。だが,自治会が作り出す姿勢は,いろいろな意味で民主主義が作り出すものとは違っている。それらはむしろ民主主義へのアンチテーゼだと言える。そしてこれは正に,日本の保守勢力がそれらを維持しようとする理由である」と述べている。

社会関係資本理論の第一の問題点は，国家の役割である。自治会はいろいろな点で任意・自主的な組織である。だがそれらは，国家に支援されている[20]。もし自治会が本当に社会関係資本に貢献するのであれば，我々は国家の活動と社会関係資本の関係を２つの点で再考しなくてはならない。第一に，国家は社会関係資本を維持する市民社会団体を育成することができるかもしれない。第二に，国家の要求の中には社会関係資本に貢献するものもある。例えば，回覧板を通じて伝達される情報は，他の手段よりも安価で伝達でき，より多くの人の目に触れ，近隣住民の交流を高め，近隣住民の間での地元問題の議論を活発にする。つまり，国家は自らの（行政上の）目的で作った組織体系を育成し，使うことによって社会関係資本を促進しているのである。国家が市民社会を育成するということと同様に，国家が社会関係資本を育成すると見ることもできる。Developmental theory を支持する研究者や，公共政策によって社会関係資本が作られるという見方に疑問を持つ研究者にとって，これらは有望な思考の転換であろう。少なくとも，社会関係資本の理論は国家の役割を直視しなければならない。

　２つ目の問題点はより抽象的なものである。イタリア北部で社会関係資本を育成したと Putnam が考える平等な体系を持つ組織と比べて，自治会は階層的なものであるとされることが多い。例えば，「自治会が非常に階層的であることには疑う余地もない。しかし，それはミナモト町の住民の間にある平等主義を示唆する地域社会生活という気風の下に，活動している。自治会は強制力を持たないため，階層の下に位置する多くの一般住民の意欲的かつ奉仕的な協力無しには，存在することも活動することもできない。……自治会は，こうした水平のつながりを背景にしてしか存在することはできない」(Bestor 1989, p. 192)。このことは，日本における社会関係資本理論のより一般的な問題点を明らかにする。（少なくともイタリア南部に比べて）日本は社会関係資本に富み，効率的な政府に恵まれているかもしれないが，日本の組織は階層的であるとされる。しかしながら，社会関係資本理論を支持する研究者はこうした区別をしなくなってしまった

---

(20)　Hastings は以下のように書いている。「皮肉なことに，20世紀初頭の東京では，社会的な団体の普及は，国家，特に文民官僚によって促進された。日本の政治参加の活力・深さ・包括性に貢献したのは，内務省である」（Hastings（1995）を参照）。

ため，日本の組織的特徴が提示する社会関係資本理論の問題点はあまり緊急なものではないように思われる。

　第三の問題点は，社会関係資本の国際比較に関するものである。各国の社会関係資本のレベルを比較するにあたって，3つの問題点がある。組織体系の違い，調査方法に関連した一般的な問題，社会関係資本の性質に違いがある可能性。Putnam が著した有名な社会関係資本に関する本の中で彼は，住民投票の投票率などイタリアのケースにしか当てはまらないような測定基準を使って社会関係資本のレベルを測定している（Putnam 1993）。もっと一般的にいうと，社会関係資本の「最善の」または優れた測定基準でも各国に当てはまるわけではない，また真に一般化できる測定基準が社会関係資本のレベルを測定するのに必要ではないか，もしくはいろいろな注意を必要とすることがあるかもしれない。第二の調査方法に関する問題点は，第一の点と関連している。信頼感は（いろいろな規範が一般的にそうであるように）社会関係資本の重要な一部である，しかし信頼感は国際比較をすることが非常に難しい。坂本治也は日本における信頼感の測定基準に大きな違いがあることを明らかにした。坂本の批判は，彼の日本の社会関係資本のレベルの県別比較調査に大きく役立ったが，国際比較の可能性には疑問が残る（坂本 2004）。質問の言い回しによって，日本人が示した信頼感の度合いには大きな差が生まれる。例えば，Japan General Social Survey（JGSS）は「一般的に，他人を信頼することができると思いますか」という質問文を使っているが，World Values Survey（WVS）は「一般的に言って，他人を信頼できると思いますか，それとも他人と付き合うのに慎重になりすぎるということはないと思いますか」という質問文を使っている。こうした言い回しの違いから，WVSが得た信頼感の度合いの調査結果（39.6％）はJGSSの調査結果（21.2％）のほぼ2倍の高さになった。JGSSの調査には，「時と場合による」という項目（65.3％が回答）があるということが，違った結果を導いたといえる。JGSS調査は他人を信頼する人の方がしない人より多い（21.2％対14.7％）とし，WVS調査は信頼しない人の方がする人より多いとした（52.4％対39.6％ [21]）。これは調査方法自体の問題であって，日本における調査の問題ではない。例えば，アメリカで

---

(21)　坂本 2004, p. 7を参照。

1996年に行われた American National Election Survey（ANES）と World Values Survey（WVS）は，団体への参加について調査した。しかし，WVS の調査は ANES の調査結果より33％も多くのアメリカ人が団体に参加しているという結果を出した（坂本 2004）。

　このような質問文が，国際調査に使われた場合にはより深刻な問題を生む，これが本書第2章で様々な測定基準を使った理由である。法人格や認定団体の数などの測定基準の方が，調査結果よりも信頼性が高い。同じ質問を長期間にわたって同じ文化・言語背景で繰り返すことによって，バイアスを制御することができる。しかし，日本の社会関係資本を国際比較的に調査するには，他の言語でどのように質問されているかはあまり関係なく，日本語でどのように質問するかが重要である。このことは，アジア諸国の社会関係資本を調べた国際調査の中に表れている。日本の文部省（当時）の委託で，日本の著名で尊敬されている政治学者の一人である猪口孝が先頭に立って行ったこの調査は，アジア各国において様々な公的機関（官僚，マスメディア，政党，宗教団体，軍隊，裁判所など）に対する信頼感の度合いを調べたものである（調査結果は，猪口 2003の第3章を参照）。この調査では，日本人の信頼感の度合いが他のどのアジア諸国（韓国，台湾，シンガポール，マレーシア，インドネシア，タイ，フィリピン）よりも低いという結果が出た。日本のどの機関も大多数の人々から信頼されることはなかった，これは他のどの国にもない結果であった（例えばシンガポールでは全ての機関が回答者の70％以上の信頼を得た）。単純に信頼感を比較する上で起こりがちな，論理的矛盾（筆者は，優れた政治学者である猪口がこうした間違いを犯すことはないと明言しておきたい）は，日本とインドネシアにおける警察に対する信頼感を比較することで明らかになる。インドネシアの警察は汚職のひどさで悪名高く，たとえ日常的な検問の場でも多くの運転手と警察官にとっては不正行為の場となってしまうことが多い。日本の警察も問題を抱えてはいる，しかし日本の警察とやり取りする際に賄賂が有効だと考える者はいない。しかし日本人（40～50％）に比べて，シンガポール人は警察に対して遥かに高い信頼感を示した（60～70％）（猪口 2003, さらに猪口 2000, 2002も参照）。これらの国際比較調査は非常に貴重なものであるが，シンガポールの警察が日本の警察よりも「優秀」で「信頼できる」ものであると結論付けることはできない。国

際調査を使う場合には，慎重な注意が必要である。

　社会関係資本に関連した第四の問題は，社会関係資本の社会構成（social construction）の問題である。上述したように，Putnam の社会関係資本の測定基準はイタリア以外では使用できないものである。測定基準からさらに踏み込んだ問題としては，社会関係資本が異なる社会背景では異なる働きをするという問題がある。こうした見方は，ある者には馬鹿らしいほど明白なものでも，別の者にとっては運命的な間違いと映るかもしれない。筆者の意図するところを説明するのに，1つの例を挙げてみたい。社会関係資本理論の中心的な見解の1つに，限定的な信頼（と相互依存）から一般的な信頼（と相互依存）への変化がある。この変化無しには，信頼は一定の人間関係だけに限られて，社会関係資本は機能し得ない。Putnam は，「（限定的な相互依存より）さらに重要なのは，『・一・般・化・さ・れ・た・』相互依存の規範である。……様々な人々との頻繁な交流が，一般化された相互依存の規範を生み出す」（Putnam 2000, pp. 20-21，傍点は Putnam によるもの）とする。しかしながら，この頻繁な交流と一般化された相互依存の因果関係もしくは変化過程が，どこでも起こりうると演繹的に考える理由は存在しない。実際に，限定された社会関係と一般的な規範の関係が，日本と他の国（例えばアメリカ）では異なるかもしれないと考えられるいろいろな理由がある。このことは，社会関係資本の国際比較の問題点の核心をつくものである。社会関係資本は直接測定することができない。したがって，いつでもどこの国でも同じように社会関係資本と因果関係を持つものと仮定して，間接的な測定基準が使用される。しかしながら，社会関係資本構築はネットワークと規範に依存しており，それらの仮定は正しいとは限らない。

　日本では，自治会への加入率と信頼感の度合いは相関関係にある。このことは社会関係資本理論とかなり一致している。そして日本において自治会への参加が社会関係資本を形成し，またそれを維持するとある程度確信を持って主張することができる。しかし，これから主張するように，これがその他の国の社会関係資本と全く同じであるかどうかは（もしくはどの程度同じかは）正確にはわからない。

　山岸俊男は，日本における信頼感の性質について重要な議論をしている（山岸 2003, 山岸ほか 1996）。山岸の議論は，日本とアメリカにおける信頼

感の国際比較調査に基づいているが、山岸の主張を考察する時、そうした調査方法の問題点について留意しなければならない。しかし、山岸はこうした問題点を認識しており、信頼感の測定基準を目に見える行動とリンクしようと試みている（山岸 2003, p. 282）。山岸が主張するところによると、日本人は実際にアメリカ人より他人を信頼することが少なく、むしろ日本の社会は信頼より「安心」の感覚を作り出すことによって成り立っている。信頼感は他人との間に確実に存在するという確証無しに生まれるものであるが、安心感は依存する相手が社会に取り込まれているとの仮定の下に生まれるものである。山岸の主張には、考えさせられるところが多い。

山岸の論証が充分ではないとしても、彼の研究結果は限定的な信頼と一般的な信頼の関係について深く考えさせるものであり、そのことが山岸の社会心理学的な主張にふれた理由である。彼の研究結果を考慮すると、日本の社会ネットワークと規範はアメリカほど各国共通ではないかもしれないが、より高い信頼感を生み出す可能性がある。つまり、同様の状況にあって、もし相手と社会的な繋がりがあるという何らかの確証がある場合、日本人はその相手を信頼（またはその相手に依存）する可能性が、アメリカ人に比べて高い。しかし、アメリカ人は日本人より高い割合で、全く知らない相手（第三者的存在）を信頼することがある。

もしこの結論が正しければ、自治会は日本的な信頼や依存を高めるのに非常に適した組織体系であると言える。おそらく、イタリアの合唱協会やアメリカの市民団体は、日本でみられる依存的な信頼感よりも一般化された信頼感を生み出すことが多い。反対に、日本の自治会は、完全に一般化された信頼感とは少し異なるが、社会関係資本を円滑にする依存的な信頼感を維持するのに優れている。この時点では、こうした主張は筆者の推測の域を出ないが、それは的を射たものであると思われる。

本書が提示したいろいろな事実から、日本の国家の政策が、社会関係資本を支える市民社会組織を育成し、多元主義をもたらす種類の団体を阻害してきたという結論を導き出すことができる。この二点のもたらす結果については、最終章において「政策提言者なきメンバー」の議論をより広い背景から考える際に、もう一度ふれる。政府による自治会の育成は、政策提言団体や環境団体などの扱いとは非常に対照的な形で存在する。次章では、19世紀以降のいくつかの詳細なケーススタディを通じて、日本におけ

る市民社会組織の規制枠組みの変化の背景を調べる。上述した規制枠組みの重要性とその多様性から考えて，こうした規制枠組みの考察は，それ自体非常に意義のあるものである。こうした考察はまた，規制枠組みに影響を与える政治的要素に関連した本書の第三の議論に対して，論拠を提示するものでもある。

第5章　市民社会に対する規制の政治的背景

　本章は，いくつかのケーススタディにおける過程追跡（process tracing）分析を通じて，「規制論争」論の詳細な論拠を提示する。日本の市民社会組織に対する規制枠組みは第3章において詳しく述べたが，この規制枠組みは政治論争の産物である。なぜなら政治アクターは規制枠組みが市民社会組織の発展に重要な役割を果たすことを知っているからである。本章は，戦後に起きた法的枠組みの変容のケーススタディを通して，規制枠組みを形成した政治力学を調べる。そうした分析は「規制論争」論に対する重要な論拠を提示する。

　具体的には，本章はいくつかのケーススタディの中で，政治アクターとその利害を描くことによって政治論争の本質を調べる。第一のケーススタディは，民法起草過程の簡潔な検証。第二は，1998年のNPO法案の成立過程の詳細な検証。第三は，2001年の税制改正と現在進行中の民法第34条の改正問題の検証である。中でも最も注目するのは1998年のNPO法である。それはこの件が，明治以降日本市民社会の法規制の最初の本格的な変革であったからである。

1．民法第34条の起草

　市民社会の規制は，いつの時代も政治過程の一部であった。これは，日本が近代化をはじめた時から，今日まで全く変わっていない。明治維新から30年後に行われた日本の民法の起草は，日本を近代化の道へと導いた。民法の起草者達は，市民社会を規制するにあたって明確な選択をした。起草者の覚書などの公文書や，日本のモデルとなったドイツやスイスの法律

との比較は，民法の起草が市民社会組織の設立に高いハードルを設けることを目的としてなされたという主張を支持するものである。民法に関しては2つの重要な問題がある。それは，許可基準の選択と「公益」法人という点の意図的な強調である。そこには，市民社会団体の設立に関する厳しい制限を設けようとする明治元老の試みがあった。それは恐らく市民社会組織を束縛するためというよりも，人々のエネルギーを市民社会組織の中で浪費させることなく，「富国強兵」のスローガンの下に行われた国家建設に集中させるためであったと考えられる。

第3章で述べたように，民法34条は日本の市民社会の構築に重要な役割を果たした。民法は，「富国強兵」が急務であった明治の国家建設期に起草された。この「富国強兵」の目的は，新しい法体制で日本の「文明化」した姿を欧米列強に示し，過去に結ばれた不平等条約を撤廃することと並行していた。既に第3章では，民法は政治的空白の中で形成されたものではなく，政治化された論争の中で生まれたものであると述べた。受容的だが対立した民法34条の起草過程には，団体の存続にとって「公益」が持つ中心的な役割と法人の許可基準に明らかに反映されている。本章では，これらを順番に議論してみたい。

中核的な原則の1つは，国家権力が民法の施行に依存しているということである。江藤新平は，国家権力と国内法の構造を関連付けながら，「国が繁栄するか没落するかは，国法と民法の施行いかんである」と述べた（石井 1976，pp. 178-179に引用）。江藤の主張は，厳格な法の執行が国家の繁栄をもたらすというものである。民法修正案理由書もまた，これらの団体を規制するにあたっての賛否について議論している（帝国議会 n.d.; 広中 1987，森泉 1977も参照）。この公文書は，社会団体への異なるレベルの国家統制をもたらしている，他国の法体制にみられる4つの原則について記述している。それら4つの原則は，規制の緩やかな順に「自由設立主義」，「準則主義」，「法律特許主義」，「国長特許主義」である（表5-1を参照）。

この理由書は，これら4つの原則にはそれぞれ長所と短所があると指摘している。中世以降の他国の経験から，純粋な法律特許主義は狭隘すぎて，公共心と経済の発展に弊害をもたらすとしている。準則主義は寛容過ぎ的であり，自由設立主義は問題外であるとも記されている。

（準則主義ほどではないにしても）法的要件を引き下げるために，法律特

表5−1　民法第34条の枠組みへの適用が検討された法原則

原則	意味
自由設立主義	団体の設立は原則自由。
準則主義	法で定められた基準を満たす団体は，ほぼ自動的に法人として認められる。団体が所定の基準を満たせば，法人格が与えられる。
法律特許主義	特殊法もしくは関連法によって規定された基準にそって，団体に法人格が与えられる。
国長特許主義	団体設立は，当局の特別許可による。

出典＝筆者の分析による。

許主義を否定したことは，第34条が寛容であろうとしたことであろうか？

いや，それは違う。ここで，2つの点を指摘せねばならない。第一に，（組織設立の1件ごとに，新しい法律が必要となる）法律特許主義は非常に厳格なものである。日本銀行は，この原則に沿って設立された団体の好例である（森泉 1994）。こうした過程は，どの団体にとっても非常に面倒なものである。第二に，修正案理由書に例として挙げられた団体の種類は，学校，病院，神社，寺院などである。つまり，学校や病院のために新しい法律を起草することは，厳しすぎると考えられたのである。起草者達は「法律特許主義と準則主義の長所を取り入れる」ことが必要だと考えた（帝国議会，広中 1987に引用）。起草者達は，第34条が取り入れた「許可」制度（表3−2を参照）より厳しい法律特許主義を採用することはなかったが，この妥協は過度の自由主義ととらえるべきではない。結局のところ，特許主義は国家当局に決定権を与えることによって，準則主義を意図的に厳格にしたものである。

この理由書はまた，民法第34条がドイツ，スイス，その他の国々の法律の中で「最も一般的な」ものを参考にしたとしている（広中 1987, pp. 93-94[1]）。しかしながら，こうした海外からの導入過程の詳しい考察は，外国のモデルが収縮されていることを明らかにする。そのキーとなるのは「公益」という語句である。それは第3章で述べたように，市民社会団体の法的可能性を決定するものであるが，この語句はどのようにしてその中心的役割を持つようになったのであろうか？

明治の法学者である穂積陳重（のぶしげ）はドイツ法の資料を丹念に集め，民法の初

---

(1) その基となった法律は，ドイツ商法第21条，80条，スイス民法第52条，60条，80条，81条である（de Becker 1921, p. 825）。

期草稿執筆に携わった。ドイツ法は，公益をそれらの団体のいくつかの目的，種類，もしくは定義（例えば福祉・社会・学術・芸術目的など）の1つとしてふれている。穂積の初期の草稿は，公益団体を慈善・学術・専門技術団体などのいくつかの組織の1つとしてとらえていた。驚いたことにその後の草稿には，公益団体は重要なものとして挙げられておらず，言及さえされていなかった。それが再び現れたのは第34条の最終案においてであった。この草稿過程の歩みからわかるように，民法はその内容に関する議論の結果を反映したものである。実際に，民法起草委員会のメンバーの間で公益という概念をいれるかどうかについて激しい議論が交わされた（星野1970, pp.127-129）。

2．NPO法

19世紀末からいきなり20世紀末に飛躍するのは，極端なことと思われるかもしれない。この時期は，日本の近代化，第二次世界大戦，占領，そして戦後の繁栄の全てを含んでいる。しかしながら，1998年まで民法第34条には，なんら重要な変更は加えられなかった。したがって，ここでNPO法成立の背景について目を向けてみたいと思う。民法の起草過程に比べると，NPO法のケースは関連資料が豊富なため，政治論争の流れをより明確に追跡することができる。しかし分析の焦点は同じである。それは，いかに政治論争が規制枠組みに影響を与えたかということである。

(1) NPO法の背景[2]

1995年1月17日，マグニチュード7.2の阪神大震災が，関西地方を襲った。地震の震源地は淡路島北部であったが，その余震は日本の政治を1998年まで揺さぶり続けた。震災は6千人以上の命と350,000人以上の家を奪い，さらに甚大なる物的被害をもたらした。この震災の瓦礫の中から，日本政府の市民社会組織に対する規制の変化が生まれた。第3章で述べたように，1896年以降日本の市民社会組織は，先進民主主義国の間でも最も非寛容的

（2） NPO法成立の背景については，Pekkanen 2000a, 2000b, 2001a, 2001b, 2003a, 2003b, 2004b, 2004c を参照。本章の一部は，これらの研究を利用したものである。

な規制枠組みと向き合ってきた。しかし阪神大震災は，国家と市民社会組織の関係を再定義するきっかけを与え，1998年の特定非営利活動法（いわゆるNPO法）の成立へと導いた。

　このNPO法は，本書にとって2つの点で重要である。第一に，NPO法は日本市民社会組織の規制枠組みを，主に3つの点において変化させた。同法は，何千もの新しい市民社会団体が日本社会に生まれ活動することを可能にした。そして，同法は「強力な国家」を持つと言われる日本で，市民社会団体を束縛していた官僚の厳重な監督から解放し，それらの団体に前例がない程の自由を与えた。さらに恐らく最も重要なことに，同法は新しい種類の団体に正当性を与え，そのことによって国家と社会の力関係に変化を与えたといえるだろう。

　NPO法が本書にとって重要なもう1つの理由は，それが1994年に行われた選挙制度改革の成果でもあるからである。選挙制度改革は政治アクターの利害を変化させ，それが市民社会組織に関連した法律の変化をもたらす一因となったのである。NPO法は前例がない程の超党派の国会議員による議員立法として法案提出され生まれた。日本の議会制度では，ほとんどの法案は官僚によって作成される。これとは対照的に，NPO法のケースではすべての政党が1995年から1998年の間に法案もしくは修正案を提出した。NPOを促進する法案は，新進党，太陽党，平成党，日本共産党，さらに与党である自民党，（社民党，新党さきがけと共同），および民主党によって提出された。政治家は選挙制度改革によって生まれた新しい誘因に対応し，官僚を法律作成過程から排除した。市民団体も法律作成に積極的に参加し，それらのロビー活動が法律の内容を変化させた。この法律は新しい国家と社会の関係と政治の到来を告げるものになるかもしれない。

　もう1つ新しいのは，その過程である。NPO法設立過程は変化した選挙の利害に応じた政治家によって主導され，ロビー団体やメディアによって影響され，連立政権の厳しい試練によって形成された。行政改革，規制緩和，議員立法，地方分権，情報公開法などに代表される一連の政治改革の一環として，NPO法は日本を治めるのは誰かという古い疑問に対する新しい答えを用意するものである。またそれら全ての変化が，中央官僚の権力に対抗するものである。さらにNPO法作成過程は，多くの研究者が1993年後に起こるであろうと予測した政治変革を垣間見せた。

(2) 阪神大震災

　阪神大震災の余波の中で，日本のタテ割り行政による対応の遅さが人々の目を惹いた[3]。日本の強力な省庁は自分達の縄張りを守ることに固執し，この省益中心主義が緊急時の省庁間の協力や効果的な対応を妨げた。阪神大震災発生直後，政府の災害救助活動は麻痺状態に陥り，管轄争いが効果的な危機管理を妨害した。これとは対照的に，民間のボランティア団体は迅速に行動し，災害救助活動を行った。2カ月の間に120万人以上のボランティアが関西地方に駆けつけ，1,600億円の義捐金が被災地に贈られた[4]。こうした大規模の活動は，日本が市民社会を維持し，ボランティアを行う文化と伝統を持たないとする一般通念を覆すものであった。またそれは，日本における公益団体の数の少なさが，ボランティアやNPO活動の文化的な忌避の結果ではなく，法律体制の産物であるという論拠を示すものであった[5]。このことは，日本の法律体制が市民社会を形成する役割に対して改めて注目する必要性と，NPO法の重要性を示すものである。

　メディアはすぐに，対照的な政府の無能とボランティアの非利己的かつ迅速な活動を取り上げた。1995年は，「ボランティア元年」として記念されることになった[6]。ほとんどの団体は，監督省庁によって創られ，官僚

（3）　タテ割り行政については，それを「日本行政の構造的特徴の中で最も重要なもの」（Samuels 1983）と考える Samuels を参照。

（4）　シーズ 1996, pp. 3-4. 兵庫県のデータは，阪神大震災から8カ月の間に130万人のボランティアが神戸の災害救助と復興の活動に参加したとしている（電通総研 1996, p. 119. より引用）。その他のデータでは，震災後の1年で130万人のボランティア（最終的には200万人），1,700億円の義捐金が集まったとされている（社団法人日本青年奉仕協会 1997, pp. 65 and 71）。共同通信は震災後6カ月間に120万人のボランティアが参加したとしている（共同通信 1995年7月13日）。

（5）　人口に対するボランティアの割合は日本（1996年は26.9％）よりアメリカ（1995年は48.8％）の方が高いが，日本の割合は低くない（Yamauchi 1999, p. 59）。むしろ，独立した大規模NPOが日本にほとんど存在しないが，アメリカでは多く見られることの方が重要である。

（6）　共同通信は1995年7月15日には既に「ボランティア元年」という言葉を使っていた。

と同じタテ割りに縛られることが多い公益法人ではなかった（NIRA 1995）。そのため，それらの団体を支援する法律を求める世論とメディアの圧力が次第に高まっていった。後述する規制の束縛のために，災害救助に携わるほとんどの団体が法人格を持っていなかった。これは例えば，ボランティアが活動中に怪我をしたり死亡したりした場合でも，労災保険などは一切適用されないということを意味し，危険な業務に携わった個人として扱われる。この保険の話は，新しい法律設立の必要性を強調するために，いろいろなメディアが何度も取り上げた。

　メディアの報道は，被害に遭った関西地方に駆けつけたこの新顔の利他主義者に対する驚嘆を伝えた。こうしたイメージは，まず官僚の無能さに対する怒りを生み，ボランティアの活力を抑制する規制の改正を呼びかけた。しかしこれは簡単な問題ではなかった，法律作成過程は3年間の激しいロビー活動，政治的な駆け引き，そして妥協を伴うものであった。そして最後に出来上がったものは，「ボランティア法」ではなく，「NPO法」であった。以下では，メディア報道の概要と範囲を詳しく描写してみたい。1995年2月4日，日本経済新聞はボランティアを支援する新しい法律の制定を呼びかけた。同紙はさらに，官僚がボランティアを支援することに積極的でないことを批判した。後述するように，経済企画庁（当時）は，18の省庁によって構成された「ボランティア問題に関する関連省庁連絡会議」（以後「連絡会議」とする）を主導し，ボランティア団体を支援するため現行法の改正または新法の制定を模索していた。しかし日本経済新聞は，連絡会議がボランティア団体に法人格を与える意図がないと指摘した（日本経済新聞 1995年2月4日）。毎日新聞もこの批判に同調し，1995年2月20日の一面記事の見出しで消防庁と国土庁をこの件に関して何もしていないと酷評した。消防庁と国土庁は，災害時におけるボランティアの状況とボランティアのリーダーシップの発展について調査したが，なんら対策を講じてはいなかった。献身的なボランティアが放つ光とメディアの厳しい批判によって，タテ割りの弊害で麻痺した省庁の醜態がひときわ目立つようになっていった。毎日新聞は同じ記事の中で，震災時の政府の稚拙な対応とボランティア団体の自主性を指摘して，連絡会議が進める法改正に疑問を呈した。1995年4月17日の朝日新聞もまた，無為無策の消防庁と国土庁を厳しく糾弾した。同紙は連絡会議に関連して，市民団体の例を挙げなが

ら，官僚が主導すればボランティア運動も弊害を受けると指摘した。共同通信は，1995年3月20日に起きたオウム真理教による地下鉄サリン事件の際の混乱を念頭に，規制行政が団体結成を阻害しているとする市民団体の連絡会議に対する批判を好意的に伝えた。共同通信は，市民の「官製のボランティア」体制に対する危惧にふれ，新しいボランティア団体の設立条件が，（官僚による審査を意味する）許可制になるのか，（自動的に法人格が与えられる）登録制になるのかという問題を取り上げた（付録を参照）。また，2月には着手するとし，半年がたったにも拘わらず，行政は法律改正に対して何もしていないと批判した（共同通信 1995年7月13日）。NPO法成立にまつわる出来事は，付録の中で詳しく年表にまとめている。

メディアは当初，震災に対する政府の不適切な対応だけではなく，ボランティアへの支援を全く視野に入れていなかったことも非難していた。こうした批判は，ボランティアへの支援やNPO新法の要求に結びついていった。初期の報道の中にも，ボランティアへの法整備や厳しい行政監督弊害をなくしたボランティアの自主性の確保を求めるものが見られた。

3．国家と市民社会の関係の再定義：立法段階での論争

第3章で議論したように，日本の市民社会組織に対する規制の枠組みはいろいろな点で，非寛容的である。メディアは新しい法律の制定を呼びかけたが，NPO法の成立までの道のりは3年を要した。立法段階での主要問題は，(1)新法が適用され，法人格が与えられる団体の種類と数，(2)それらの団体に対する優遇税制，(3)それらの団体に対する行政の監督・指導の権限。これらの問題は，まず政治家が官僚に対抗する形で審議し，次に（与党内の，そしてその後野党の）革新政党が保守政党に対抗する形で審議された。その他の団体としては，市民団体，大企業，経済団体（経団連など），労働組合もまた一定の役割を果たした。

(1) 第1ステージ─政治家 vs. 官僚

新法作成に関する論争は，震災直後に始まった。最初の10カ月は，誰が新法の法案を起草するかという点に関して政治家と官僚の間で争われ，政治家の勝利で11月に決着した。当時，自民党は社民党との連合で政権を握っていた。議席数は自民党の方がはるかに多かったが，首相の座に着いた

のは社会党の村山富市であった。そして当時の最大野党は，保守系の新進党であった。メディアと世論によるボランティアの現状改善の要求を受けて，政党は新法成立に強い意欲を持っていた。官僚は，ボランティアに対して同情的ではなかったが，新法制定に表立って反対することはできなかった。経済企画庁（当時）は，1995年2月3日[7]に結成された連絡会議を主導していた。連立与党は，2月15日に「NPOプロジェクトチーム」を結成し，NPOの勉強会を開始した。新進党は3月8日に「ボランティア基本法」を国会で発表した。基本的な方針はできたものの，政治的な駆け引きは1998年まで続いた。重要な政策転換に相応しく，官僚，政党政治家，市民ロビー団体などいろいろな団体が関わることになった（付録を参照）。

NPO法作成に関連した政治論争の主な出来事を時系列に沿って見ていくと，主要議題を明確にすることができる。すべての始まりとなった阪神大震災は，1995年1月17日に発生した。それから数日後，五十嵐広三官房長官は，ボランティアを支援し税制優遇や公益法人の可能性を含む法律を作ると国会で発表した[8]。さらに首相も国会において，「（ボランティア）が活動しやすい体制を作らなくてはならない……」と発言した（日本経済新聞 1995年2月4日 p. 4）。

経済企画庁（当時）は連絡会議を主導し，新しいNPO団体の登録を監督する省庁としてはあまりふさわしくないと思われるかもしれないが，経済企画庁は新しいNPO団体の監督省庁になることに強い意欲をもっていた。調整的な機関である経済企画庁が，こうしたポジションを求めるのには制度的な理由があった。つまり，経済企画庁は予算拡大を可能にする「現場」(省庁が監督指導する特定の産業や団体)が欲しかったのである。行政改革の問題が取りざたされる中で，庁の存続を確かにする現場が必要であった。さらに，NPOはその規模と重要性が将来的に拡大すると考えられ，

---

(7) 「ボランティア問題に関する関係省庁連絡会議」と呼ばれたその団体は，内閣府，警察庁，総務庁，経済企画庁，環境庁，国土庁，法務省，大蔵省，外務省，厚生省，農林水産省，文部省，通産省，交通省，郵政省，労働省，建設省，自治省によって構成されていた。

(8) 日本経済新聞1995年2月4日。さきがけの山本美和氏は，この発言がNPO法を議員立法とするうえで非常に重要であったと述べている（山本美和氏との個人的インタビュー，東京，1997年7月17日）。

行政の側には魅力的な分野であった[9]。

　経済企画庁が連絡会議を主導し，新しい NPO に対する管轄権を得たのは 3 つの理由がある。第一に，経済企画庁は早くからこの分野で土台作りを始めていた。1990年代に経済企画庁は，市民団体とボランティア活動に関する詳細な調査を行った。つまり，経済企画庁はこの分野における専門知識を培っていたといえる。第二に，他の省庁が阪神大震災後の災害救助やその対応の遅れに対する批判をかわすのに躍起になっていた頃，経済企画庁は連絡会議の主導権を手に入れるべく着実に動いていた。第三に，当時の五十嵐官房長官と村山首相は，経済企画庁が NPO を統制するには力不足だと考えていた。そのため，経済企画庁はその他の候補（自治省，内閣府，法務省など）に比べても無難な選択だとみられていた。

　大蔵省（当時）は，新しい NPO に大きな関心を持っていなかった。しかし，国税庁は NPO に税制優遇措置を与えることに強く反対した（朝日新聞 1998年 2 月19日）。社民党の辻元清美議員は，大蔵省のせいで税制優遇措置を含む NPO 法は設立できないとし，「大蔵省は大きな壁」だと述べた[10]。大蔵省は，同省の意見を汲む自民党議員を通じて間接的に法律作成に影響を与えようとしていた。

　自民党・社民党・さきがけの与党連立政権は譲歩を余儀なくされた。与党 3 党は1995年 2 月15日にボランティア団体を研究し，法案を提出する目的で「NPO プロジェクトチーム」を立ち上げ，各党から一人ずつ代表が送られた[11]。自民党からの代表であった熊代昭彦議員は，当初この法案に対

---

(9) こうした見方を強く支持する者は経済企画庁の中に多くいたが，経済企画庁の中には実際の団体を監督すべきではないと考える者もいた。やや強引な官僚である坂本導聡局長は，経済企画庁が NPO を監督する方向で話を進めていた（経済企画庁職員との個人的インタビュー，東京，1999年 8 月20日）。他にも坂本氏の役割を指摘した者もいたが，経済企画庁の行動は坂本氏が同庁を去った後も変化しなかった。

(10) 「大蔵省は大きな壁ですよ」朝日ニューススター TV の番組「ザ・ディベート」の中での発言（1997年 9 月27日）。

(11) 自民党の代表は熊代議員（元厚生省職員，当選 1 回，岡山 2 区選出）であった。社民党の代表は当初五島正規議員（当選 2 回），さきがけは堂本暁子議員（元 TBS 記者・ディレクター）であった。1996年の選挙後，さきがけは堂本議員の秘書である山本美和氏が実務を行ったが，名目上は渡

して非常に保守的な考えを持っていた。熊代議員は，議員立法の必要性すら感じていなかった[12]。しかし，後述するように，いろいろな要因が熊代議員をより革新的な見方へと変えていった。実際，同氏の国会における発言をみると，NPOの強力な支持者になっているのがわかる。さきがけからの代表であった堂本暁子議員は，当初強力なNPO法を考えていた。社民党の五島正規議員も，党の意向を反映するような革新的なNPO法を支持していたが，さほど積極的ではなかった。五島議員は後に，堂本議員と同様もしくはそれ以上に革新的な法律を支持する辻元議員と交代した。

設立間もない政党であったさきがけは，本章のむすびで詳しく述べるように，特にNPOを選挙基盤として考えていた。つまり，小選挙区での不利な状況から，NPOを通じた集票によって比例代表に効果的に集中する戦略を必要とした。さきがけがNPO問題に尽力したのは，こういう理由があった。さきがけがこの問題でNPOに共感したこともあるが，やはり重要なのは同党が改正された選挙制度に対応したことである。これを反映して，さきがけの政策ブックレットにはNPO問題に大いに注目していた[13]。NPO（と国際問題を主に扱うNGO）の育成は，社民党の政策にも適していた。

熊代議員の存在にも拘らず，連立与党内のNPOプロジェクトチームは，経済企画庁のNPO法作成への関わりを牽制した。このことは，まもなくNPO法に関連した行政と立法の争いに火をつけた。この争いは，1995年11月に官僚がNPO法の作成過程から排除されるまで続いた。

与党，新進党，連絡会議が，それぞれ2月，3月，4月にNPO法につ

　　海紀三朗議員（党幹部）が代表した。同時に，社民党は辻元清美議員が，民主党に移籍した五島議員に代わって代表になった。辻元議員は当選1回比例代表選出の議員で，自身も震災後のボランティア救援活動に参加していた。しかし，連立NPOチームの最初のメンバーは熊代，堂本，五島であった。

(12) 熊代氏は，「我々自民党は，この法案もいつものように官僚に任せられると思っていた。しかし，社民党とさきがけが（多分いつも彼らは反対ばかりしているから）強く反対したので，我々もそうすることにした」（熊代昭彦氏との個人的インタビュー，東京，1997年8月19日）。

(13) このブックレットは，「さきがけの市民活動法人法案」と題されたものだった。さきがけ政策ブックレット No. 2（さきがけ1995）。

いて公聴会を開いた。1995年11月7日，新進党が国会に「市民公益活動を行う団体に対する法人格の付与等に関する法律案」を提出した。これに官僚はすぐさま対応し，翌日には連絡会議は官房長官に中間報告を提出した。危機感を抱いた連立与党のNPOプロジェクトチームは，五十嵐官房長官を説得し，NPO法作成は議員立法で行うと発表させた（熊代昭彦氏との個人的インタビュー，東京，1997年8月17日）。大企業の集まりである経団連でさえも，同法を議員立法で作成するようにロビー活動を行った（経団連社会貢献部田中康文氏との個人的インタビュー，東京，1997年10月8日）。これは，経済企画庁に手を引くようにとの明確なメッセージであった。

官僚は市民団体との公聴会を開いてはいたが，明らかにそれらの声に耳を傾けてはいなかった。NPO法の法案を作成した市民団体のすべてに，一貫して見られる共通の要求があった[14]。しかし，経済企画庁の案は，ほとんどの面で彼らを失望させるものであった。その中間報告書の中の4つの主要なポイントは，(1) NPO法は民法に付属する特別法とする，(2) 同法の対象となる団体は「ボランティア活動を行い……公益に寄与するもの」とする，(3) 団体設立にあたって地方自治体に認可権・監督権・解散権を与える（複数の県にまたがる活動をする団体は別に扱われる），(4) 税制優遇措置は法人格と別途に扱われる。これは基本的に現状維持以外の何物でもなかった。

(2) 第2ステージ：社民党とさきがけ vs. 自民党 vs. 政調会

経済企画庁主導の連絡会議による中間報告の棚上げによって，官僚側は完全に敗北を受け入れるより他になかった。しかしこれは，経済企画庁が影響力拡大を諦めたわけではない。その後の数週間は，連立与党と自民党内のグループの間で，法案作成の主導権をめぐって争われた。この争いは，NPOプロジェクトチームが法案を作成したことで終焉した。この段階では，官僚は自民党の政務調査会（政調会）を通じて間接的に影響力を行使

---

(14) ロビー活動の一環として，彼らは自らの法案を作成し，自分達の要望を政治家に伝えた。例えば，シーズ（1995年8月21日），横浜労働者協同組合（1996年2月10日），日本青年会議所（1997年1月）などがある。さらに，NPOの様々な問題に関して文書や意見書などを作成して，意見表明が頻繁に行われた。

しなくてはならなかった。具体的には、坂本という経済企画庁の部長が、政調会の通商産業部会を通じて行っていた。連立与党のNPOプロジェクトチームは、若手議員によって運営されていたため、弱い立場にあった。一方、坂本氏は竹下元首相とのコネを駆使して、政調会と太いパイプを作っていた。

NPOプロジェクトチームは、政策の重大な相違によって停滞していた。NPO法に対する与党3党の見解はいくつかの重要な点で違っていた。自民党は当然のように新しいNPO団体に対する官僚の監督を考えていた。これに対して社民党とさきがけは、NPOの自由な結成と運営を支持していた（熊代昭彦氏との個人的なインタビュー、東京、1997年8月17日）。自民党の意見は、官僚による免許制に移り、さらにNPOによる官僚への年間報告の提出、さらには官僚が団体設立の許可を取り消す権限を維持することも認めるとした。社民党は法人格の届け出制（つまり自動的な承認）、官僚による監督を最小限にすること、団体の解散権は裁判所に与えることを主張した[15]（付録を参照）。

これらの見解は明らかに相反するものであった。しかし連絡会議の案が棚上げされてしばらくした頃、自民党のプロジェクトチームはその姿勢を軟化させた。中間報告書の中で、坂本氏は法律の仕上がりに影響力を及ぼ

---

(15) シーズ1996年 pp. 6-7。さきがけ1995年。またさきがけの提案は、法人格取得の際の届出制と団体解散に関する権限を裁判所に与えることも盛り込んでいた。さらに踏み込んで、NPO活動の監督に第三者機関である「市民活動推進委員会」を創設することも提案していた。この委員会は、官僚以外から委員を募り、公正取引委員会のような中立な機関にする構想であった。さきがけは、できるだけ多くの市民団体に法人格を与えるような法律を作ることを提案した。また官僚による監督もなくすことを目標としていた。市民活動推進委員会創設の提案は第32～34条に記されていた。正確にはわからないが、堂本氏は後の審議で、この委員会は中央レベルではなく県レベルで作られるべきだと述べた。その審議の中で、さきがけの議員はNPO団体の法人格取得への高い壁を撤廃し、その後は柔軟な扱いをすることに言及し、「さきがけは参入時のハードルをなるだけ低くすることを考えている。市民参加を促すような枠組みを作るべきだ」と述べた（さきがけ1995, p.66.）。さらに、国への依存を減らすようなシステムを構築することについても言及した（さきがけ1995, p.70）。

そうと，政調会の通商産業部会を通じて働きかけていた。通商産業部会は連立与党のNPOプロジェクトチームに役割分担を提案した。実はこの提案は経済企画庁のものであり，通商産業部会を通じて出されたものであり，税制の部分を通商産業部会が，法人格の部分をNPOプロジェクトチームが担当するというものであった。通商産業部会のメンバーは，NPOプロジェクトチームのメンバーよりも古株の議員が多かったため，この提案は実際には法律作成の全体を経済企画庁が乗っ取ろうという魂胆であった。この試みは，政調会よりも高いレベルで自民党内と連立与党内での政策調整に積極的な役割を果たした加藤紘一議員によって潰された。

　自民党内での争いで再度経済企画庁が敗れたことで，NPO法の作成は確実に連立与党のNPOプロジェクトチームに委ねられることになった。この時点で問題となった政策上の隔たりは，与党3党の間のものであった。さきがけと社民党の見解と自民党のNPOプロジェクトチームの見解との相違は依然として大きかったが，与党3党は1995年12月4日「市民活動推進法法案要綱」（仮称）に合意した。

(3) 自民党政策の紆余曲折：左へ方向転換

　これらの文書に署名したことで，自民党はその立場を大きく柔軟化した。「市民活動促進法法案要綱」（仮称）は，与党3党によって1年後に国会に提出されたNPO法案と1998年に可決されたNPO法にいろいろな点で類似していた。例えば，この法案には「ボランティアをはじめ」という文言があり，様々な市民団体の分類を挙げており，政治団体を除外している。また，団体に「公益に寄与」することと，誰でも自由に団体へ加入できることを条件としている。それは，以前の仕組みと3つの点で大きく異なる非常に革新的な法案であった。第一に，以前の法体制の盲点となっていた多くの新しい団体が，その設立を認められるようになること。第二に，民法で認められていた官僚による監督権限が限定されていること。正確に言うと，3つの点で合意留保されていた。それらは団体認証の基準となる「公益」，「ボランティア」，「認証方法」の定義であった。それらの問題は，1996年2月1日に出された「与党NPOプロジェクト了承案件」の中で解決された[16]。しかし，実際にはこの文書の内容は12月下旬に合意されていた[17]。いずれにせよ，2月に発表されたこの文書は，認証の柔軟な解釈を示すこ

とによって，官僚の監督権限を弱めた。

　2月8日連立与党NPOプロジェクトチームは，3月15日までに法案を提出する予定であると発表した。さらに1996年1月8日の3党政策合意は，「速やかに法案を完成させ，次の通常国会で成立させる」とした。

　これらの合意は，自民党が大きく譲歩したことを示している。この方向転換は，熊代議員の見解の変化によって説明できる。熊代氏は自民党からの唯一の代表で，NPOプロジェクトの中で，他の連立与党のメンバーと作業する中でかなり孤立していた。12月と2月に発表された合意書は，熊代氏の見解の変化を反映している。これはどう説明できるだろうか？　市民団体が共同で効果的な方法で，熊代氏に陳情活動を行ったことが功を奏した[18]。陳情活動を先導した市民団体「シーズ」の代表である松原明氏は，熊代氏の変容について次のように述べている。

　　「熊代さんはもともと反NPOで，少なくともあまり好意的な考えは持っていませんでした。熊代さんはよく，政府が監督する責任があると言っていました。だから，彼を説得するには長い時間がかかり，それは段階的に進みました。最初の段階では，彼はそうした団体はすべて反政府的だと考えていました。第二段階で，神戸やルワンダなどでボランティアがいかに活動したかを知り，中には良い団体もあるのだと考えるようになりました。でも，彼はまだ悪い団体は政府によって選別されなければならないと考えていました。第三段階で彼は，政府が選別することはできないと気がついたのです。熊代氏への陳情で重要な役割を果たしたのは，岡山県に本部があり，非常に活動的で影響力のあるAMDA（アムダ：「国境なき医師団」のアジア版のようなも

---

(16) 繰り返しになるが，それらは柔軟な解釈によって定義されていた。例えば，「ボランティアをはじめ」という文言があり，市民団体の種類についてボランティア団体その他を含む組織体系にのみふれている。『与党NPOプロジェクト確認事項』を参照。
(17) この理由は議長の交代にあると思われる。議長になった委員はみな自分が議長をしていた時に進展したと主張している。
(18) 熊代議員はNPOに関する著書の中で，シーズの積極的なロビー活動についてふれ，松原氏を有能な代表者だと評している（熊代1998, p. 39）。

の）でした。AMDAは，岡山のNPOの誇りです。AMDAは，大蔵省ともいい関係にありましたが，最も重要だったのは票でした。それから，自民党の支持団体も法改正を支持しているということを説明しました。例えば，経団連が支持していること，さらに地域経済の団体である青年会議所もNPOを支持していると言ったのです。シーズは，経団連と関係が深いのですが，経団連はいつも間接的に動くんです。経団連は，シーズを通して動きました。私が彼らの会合でスピーチしたり，彼らを国会議員に紹介したりしました。経団連には，経団連の中でゲリラのようにNPOを推進する人たちがいるんです」（松原明氏との個人的なインタビュー，東京，1997年8月7日）。

松原氏は，以下の3点を重要だと考える。(1)熊代氏の選挙区の主要団体の票，(2)NPOが重要な社会アクターであるとの説明，(3)自民党の支持団体がNPOを支持しているということの説明。

経団連がNPOの陳情活動をしていたということは，意外かもしれない。実は，松原氏が「ゲリラのように」と呼んでいたのは，社会貢献部のことである。経団連がNPOに関心を持つようになったのは1980年代後半からである。アメリカへの直接投資が増加したことで，日本企業はアメリカのNGOへの寄付やその他の支援を求められる機会が多くなった。当初日本企業は，日本ではあまり活動的ではないこのような団体にどう対処してよいか分からなかった。そこで経団連はNGOに対する勉強会を立ち上げ，1990年初めに「1パーセントクラブ」を設立した。さらに経団連は同年5月に社会貢献推進委員会を設立した。そして1991年4月，社会貢献部が作られた。阪神大震災後，社会貢献部は義捐金や救援物資を企業から集め，NGOやボランティア団体に供給した。いくぶん自主性を保ち，NGOと緊密に協力する社会貢献部は，経団連内のNGOの支援者となった。そしてそれまで経団連の中であまり注目されていなかったこの問題の専門家として，広く政策提言を行った。「日本社会を変えるのにNPOが必要である」という社会貢献課の考えは，経団連らしくないかもしれないが，実際に彼らはNPOを規制する法律の改正を不可避にした日本社会の変化を目の当たりにしたのである（経団連社会貢献部 田中康文氏との個人的インタビュー，東京，1997年10月8日）。

熊代氏はまた，奉仕業務にもっとボランティアを増やすべきだとする加藤紘一議員の考えに影響を受けたのかもしれない。さらに熊代氏は，法改正で自分の名前が残ることを考えて，個人的な理由から譲歩したのかもしれない。間違いなく彼は，連立与党NPOプロジェクトチームでかなりの時間を費やしていた。この当時政調会の通商産業部会は，連立与党NPOプロジェクトチームで合意が得られない場合は，自民党は経済企画庁の案を支持すると表明していた。これを恐れて熊代氏は，社民党とさきがけから譲歩を引き出すよりも，議員立法の法案に同意することに積極的になった。つまり，1995年から96年にかけての自民党の急激な政策転換は，他の何よりも熊代氏の見解の変化を反映したものであると言える。

　この政策転換の別の説明は，新進党がNPO法案を提出したことである。「市民公益活動を行う団体に対する法人格の付与等に関する法律案」は，1995年11月7日にすでに国会に提出されており，自民党は多少コストが高くても合意に達することに前向きになった。第三の可能性は，重要な問題で譲歩することによって連立政権を維持したいとする自民党の意図である。

　これらの別の説明はいずれも，なぜ自民党が1996年に後戻りしたのかを説明できない。特に，熊代氏の1996年5月と6月の国会における証言から，より信憑性の高い説明は熊代氏のNPOに対する見解の変化に基づいたものであるといえる。熊代氏は，NPOに対してより柔軟な態度を示すようになったが，自民党の他の議員は違った意見を持っていた。

(4)　自民党政策の紆余曲折：右へ方向転換

　熊代氏が1996年に連立与党NPOプロジェクトチームの代表になった時，彼はまだ自民党内のNPO法に対する反対意見や曖昧な意見と直面していた。熊代氏が言うには，「他の自民党議員が，『これじゃグリーンピースを日本に作らせることになるよ。グリーンピースは反政府的団体だぞ！』と言って私を批判しました」（熊代氏との個人的インタビュー，1997年8月19日）。こうした抵抗のために，自民党はさきがけの法案に修正を加えることにし，1996年4月11日に修正案を発表した。この修正案は，保守傾向を反映していた。

　自民党は1995年12月の合意書の革新的な部分を骨抜きにする修正案を提示した。経済企画庁の1995年11月案よりは革新的であったものの，自民党

の修正案は保守傾向を反映していた。その修正案の5つの主要点は以下の通りである。(1)税制優遇措置に関する記述を全て削除すること，(2) NPOに対する審査を認めること，(3) NPOに対する行政権限を強化すること，(4) NPOの政治活動を制限すること，(5)公益を非営利行為と厳格に結びつけ，費用以上の収入を禁じること[19]。つまり，自民党は1995年12月の熊代氏の合意を反故にし，以前の立場に逆戻りしたのである。

これらの修正案は，社民党とさきがけには到底受け入れられるものではなく，話し合いは行き詰まった。連立与党NPOプロジェクトチームの社民党代表であった五島議員は，自民党と社民党の見解の違いを説明した文書を市民団体に配布するという異例の行動に出た。「社民党の市民活動推進法（仮称）に対する基本的見解」と題されたこの文書は，1996年4月11日に配布された。この文書は，NPO法をすみやかに成立させるとする自民党の公約についてふれ，この法律が連立与党NPOプロジェクトチームの先の2つの合意に基づくものになるように要求した。この文書はさらに，社民党が以下のことを求めるとした。(1) NPOがほぼ自動的に法人格を取得できること（つまり，官僚の裁量によるものではないということ），(2)「行政監督を必要最小限に抑えること」，(3)特に公益にかなうNPOには税制優遇措置を与えること。この文書を公にしたことは，自民党に抗議する意図であったと思われる。

(5) 第3ステージ：選挙政治

(5)-1) 民主党の台頭

上述したいろいろな文書にみられるように，各党の見解は依然として大きく食い違っていた。しかし自民党が保守的方向に後退したということは，より革新的なNPO法に回帰する可能性もあった。こうした動きは，すべて連立政権と選挙政治によるものであった。

1996年4月11日，連立与党NPOプロジェクトチームが再度招集され，社民党とさきがけの代表は自民党修正案に対する反対を表明した。話し合いは行き詰まり，連立与党NPOプロジェクトチームが単独で解決する道は

---

(19) シーズ 1996, p. 11. この最後の点は，投資家や株主に利益を配当しない団体とするNPOのより一般的な定義と対比するためである。

無いように思われた。5月24日に行われた会議の後,与党政調会は残り少ない国会の会期中にNPO法案を国会に提出しないことを決定した。この決定は,1996年5月27日の日本経済新聞に掲載された「NPO法案で露見した無責任政治」と題する記事で厳しく批判された。5月31日新進党は「法人税法の一部改正法案」を国会に提出した。自民党の加藤紘一幹事長は,以前からNPO法での合意を積極的に進めていた。奉仕業務にボランティアを増やすという目的の他に,加藤氏は自社さ連立の強力な支持者であった。加藤氏は自民党政調会会長も務めており,さらに神戸復興本部の本部長でもあった。

これらのどの点が政調会を動かしたのかはっきりとは言えないが,ある研究者はメディアの報道に注目する。メディアの報道は阪神大震災以降,革新的なNPO法を強力に支持しており,1995年以降も報道は途絶えることはなかった。1995年から96年の間でボランティア問題にふれた記事の数は,朝日新聞は4,071,読売新聞は1,165,毎日新聞は4,074,産経新聞は766であった[20]。これらの報道を全て検証するのは不可能なので,ここではその一部を検証してみたい。意外な組み合わせではあるが,日本のウォールストリートジャーナルと呼ばれることもある保守的な日本経済新聞とリベラルな朝日新聞が最も積極的に革新的なNPO法の成立を呼びかけた。

これら2つの新聞は,違った角度からこの問題をとらえていた。日経新聞は,NPO法を行政改革の一部と考えていた。NPOシステムの改正は,日本の行政体制の改革の一部となり得ると考えられた。実際に,日経新聞の行政改革を呼びかける社説は,まるで2つの問題が密接に関連しているかのように,同じ口調でたびたびNPO問題にふれた。こうした見方のメリットは別として,日経新聞はしばしばNPO問題について記事を書き,自民党とその支持者に影響を与えた[21]。日経新聞はまた,木曜日の夕刊の中で毎週特集を組み,(雨宮孝子や山岡義典といった)著名な市民団体のリーダ

---

(20) これは1992年〜93年の期間と比べると急激な増加である。この期間の数字はそれぞれ2134, 784, 676, 366であった。笹川平和財団(未発表文書)。

(21) 松原明氏は,日本経済新聞が「特に自民党に圧力をかけるカギとなった。日経は最高の報道をしてくれた。彼らは一番よく理解してくれ,一番よく書いてくれ,一番影響力があった」と強調した(松原明氏との個人的インタビュー,東京,1997年8月7日)。

一の寄稿を掲載した。この特集記事以外にも,「支援法の早期成立を」(日本経済新聞1996年1月21日),「市民のためにNPO法を急げ[22]」,「NPO法の議論を終了し,今国会内に成立させよ[23]」といった見出しの記事を掲載した。

朝日新聞は強い政策偏向があり,同紙の見解は自民党の支持者には好意的には受け取られなかったと思われる。そのため,朝日新聞の支援は社民党とさきがけのメンバーにとって重要であった。朝日新聞の記事の見出しの1つは,「NPO法案に行政干渉の恐れ」というものであった(朝日新聞1996年4月5日)。朝日新聞はまた国会会期の初日の社説で,NPO法を今国会の4つの重要法案の1つと位置づけ,その重要性を強調した[24]。

読売新聞は保守的な新聞として知られている。また法律関連での報道に定評があり,自民党の保守勢力に影響があるとされている。読売新聞は,日経新聞や朝日新聞ほどNPO法を取り上げなかったが,その報道はNPOに対してかなり好意的なものであった[25]。毎日新聞もまた非常に好意的な報道を行った[26]。

---

(22) 日本経済新聞1997年4月9日。この記事はまた自民党がNPO法に関する党内の意見を集約していないと批判している。

(23) 日本経済新聞1997年5月30日。本文の中では,「何としてでも,NPO法を今国会で可決して欲しい」としている。

(24) 国会会期初日の社説の中で,朝日新聞は国会が行政改革,介護法案,NPO法案,サッカーくじ法案などの山積みの宿題を終わらせることを呼びかけた。同じ記事の中で,「市民団体が法人格を取得し運営することを容易にするNPO法案は,民主党と太陽党の支持を受けて衆議院で可決された。しかし,参議院では『反政府団体に公の承認を与える』法案に対して根強い反対があった。社民党とさきがけはこの法案を強く支持している,だから前進するかどうかは自民党次第だ」としている。朝日新聞1997年9月29日。

(25) ある研究者らによると,読売の記者はNPOについて書く許可を与えられなかったことがあったという。しかし彼らがNPOについて書いた記事は,概ね好意的であった。「NPO法案に理解を」読売新聞1996年2月8日,また1996年8月の「NPOの厚い壁」と題されたシリーズなどがある。

(26) 例えば,公の再定義の必要性をもたらした社会のニーズの変化を理由に,同紙はNPO法成立を呼びかけた。同記事は,連立NPOプロジェクト・チームは各党が全く違う国家観を持っているため,「市民活動」の定義について決定することができないだろうと鋭く指摘した。(毎日新聞1997年7

この時点で，与党政調会は連立与党NPOプロジェクトチームに最終報告書を提出するよう要求した。そして6月4日，NPOプロジェクトチームは午前の会合で，「与党NPOプロジェクト議論の進捗」と題した報告書をまとめた。NPOプロジェクトチームの議員であった社民党の五島議員は，この報告書を社民党の法案と共に与党政調会に提出した。NPOプロジェクトチームの最終報告書は以下の4つの分野での合意を上げていた。民法の修正ではなく，特別法を作ることによって市民団体の法人格取得を容易にする；法人格の問題と税制措置の問題を分ける；市民団体の法人格と税制措置に関して別々の法案を同時に提出すること；法案は議員立法として提出すること[27]。

　1996年6月4日のNPOプロジェクトチームの報告を受けて，NPO法案に関する議論はプロジェクトチームから与党政調会に委ねられることになった。与党政調会は6月11日までに，各党が法案をそれぞれ提出するように求めた。その後，同法案に関する問題はすべて与党政調会が担当することとなった。与党政調会はまだいくつかの懸案を抱えており，6月18日に国会会期中に法案を提出しないことを決定し，国会は翌日閉会した。

(5)-2　自民党政策の紆余曲折：再度左へ方向転換

　夏の間，国会は近く解散され選挙が行われることが明らかになった。実際，1996年9月27日，国会は初日に解散された。与党政務調査会は，大蔵省の解体，介護保険法，沖縄米軍基地問題などの議論に追われ，9月までNPO法は議論されなかった。しかし与党政調会がNPO法に再び取りかかった時には，急速に結果がでた。

　自民党はすぐに以前の反対を取り消し，社民党とさきがけの提案に概ね合意した。いくらか抵抗があったものの，自民党は「公益」の定義と政治活動の制限撤廃の面で譲歩した。最後まで残ったのは，新しいNPOの定義に関するものであった。自民党は，利益を出さずにサービスを提供する団体（業務提供において利益のマージンがないもの）だけに限定しようとした。この理由は後述する。しかし，民主党の結成によって，さきがけは

───────────

　　月4日)。
(27)　『与党NPOプロジェクトの議論の経過』。熊代昭彦氏との個人的インタビュー，東京，1997年8月19日。松原明氏との個人的インタビュー，東京，1997年8月7日。シーズ1996, pp. 12-15.

持論に固執し，この点でも最終的に譲歩が行われた。そして1996年9月19日与党政務調査会は，「市民活動推進法案（NPO法案）に関する合意」を発表した。同日さきがけの新聞発表が伝えたように，「与党は合意に達し，（さきがけ）の主張が全ての面で受け入れられた[28]。」

　なぜ自民党は，社民党とさきがけにこれほど譲歩したのか？　その理由は，政策と連立と選挙に関連している。自民党が考慮した点の1つは，介護保険法である。国の財政への負担が増加するなかで，自民党は多数の安価なボランティアを作りたかった。自民党は社会福祉法人を福祉事業の安価な下請けとしてみていた。加藤紘一氏はそうした福祉問題に関心を持つ議員（族議員）の一人で，新しいNPO法が福祉ボランティアを増加させる便利な政策であると考えていた[29]。

　しかしこの理由はそれほど重要なものではなかった，加藤紘一氏には社民党とさきがけとの合意を推し進める別の理由があった。上述したように，加藤氏は自社さ連立の中心人物であった。この連立は結成当初から「好ましからざる同盟」との汚名をきせられており，政権奪取への捻じ曲がった目論見とされていた。加藤氏には，どうしても次の選挙の前に与党が合意した新しい重要政策を作りたい考えがあった。加藤氏自身も，譲歩の主な理由を連立の維持のためと説明している[30]。またこのことは，社民党とさきがけが選挙後も，少なくとも参院で他党の協力が必要であった自民党との連立に回帰させることにつながった。連立の維持は，自民党が譲歩した大きな理由である。

　さらに第三の理由は，民主党の台頭である。民主党は新しいNPO法の強力な支援者であった。さきがけを離党し民主党に移籍した議員の中には，さきがけの中で堂本氏の次に積極的にNPO法を支持していた簗瀬進議員

---

(28)　シーズ 1996, p. 20. シーズニュースレター 1996年10月29日。

(29)　「加藤紘一さんは福祉に興味があるから，ボランティアにはずっと前から興味を持っていた。彼は福祉のコストを下げるボランティアの数を増やしたいと思っている」（熊代昭彦氏との個人的インタビュー，東京，1997年8月19日）。

(30)　彼はまた，成長するNPOは日本政治の自由化・活性化を証明するものだという自身の信念を繰り返し述べた（加藤紘一氏との個人的インタビュー，東京，2003年9月24日）。

もいた[31]。そのため，自民党は革新的なNPO法を打ち出すことで，民主党に吹いていた追い風を弱めようとした。野党の主要な政策提言を自分の法案に取り入れるのは，自民党の伝統でもある。自民党の保守勢力には，NPO法に反対して票を失うよりも，自民党に寄与する法律の成立に努める方が良かったのだろう。恐らく，早い段階で譲歩しておけば，選挙後に民主党と協力する必要が出た場合，都合が良かったのかもしれない。

1996年9月19日の合意の後も，各党はまた法案を作成する必要があった。依然として調整を必要とした問題は，NPO団体の定義，報告義務，政治活動の制限，行政による調査，法人格の抹消などであった。この段階では，こうした問題はもう議論し尽くされており，合意はすぐに得られた。自民党幹部の加藤紘一議員と山崎拓議員の強力な推進もあって，自民党は法案の早期提出に最も積極的であった。そしておよそ2週間後の1996年12月16日，与党は共同でNPO法案を提出した。

1997年2月5日民主党は，市民団体とNPO法について公聴会を開いた。この公聴会は決して形式上のものではなかった。実際に，NPO法は議員立法であったため，メディアと市民団体が積極的な役割を果たした。メディアについてはすでに述べたが，市民団体の役割もまた目立っていた。彼らはNPO問題に対するメディアの関心を集め，国会議員に陳情を重ねた。また，会員を通じて地元選出の議員にNPO法についてのFAXを送った。さらに同法についての議員の理解を深めて支持を募るため，勉強会をたびたび開いた。与党の法案の推移と公聴会などで示された市民団体の要求を比較すると，市民団体の意見が取り入れられていることがよく分かる（付録を参照）。民主党の革新的な修正を取り入れたことで，NPO法の欠点は正され，可決する見込みとなった。日経新聞は，「与党と民主党による共同修正は，市民団体との話し合いの結果を反映しており，こうした手法は高く評価できる」と論評した（日本経済新聞1997年5月30日）。朝日新聞の見出しは，「国会議員と市民のコラボレーションの手本」と呼んだ。同記事は，いかに市民が官僚と政治家に陳情したかを，「当初（NPO法について）与

---

(31) 実は，法改正を求める「さきがけ市民活動法人法」の本に載ったさきがけの代議士のうち，堂本議員を除くすべてが民主党に移籍した。中でも特に，鳩山由紀夫，簗瀬進，五十嵐文彦らがいた。

党は市民の見解から大きくかけ離れていたが、ほぼ毎月行われ、国会議員も参加した市民団体のシンポジウムでの意見交換を通じて、徐々に市民の主張に歩み寄った。振り返ると、市民の努力が果たした役割は大きかった」(朝日新聞1997年6月7日)。

本書の付録では、NPOに関連したいろいろな法案をまとめた。また、法案の起草者、新しい団体の定義、法人格の取得を見込まれる団体の種類、許可基準と許可機関、新団体の監督と解散に関する規定などについても記述している。公聴会が行われた翌日の1997年2月6日、民主党政務調査会は、民主党NPO問題プロジェクトチームによって提出された「民主党の(与党)NPO法案に対する見解」を了承した。この文章は非常に革新的なものであったが、極端なものではなかった。この文章は、独立したNPO部門の必要性について詳述しているが、法の詳細は与党案に若干の修正を加えたものに留まった。これは恐らく、与党案との歩み寄りを考慮したものであったと思われる[32]。民主党は、8日後この文書を与党に渡した。これを受けて、自民党幹部は民主党とNPO法について協議するための会合を設けた。自民党は参議院での民主党の支持が欲しかったため、更なる譲歩をすることに合意した。党幹部らは5月19日、民主党が提案した9つの修正を受け入れ、NPO法案を国会に提出することで合意書に署名した。すべての手続きが自由化されたのだが、それらの修正の中で最も重要なのは、NPO団体が複数の省庁の管轄に亘る場合に経済企画庁が他の省庁の意見を聞く必要を無くしたこと、無給職員のリストの提出義務を無くしたこと、調整団体というNPOの新しいカテゴリーを作ったことである。

5月22日には、修正NPO法案が国会に提出された。そして、5月28日に内閣委員会で早速議論が始まった。この議論の中で、熊代議員が法案支持の立場から、驚くほど強い口調で発言を行った。彼は、この法案は官僚の権限を制限し、官僚による申請団体の不公平な扱いを防ぎ、多くの団体が法人格を取得できるようにするものだと明確に述べた。彼の発言は、後に官僚がNPO団体の申請を処理する際の規準となったため、非常に重要

---

(32) 例えば、それはNPOに対する税制優遇を「必要不可欠なもの」としたが、問題の検討にあてる期間は与党案と同じであった。「市民活動促進法案(与党案)に対する民主党の考え方」参照。

なものであった33。この法案は6月5日に内閣委員会で承認され，翌日衆議院で可決された。そして法案は参議院に送られたが，自民党参議院幹事長であった村上正邦議員が6月18日に終了する国会会期内には法案の審議を行わないことを決定した。保守連立を標榜していた村上議員は，自社さ連立には反対であった。

　法案が衆議院では可決されたが，参議院ではされなかったのには恐らく2つの理由がある。第一に，新進党が5月下旬から6月上旬にかけて極端な引き延ばしを行ったために，参議院で採択するのに充分な時間が無かったこと。第二に，参議院がその自主性を示そうとしたこと。参議院は衆議院の可決した法案にただ判を押すだけでは飽き足らなくなっていた。

(6) 第4ステージ：最終可決
(6)-1) 秋期国会：最後の抵抗

　9月29日国会が再び召集されたが，NPO法案の審議は3つの理由で遅滞した。第一は，ロッキード事件で逮捕され有罪判決を受けた佐藤孝行議員の橋本内閣入閣に関連した与野党の攻防で，国会審議全体が遅れたこと。第二は，参院新進党と公明が構成していた平成会による引き延ばし戦略の影響。第三は，参議院と衆議院の確執である。また，NPO法の可否はサッカーくじ法案と抱き合わせにされているという噂も流れていた。しかしまだ，12月12日までの会期中に法案が採択される可能性は充分にあった。

　11月28日自民党の参議院国会対策委員会は，1997年6月に採択された衆議院案に4つの修正を加えた。そのうちの1つは，法案の名称を「特定非営利活動促進法」に変更し，新しい法人を「特定非営利法人」と呼ぶとい

---

(33) 熊代氏本人が，「内閣委員会での討論が参考になるでしょう」と述べている。熊代氏はまた，「普通のいい法人に対しては，この法律は何の干渉もしません。この11の分類自体が，柔軟性のない予防的なもので，公益にかなうものという定義です。この目的は（その定義に関する）裁量を制限しようというものです…我々の目的は認証制度によって，民法の厳しい許可制と住み分けた制度を作ろうというものでした。」（傍点は筆者によるもの。）熊代氏はまた「住み分け」，つまり以前の法律と異なる制度の法的必要性についてふれている。「認証制度の根幹は，官僚の裁量を削減しようというものです。」1996年5月28日から6月3日の内閣委員会における発言より。

うものであった。この修正は，以前の法案の「市民」という文言を削ったものであった。多くの保守系政治家にとって，「市民団体」という言葉は，1970年代の反自民党運動を思い起こさせた。これは純粋に名ばかりの修正であったが，保守系政治家には象徴的な意義があった。市民団体自体は，この新しい名称はより包括的なものだと考え，不満ではなかった。国対委員会によってなされたその他の修正は，暴力的な左翼団体が特定非営利法人として法人格を取得することを防止すること，さらに2つの手続き上の修正であった（朝日新聞1998年2月10日；シーズ ニュースレター 1997年12月12日）。

　この法案は社民党とさきがけによって積極的に推され，自民党幹部までも3党連立を維持するために強力に支持した（読売新聞1997年12月1日）。12月1日に，加藤紘一氏は国会で法案可決に向けた自民党の強い意思を表明した（シーズ 1996, p.54）。市民団体は，はがき送付キャンペーンを組織し，1,500通のはがきを国会議員に送った（読売新聞1997年12月10日）。労働組合の巨大連盟である連合もまた，NPO法案を推薦した。1997年10月，連合は東京，福岡，大阪でNPO法案の起草者3人を招き「市民公聴会」を共催した。また，連合は自ら（特に民主党に対して）陳情活動を行った（シーズ 1996, pp.50-51）。意外にも経団連も連合と協力して，NPO法に対して陳情活動を続けた。経団連は，NPO法案の支持者を個別にあたった。10月29日，経団連は「市民活動推進法案（NPO法案）の今臨時国会におけるすみやかな成立を望む」を作成し，関係者に配布した。経団連会長の豊田章一郎氏も橋本首相に法案の可決を請願し，経団連社会貢献委員会と1パーセントクラブも自民党参議院議員の幹部に陳情した（シーズ 1996, pp.53-55；シーズ ニュースレター 1997年12月26日）。毎日新聞，日本経済新聞，読売新聞，朝日新聞の12月の報道も法案の可決を呼びかけた。読売新聞の12月10日の記事は，NPO法と「最近の規制緩和と地方分権の流れ」を直接結びつけた。可決される見込みはまったくなかったものの平成会と太陽党もそれぞれ自前の法案である，市民公益活動法人法案（概要）を提出し，与党案の成立を遅らせた。平成会と太陽党はまた，ボイコットをちらつかせながら，法案の審議を遅らせた。国会会期の終了が近づき，平成会と新進党の抵抗がいかんともしがたくなると，与党の優先事項は預金保険法の改正に移った。

第 5 章 市民社会に対する規制の政治的背景　189

(6)−2)　春期国会：最終可決

　国会は1998年1月12日に再び召集された。前国会から3つのNPO法案（共産党案，平成会と太陽党案，民主党の修正を受け入れた与党案）の審議が継続された。市民団体の間では楽観的というよりも不安視する見方が強まっていたが，NPO法の成立の期待は高かった。NPO法案の提案理由説明が1月22日に行われ，法案審議が1月27日と2月3日・5日に行われた。2月5日に法案の修正が，参議院社会労働委員会の審議会によってなされた。2月10日各党が同委員会に修正を要求し，審議が2月12日・17日・19日・24日に行われた。修正された法案は「特定非営利活動促進法案」と呼ばれ，自民・社民・公明・さきがけの連名で提出された（朝日新聞1998年2月1日；シーズ ニュースレター 1998年3月9日；読売新聞1998年2月1日）。残された懸案は，新しい特定非営利法人の政治活動の問題であった（朝日新聞1998年2月10日）。民友連と公明グループの議員は，政治活動の制限は政治家の支援に限定することを考えていたが，小沢一郎議員が率いる自由党と共産党は政治活動の制限の削除を求めた。結局「（政党を推薦，支持，反対する）目的でないこと」という文言を入れることで，合意に達した（朝日新聞1998年3月3日）。最終合意は2月24日に得られ，参議院の小政党からの抵抗は終わった。さらに自民党上層部の判断で，宗教活動を主要目的としないことについての文書提出の義務も削除された（朝日新聞1998年2月25日）。公明グループ（旧公明党，支持母体は創価学会）は法案支持に合意し，法案は社会労働委員会で3月3日満場一致で可決され，翌日参議院でも可決された（賛成217，反対2）。自由党と共産党さえも，法案に反対しないことを決定した。1998年3月19日同法案は衆議院において満場一致で可決された。

(7)　1998年NPO法の政治的意義

　NPO法成立の影響は，第3章によって詳しく述べた。ここでは，「NPO法の成立は単に運が良かっただけなのか？」という疑問について議論してみたい。つまり，それはただ大災害による未曾有の被害の結果だったのかということである。その答えは，否だ。実際に，阪神大震災がなくても，NPO法は10年以内には成立していただろうと多くの人が主張している[34]。ボランティア活動の高まりは，NPO部門の発達にみられるように，すでに

進行していた過程を加速させただけである。例えば、シーズは1994年11月（阪神大震災の1ヵ月前）に、NPO法成立を求める市民のグループによって設立された。政府系の総合研究開発機構は、NPOとそれに関連した法律体制に関する総合調査をすでに行っていた。さらに重要なことに、政治家もNPOに興味を示していた。複数の政党で研究会が開かれ、1994年12月さきがけは、「非営利部門研究会報告書」を作成していた。

NPO法案の成功の政治的なカギは、団体設立を促す政治家のインセンティブを変化させた選挙制度改正などを含む1994年以降の政治状況の変化である。さきがけにとって、また少なからず社民党にとっても、NPO法成立の必要性は1994年の選挙制度改正によるところが大きかった。以前の中選挙区制度は、小選挙区比例代表並立制に変更された（小選挙区300議席、比例代表200議席）。さきがけや社民党などの小政党にとって、小選挙区で議席を獲得するのは非常に難しい。したがって、彼らの生存の道は、比例代表の議席にあった[35]。NPOのように組織化された団体は、比例代表で小政党が票を集めるのに有効であった。さきがけや社民党と考えが近い団体の価値は新制度の中で高まり、両党は連立の解消をかけてもNPO法成立に努力することとなった。

NPO法成立のもう1つの理由は、自民党がさきがけと社民党に対して譲歩を拒まなかったことである。これは野党の主要な政策提言を自分の法案に取り入れる自民党の伝統という面もある。選挙制度の改正は、自民党の考え方も変えた。以前の中選挙区では、自民党は国会で過半数を得るために1つの選挙区に複数の候補者を立てる必要があった。そしてそれは、選挙区の中に自民党全体ではなく候補者個人を支援する団体の発展を促した。

---

(34) 著名なNPO活動家である山岡義典氏は、「たとえ阪神大震災がなかったとしても、10年以内にはNPO法が作られていたでしょう。1994年11月にはシーズが設立され、誰もが（法成立に）5〜6年かかるだろうと思っていました。あの地震はそれを加速させたわけです」と言った（山岡義典氏との個人的インタビュー、東京、1997年9月18日）。

(35) さきがけのアドバイザーをしていた鈴木宏氏との個人的インタビュー、東京、1997年9月25日。日本経済新聞もまた、「NPO法案はさきがけと社民党にとって党の生存がかかっており、連立を離れることになるかもしれない」としている。日本経済新聞1996年5月27日。

新しい選挙制度では，こうした団体による票の振り分けの必要性がなくなった。第6章で説明するように，小選挙区で勝つには違った種類の団体が必要であった。さらに自民党が譲歩を必要とした背景には，連立政権の運営があった。自民党の幹部達は，さきがけと社民党に譲歩することで，連立を維持しなければならなかった。党幹部への連立運営のプレッシャーは過小評価されるべきではない。もう1つの政治的なプレッシャーは，強力な反対政党であった新進党の存在であった。実際に，新進党の法案の国会提出は大抵その後の与党のアクションを促し，恐らく与党に刺激を与える効果があったと思われる。例えば，新進党は1995年11月7日に国会に法案を提出したが，その翌日経済企画庁が官房長官に「中間報告」を提出した。新進党はまた1996年5月31日に法案を提出したが，それから1週間もたたない内に，与党政調会は連立NPOプロジェクトチームから法案政策の主導権を引き継いだ。さらに新進党は1996年11月29日に再度法案を提出したが，12月16日与党は最初の法案を国会に提出した。

　NPO法の成立は，政治家と政党のインセンティブを変えた1994年以降の制度改革によるところも大きい。NPO法は，変化した政治情勢の産物であった。これは一時的なものであったかもしれないが，自民党が連立を通じて強力な野党と対峙しながら立法を行うという新しい政治情勢の中で生まれたものである。自民党の長い一党支配の後に現れたこの新しい政治情勢は，立法の過程も結果も新しいものに変えた。

　NPO法はそうした制度変革の影響の1つでしかないが，その成立過程は他の様々な変化についても明らかにする。強力な権力を持つ中央官僚に対抗しようとする試みは，日本政治の新しい時代の前触れかもしれない。上記したように日本経済新聞のNPOと行政改革に関する社説は，その2つを同じもののように扱っている。実際に，それらは全く違うものから生まれたものであるが，両方とも中央官僚に集中した権力を分散させるものである。国会では，加藤紘一氏が「『お上の指導による発展』という状況を変えるためには，官僚が国家を動かす『大きな政府』から脱却しなければならない」とした上で，「官僚主導の大きな政府を小さくするだけでは充分ではない。個人が自動的に参加できる独立したNPOとNGOの成長が必要である[36]」と述べ，この法律の革新的な性質について指摘した。議員立法の増加への新しい流れもまた，法律作成の官僚支配を解消することにつながる

だろう[37]。さらに，立法権限の移行は中央官僚の権力を分散し，NPOの承認に関する規則に官僚が関与することを防ぐだろう。この法律は議員立法であるため，自治省（当時）は各都道府県がNPOの規制に関する独自の条例を作るための原案を用意しなかった[38]。そのため，各都道府県はNPO法が定める形でNPOと関係を築くしかなかった。既に，（NPO促進センターの設立や支援条例などによって）NPOを推進しようとする都道府県と，そうでない都道府県との間に大きな政策上の隔たりが見られる。さらに密接に関連しているのは，アメリカ連邦政府情報公開法（FOIA）の日本版である情報公開法の推進である[39]。NPOの条文は新しいNPO法人に，（情報を公にしない）官僚に対して報告するのではなく，情報を公に対して公開することを呼びかけているが，これは情報公開法との関連を示すものである。まだ明らかにされていない点がいくつもあるが，上に述べた全ての点（市民社会の強化，規制緩和，権力分散，議員立法，情報公開法）は一様に中央官僚の権力を弱める効果を持つものである。

　NPO法の作成過程は，政党間・連立内の政治的駆け引きや市民団体による熱心なロビー活動などが顕著であったが，これらは1993年以前には見られないものであった。連立維持の必要性無しには，自民党の一部がNPO法に自由な規制体制を盛り込もうと迅速に動くことはなかっただろう。1993年以降の政治体制の一部としてNPO法の作成過程を見る上で重要なのは，自民党が官僚とだけではなく，連立内で他党とも調整しなければならなかったということである。理論上このことは，官僚主導ではない，国会内でのさらなる立法活動につながるものである。つまり活動と権力の中心が移動するわけである[40]。この移行は最終的には政治を変えるものであ

---

(36)　このコメントは1998年3月3日に出されたもので，日本経済新聞1998年3月4日と毎日新聞1998年3月3日に記載されている。

(37)　「議員立法ブーム」と題された朝日新聞の記事は，NPO法をその最も顕著な例としてあげている。朝日新聞1998年4月6日。

(38)　研究会を指導するのに都道府県に招かれたのは，自治省の職員ではなく市民団体の代表らだった。1997年7月11日に経済企画庁は地方自治体向けにセミナーを開き，条例試案は作らないと述べた。また自治体間の違いも認めるとした。これらの事実は，多少ではあるが地方分権を加速させるものである。

(39)　両方とも官僚による知識と情報の支配を弱めるものである。

る。例えば，それは市民団体のロビー活動が成功する可能性を高める。(AMDAが証明したように)組織化された団体は票を集めることができるため，国会議員である熊代氏は，官僚よりも市民団体の主張をより受け入れるようになった[41]。メディアの圧力は，票の動きに敏感な政治家には非常に効果的である。NPO法は今後継続して起こるであろうこうした変化の最初の実証であるが，他のどのような法案よりも重大なものである。「政治論争」論の観点から，この権力移行は規制枠組みの変化の可能性を示唆するものである(このことについては，第6章で詳しく述べる)。

4．2001年度税制改正と民法第34条の改正

最後のケーススタディは，2001年度税制改正と審議中の民法第34条の改正である。既に実行されたのは税制改正だけであるが，より重大なのは日本市民社会団体の根幹法律の将来的な改正の方である。

(1) 2001年税制改正

NPO法成立以降，日本の非営利団体は税法の規定に2つの改正を求めた。第一に，彼らは寄付金の税金控除を求めた。この改正は実際行われたが，すべてのNPO団体に適用されたわけではなかった。個人や企業の税金控除対象となる寄付金を受け取ることができるNPO団体は，第3章で述べたように認定NPO法人として国税庁に承認された団体に限られた。NPO団体が求めた第二の改正は，NPO法人に対する税率の引き下げであった

---

(40) もし1993年以降国会の政治的重要性が高まっているのであれば，今後議員立法による法案の提出と可決が増えるということになる。1993年以前は，30％の法案が国会議員によって提出され，36％の割合で可決されていた。一方，官僚が作成した法案は87％の割合で可決されていた。データは，五十嵐(1994)より引用。

(41) 自民党のキー・パーソンである熊代氏がNPO問題についての本を出版したことに留意して欲しい(熊代1998)。そうした自らの功績を主張する活動(熊代氏の場合は充分それに値するが)は，NPO法の選挙における価値の高さを示している。しかしNPO法の自民党に対する価値は，さほど過大評価すべきではない。だがもし自民党が同法の成立を妨害していたら，選挙結果に悪い影響を及ぼしたであろう。連立政治と反対勢力の働きが，自民党の立場に大きく影響していた。

(NPO団体は現在一般法人と同じ税率で課税されている)。これは税制改正には盛り込まれなかったが，与党3党（自民党，公明党，保守党）は2000年12月14日に声明を発表し，こうした改正を「早期に」行うとした。これは非常に重要なことである。2001年度税制改正が行われた理由の1つは，1998年のNPO法の条文が税制の2年以内の再考を求めていることである。この時には財務省と自民党の一部による抵抗が税制改正を妨害したが，改正に賛成する勢力は将来の再審議を実現させた。この再審議は2001年度の税制改正でのNPO法人に対する税控除に関する条文の追加につながった。そして第3章で述べたように，この改正は後により柔軟なものに改正された。

(2) 民法第34条の改正？

NPO法制定過程における数々の困難を考えた時，現在日本政府が民法第34条の大幅な改正を検討しているというのは驚くべきことかもしれない。前に述べたように，第34条は非営利団体に関する根幹的な法律であり，この条項の大幅な改正は日本の非営利活動に重大な影響を与える。現時点で政府は，第34条の大幅改正の初期段階にある。確実に分かることは何もないが，少なくとも2006年までは何も改正は行われないだろう。しかし，政策論議の輪郭は審議会の報告，新聞報道，インタビューなどから見て取れる[42]。

主要な改正としては，第34条を公益法人の設立に関する規則から，非営利法人（NPO法人とは別である）を承認する規則に変えるというものである。この新しい規制は現在の公益法人と中間法人に適用されるが，第34条に付加された特別法による法人（宗教法人，医療法人，私立学校法人など）には関係ない。NPO法人を含むかどうかは，依然議論中である。

もう1つの重要な改正は，法人格取得の基準を現在の許可制から登記制に変えるというものである。公益法人は，現在官僚機関に自由裁量を認める許可制によって法人格を与えられている。一方，登記制はほぼ自動的に

---

(42) 民法第34条の改正についての議論はまだまだ初期的なものである。本章のむすびは，2004年7月と8月に筆者が行った市民社会組織会員，審議会委員，国会議員とのインタビューに基づいたものである。また2004年7月28日の朝日新聞も参照されたい。

法人格を与えるものである。この改正は法人格の取得を簡潔かつ予測可能なものにし，許可申請が非公開の理由によって却下されるようなことがなくなる。

　第三の主要な改正は税制に関連したものである。現在考えられているように，新しいシステムでは（税控除の対象となる認定NPO法人があるため）非営利法人に2つか3つの階級を設けることになる。恐らく非営利法人の全てが何らかの優遇措置を受けることになると考えられるが，その正確なところは不明である。非営利団体の一部は，公益への貢献の度合いによってさらなる優遇措置を受けると思われる。繰り返しになるが，どのような基準が適用されるか，どの機関が公益への貢献度などを審査するかについては不明である。また非営利法人の階級がいくつになるかも今の時点ではわからないが，2つか3つくらいになるものと思われる。優遇税制については，税率の引き下げ，課税対象となる活動の削減，そして税金控除対象となる寄付金を受ける権利などが考えられる。

　予想されるこれらの改正は，公益法人を（中間法人もしくはNPO法人などの）非営利法人に変えるものである。もう1つの主要な改正は法人格の取得手続きを緩和し，現在の許可制から登記制に変えるものである。税制改正については議論中であるが，非営利法人は公益への貢献度によって恐らく何らかの優遇措置を受けることになるだろう。（その審査を誰が行うか，どのような基準を適用するかについては未だ激しく議論されている。）最終的な形態については不明であるが，これらの法改正は広範囲かつ抜本的なものとなると思われる。短期的には，数万もの団体が影響を受けることになる。長期的にも，この規制枠組みの抜本的な改正は日本の非営利部門の発展に重大な影響を与えるだろう。

5．むすび

　NPO法の成立過程は，日本が初めて単独で市民社会の規制の変化を行った政治情勢を明らかにする。このケースはまた，現状維持を支持する勢力と自由化を求める勢力に関する証拠を提示する。官僚は新法成立に最も強く抵抗した。したがって官僚支配は，1998年までの日本の規制枠組みの重要な要素を構成していたと考えることができる。連立政権や不透明な選挙の勢力均衡などの理由から政治家達が立法過程を独占すると，彼らは新し

い制度を作り抜本的な自由化を推進した。

　この過程はNPO法の成立に留まるものではない。厳しい基準を満たすNPO法人には，税の優遇措置が与えられた。さらに重要なことに，自民党国会議員でさえも民法第34条の抜本的な改正の議論に加わっている（塩崎恭久衆議院議員との個人的インタビュー，東京，2002年7月10日）。1999年の段階でそのような改正を予想していた人間は嘲笑の対象になったかもしれないが，今では日本の規制枠組みが大幅に改正される可能性は高いとみられる。NPO法は日本の市民社会の規制枠組みの戦後初めての重要な変化であった。NPO法が成立した直後，税制が1度だけではなく2度までも改正され，もう1つの市民社会法人（中間法人）が作られた。今では，市民社会の根幹規制は容易に手の届くところにある。こうした変革が半世紀にわたる不変状態の後，どのようにしてかくも急速かつ容易に起こったのであろうか？　どのようにして日本は不変状態から急速な変化へとわずか6年の間に移行したのであろうか？　次章ではまずこれらの問題について議論し，政治と市民社会の理解に関する含意についても述べる。

第6章　結論：政策提言なきメンバーたち

　政治は市民社会に大きな影響を与える。これまで，第1章で提示した2つの分析上の問いへの答えを導き出しながら，いかに政治が日本の市民社会の発展に強く影響してきたかを示した。すなわち，第一に，なぜ日本の市民社会組織は非常に少数の専門職員しか持たないのか。第二に，なぜ日本では地域に根差した市民社会組織がこのように栄えているのか，という問いである。大きな観点からみれば，両方の問いへの答えは政治制度にあるといえる。本章では，二重構造をもつ日本の市民社会が，「政策提言なきメンバー達 (members without advocates)」によって構成されていると主張する。日本には，団体のネットワークから構成された市民社会がある。そのネットワークが存在することによって，新しい政策提言を行ったり現在の政策に対して異議を申し立てたりする専門職化した政策提言共同体を維持することなしに，社会関係資本と効率的な統治が支えられている。これはそうした構造に対する非難ではなく，分析である。このことが，なぜ，いかに重要であるのかは，後に論じる。

　本章では，まず，序章で提出した4つの議論の論拠を要約し，次に，それぞれの議論について，さらなる展開を行う。第一に，政治制度からの議論を再検討する。本書の中心となるこの主張について，前章までに明らかになった知見を要約しながらこれを行う。

　次に，第二の議論である「氷河期」論に移る。ここで，日本の市民社会についての初期の問いの1つを説明するために，規制枠組みと国家の行動を用いた，戦後の市民運動と市民社会組織についての歴史的叙述 (historical narrative) を提示する。非好意的な国家と規制枠組みに直面したことで，

1970年代の大規模な運動が衰退し，自己中心的な消費者運動と市民生活運動に移り変わる過程を，歴史的叙述によって追う。知識人の間で「氷河期」と呼ばれているこの時代は，阪神大震災によって終わりを告げる。最も重要なのは，本書の中心的な議論から引き出される洞察によって，この歴史的な方向性がどのように理解・説明されるのかということを示すことである。

第三に，本章では，市民社会に対する日本の規制枠組みがなぜ非常に長い間固定化していて，なぜそれが現在変化しているのかという議論——「規制論争」の議論——を提起する。さらに，この説明は上に述べた市民運動の将来の変化や方向付けについての叙述に対する洞察も与えてくれる。

最後の「政策提言なきメンバー達」の議論では，日本の市民社会の二重構造が，政策形成に重大な影響を与えることを主張する。特に，日本の市民社会団体は，その団体自体の利害が関わるさまざまな政策問題についての公の議論に対して，影響を及ぼすことができない場合が多い。この最後の議論は，アメリカよりも明らかに劣っていると長い間考えられてきた日本の市民社会を，全く異なった眼でみることを主張し，新しい議論を喚起するものである。

1．市民社会の二重構造

専門職化した団体は，非寛容的な規制と比較的限定された財政収入とに直面してきた。規制枠組みは2つの効果をもっている。すなわち，独立した市民社会団体を，大きくさせないこと，および大きな団体が，独立したままでいにくくすることである。第4章でみたように，これまで自治会に代表される小規模な地域の団体が促進されてきた。この国家による促進は，自治会の広がりと普及を理解するのに不可欠であるものの，持続的な自治会の活力は社会との結びつきに基づいている。第2，3，4章で得られた知見は，市民社会組織のパターンを決定する規制枠組みの重要性を示している。日本の市民社会における専門職化の低さは，（企業や政府ではなく）市民社会組織で働いているすべての被雇用者の割合によって描き出されるであろう。日本の専門職化した市民社会組織が国際的観点からみていかに小さいかを示した，第2章の図2－3を思い出して欲しい（p.60）。

説明するのが難しい事例もいくつかある。たとえば，日本の地域社会の

第6章 結論：政策提言なきメンバーたち 199

　自発的な自己組織に由来する自治会は，政治的説明にとって難しい事例である。それゆえ，自治会の事例分析によって，政治制度からの仮説を支持する重要な証拠が得られる。実際，特に農村部において多くの自治会が国家から独立して形成されたが，20世紀における自治会の普及は政府による支援のみによって説明される。自治会は20世紀の最初の10年までに日本の多くの地域で自発的に形成されたが，ほとんど（最大90％）の現代の自治会は，政府による支援と全国的な介入の結果生まれたものである。29万8千を超える自治会が極めて高い参加率を示し，日本で最も影響力のある市民社会団体になっている。文化論を唱える学者による説明では，初期の自治会による継続であり，自治会の中には（「村の代わり」として）都市部に形成されるものもあると考えるかもしれないが，自治会が全国にわたって広がっていることを説明できるのは政府による支援である。どのようにして自治会が高い水準の加入率と参加率を維持しているのかということについても，政府による継続的な支援から説明されるという論拠が，第4章の武蔵野市の例から得られる。

　自治会は独立した主体ではあるが，情報の伝達や公共施設の管理などの業務で，地方政府の部局と共に働くこともある。政府の資金がこういった目的などで自治会に流れる。この業務への報酬は多くないが，地縁団体をまとめておくためにはこの金は重要である。また，それが社会関係資本型の波及効果を作り出しているのかもしれない。例えば，政府が自治会に対価を支払って地域の公園を清掃・維持させるときには，専門職員が雇われたときよりも安くてよい仕事がなされる。同時に，地域の人々がその地域を維持するために一緒に働くと市民の共同体意識が強められる。第4章で示したように，自治会への参加が，一般的信頼が高水準であることによって表される高い水準の社会関係資本と関連していることを示す個人レベルのデータも存在する。政府が精力的に調整に努力しているにも拘らず，他の市民社会組織に対する扱いに比べると，自治会に対する政府の支援や促進は顕著である。定義上小さな地理的範囲に限られている自治会は，国家に抵抗することはできず，国家を支援するしかない。

　これまでの章では，文化論者の説明を支持すると思われる点があるが，政治制度による説明への支持の方がより多い。加えて，社会論的・文化論的な説明には，政治学的な説明とは矛盾する欠点がいくつかある。しかし

他の説明と厳密に比較すると，政治学的な説明は，日本における市民社会組織のパターンについて予測するという点で進んでいるといえる。これは，1つの説明が完全に正しく，他が完全に間違っているということではない。文化によって団体の形成とダイナミクスが促進されるという重要な方法を無視して日本の市民社会組織を理解するのは，不完全である。文化による説明は2つの重要な洞察を提供してくれる。第一に，第4章で論じたように，自治会と，日本における社会関係資本の形成についての特徴的なパターンとの間には，文化的な一致があることが論証できる。第二に，後に論じるように，制度的な特徴によって概念と戦略がどのように形成されたかということを強調する文化論的な説明は，政治的な説明と矛盾せず，補完的なものである。

しかし，日本の市民社会の発展について理解しようとするときには，政治学的な説明によって，より大きな分析上の説明力が得られる。さらに政治学的な説明は，市民社会研究において高い評価を受けてきた。

2．歴史の重要性：決定的な転機，「氷河期」と雪どけ

政治制度の枠組みによって形成された市民社会組織について理解することで，日本の市民社会組織の現代的な特性についてだけでなく，その歴史的発展についても理解することができる。日本の戦後の市民社会におけるある重要な歴史的期間にちなんで，これを「氷河期」論と呼ぶ。

(1) 明治時代の重要性：第一の転機

日本の市民社会の歴史において，3つの重要な時期がその後の発展に影響している[1]。すなわち，1896年の民法34条の公布，1970年代の大規模な

---

(1) このうち，第一と第三が「決定的転機（critical juncture）」であるといえよう。Collier and Collier は「決定的転機」を以下のように定義する。すなわち，「異なる国（または他の分析単位）において概して独自の形で起こり，独自の遺産を作り出すと考えられるような，重大な変化の時期」である（Collier and Collier 1991, p. 29）。本書では，他の国で異なる規制枠組みを採用したことの背景にある状況を探求することはせず，事例の比較に留めるが，Collier and Collier によれば，比較はそのような方法でなされることもあり，仮説と対比されることさえある（Collier and Collier 1991, p.

第 6 章　結論：政策提言なきメンバーたち　　201

社会運動のあっけない終焉，1996年ごろに起きた「レジーム・シフト（体制移行）」の時期（冷戦の終結後の日本の政党の大規模な再編によって示される。Pempel 1998 を参照）である。この項では，本書の議論の観点からこれらの時期の影響や政策選択を考察することで，1世紀を超える市民社会の発展についての一貫した物語をいかにすれば組み立てることができるかということを説明しながら，歴史的叙述を行う。日本ではある時点で活発な社会運動が起こったのに，なぜ長期にわたって規制的な枠組みが全く変化しなかったのかといった市民社会についての問いが，この方法に沿って説明される。

　日本を近代化の道へと進ませた明治維新（1868年）の30年後，日本の民法を起草する際に，起草者は，市民社会組織を規制する法的枠組みについての明確な選択を行っていた。（起草者の覚え書を含む）公文書や，革新的な草案についての考察，およびモデルとして用いられたプロイセン法やスイス法との比較から，民法は市民社会組織の組織化に対する高い障壁を設ける意図をもって書かれていることが示される。どの団体が法人格を与えられ得るのかという許可基準と，第34条の「公益」の条件をどうするかという，2つの重要な問題があった。民法の起草者達は，法人格をもつ団体の設立に対するより低い障害（「準則主義」）を選べば，より多くの団体が非常に自由に設立され，活動するという結果になっていたであろうということを知っていた。起草者は，統制を維持するために，より厳格な原則の要素（「法律特許主義」）を組み込むことを選んだ。同様に，その原則は，「公益」という語を用いた強調によって第34条に再び挿入された。これは市民社会団体の設立に関して厳格な制限をおきたいという意図の現れである。この事例については第 5 章で詳細に検証している。同章でも論じているように，市民社会を規制することは（1896年の民法も，1998年の NPO 法も）常に政治過程の一部であった。

　1896年に起草された民法の規定による影響は甚大である。日本の民法の中核となる規定は，ほとんど変わっていない（したがって第34条の改正議

　　29, note 13）。関連する選択肢や議論についての要素があることから，1896年の明治民法の枠組みが，少なくとも実質的な「決定的転機」を構成していると筆者は考える。

論は驚くべきものである)。明治時代 (1868〜1912年) は近代の日本国家の形成における軸となった時代であった。軍部と議会制度とを統合する制度の欠点は，軍国主義の高まりと太平洋戦争の一因となった。市民社会を規制するために当時作られた制度もまた，重大な結果をもたらしている。民法の枠組みの形成は，市民社会の発展段階の中で，決定的に重要な一角を構成している。

　明治時代には政府がそのエネルギーを軍事化と産業化に注いでいた一方で，起草者は意図的に市民社会組織に対する厳格な基準を選択した。戦後においても同じ規制枠組みが存続したが，占領軍の政策によって，社会福祉・宗教・医療・教育の各団体の設立の障壁が低くなった。ここで規制枠組みが，大規模な市民社会団体の成長を抑制することによって，経済復興を促進するために再び機能したのだと論じることもできるであろう。しかしここ数十年，この規制枠組みが不適切なものだと感じる日本人が増えている。この変化は歩みが遅く，予想外のもので，さらに明治時代の枠組みによる長期的な結果だった。

　同様に，財団が市民社会の発展や社会運動の制度化に対する副次的効果をどのようにもっているかについて考えてみよう。Jenkins はアメリカについて考察し，以下のことを見出している。「概して，財団は中道の改革者であり，中道の社会運動や専門職化した団体にその支援を集中させてきた。しかし，財団は，そういった運動を吸収するというよりむしろ，そういった運動が専門職化した構造へと向かうようにしてきた。多くの点で，これは運動にとっての利益となっていて，利益を強化したり，攻撃から身を守ったりすることを可能にしている」(Jenkins 1998, p. 215；財団の役割についての批判的な見方については Dowie (2001) を参照)。

　このように財団に対する規制は，単に財団自体だけでなく，他の団体の支援組織の発展についての含意をも同様にもつといえる。日本の財団が小規模であることは，第2章で示した (日本で最大の財団が，資産規模という点ではアメリカの財団の上位50団体にも及ばなかったことを思い出して欲しい)。財団への制限は小規模な財団を意味するだけでなく，次世代の日本の市民社会組織の制度化と成長を遅らせるという二次的な効果をもたらす。

　団体のライフ・サイクルを決定する要因は多すぎて，ここでは論じるこ

第6章　結論：政策提言なきメンバーたち　　203

とができないが，多くの団体は時間をかけて大きくなり，専門職化される。アメリカではここ50年にこの現象がみられた。団体が大きくなるには時間がかかり，たとえ日本の規制枠組みが一夜のうちに変わったとしても，大きな市民社会組織が発展するには時間がかかるであろう。市民社会団体は，単純に資産や財源・職員を集めるのに加えて，その団体自体と社会全体における市民社会の役割とに対する正当性を蓄積する必要がある。

　図6-1は，過去数十年間に大規模団体がどのように設立されたかを示している。取り上げられている団体は，支出額が年間1千万ドル（10億円）であるすべてのアメリカの市民社会団体と，JIGS調査にある支出額が年間100万ドル（1億円）の団体である。たとえば，支出額が年間1千万ドル以上の日本の団体だけをみるというように，同等の予算をもつ組織同士を比較することもできるであろう。実際，そのような比較は，この図で示したのとほとんど同じ結果を示す（筆者のデータ分析による）。しかし，これまで詳細に論じてきたように，一般的に日本の団体がより小さいことを考慮に入れれば，異なる予算規模での比較がより適切であるといえる。もちろん，時期区分はある程度まで任意である（アメリカのデータと比較するために選んでいる）。戦後すぐの時期には，1990年代末の流動期と同様に，日本で多くの団体の設立がみられた。しかし主要な点は，団体は時間をかけてリソースを集めるということであり，設立からの年数とリソースとの間には関連がある。日本のデータについては，設立からの年数と予算規模と

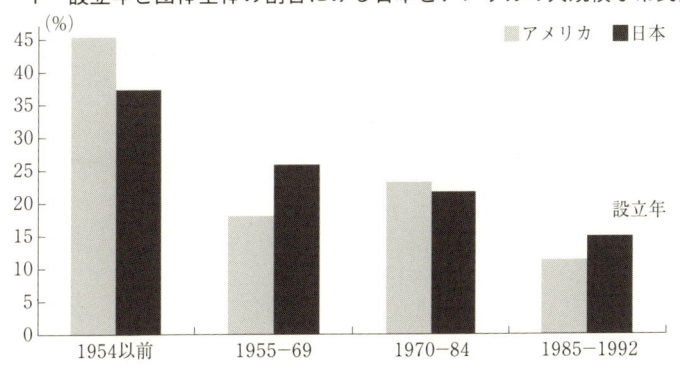

図6-1　設立年と団体全体の割合にみる日本とアメリカの大規模な市民団体

出典：アメリカのデータは Independent Sector（1996, p.241）から引用。データは1993年のもの。日本のデータはJIGS調査（筆者のデータ分析）による。

の間には正の相関があることが筆者の分析から確認されている（有意確率 $p < 0.01$）。団体の絶対数は図6－1のアメリカと日本で異なるものの，この相関関係は両国で維持されている。団体は時間をかけて規模を大きくし，リソースを集める。大きな団体のほとんどは何十年も前に設立されたのである。

明治民法は日本の市民社会の展開に深く影響しており，それがいかに変化を受けつけなかったかということは際立っている。日本人には高水準の教育と収入があるにも拘らず，国際的な比較においては，日本には市民社会団体がほとんど全くといっていいほどないといえる。「脆弱な」日本の市民社会についての実証的な問いによって，日本の地域に根差した市民社会の活力が覆い隠されてきた。実際には，両方の側面の大部分が国家の行動によって説明される。この歴史的遺産は，簡単に変化するものではない。時間が経つにつれて，NPO法や他の規制改革が効果を発揮するようになるであろう。だが，日本の市民社会の規制を根本的に変えるために100年を要したという事実は驚異で，そのことにより制度選択の重要性が強調される[2]。

(2) 市民活動の「氷河期」：第二の転機

次に，第二の転機の議論に移ろう。第二の転機とは，激しい社会運動が起こった1960年代と70年代である。この時期には，安保反対運動のような運動が，日本中で大学のキャンパスや街中を揺るがした。1960年代や70年代初めには強力な環境運動が，ほんの一時的であったかもしれないが，日本の政策を変えるために沸き起こった。これらの運動はどこへ行ってしまったのか。なぜ日本の市民社会は（完全にというわけではないが）静止状態に陥ってしまったのか。本書の焦点は社会運動の高まり自体を説明することにはないが，ここでの議論によって，なぜ社会運動が制度化できなかったのかを説明する。大まかに言って，本書で詳細に述べられているような規制枠組みのために，1960年代や70年代の大規模な社会運動は，それが

（2） もちろん，これは何も変化していないと言っているのではない。そのようなことは筆者の議論するところではない。近年何が変化しているか，またそれはなぜかという詳細の分析については，Pekkanen（2004a）を参照。

標榜していた目的（安保改正の阻止）を達成することができず，制度化もできなかった。見た目には革命状態に近かったにも拘らず，Herbert Passinが1962年の *American Political Science Review* 誌上の論文に日本は「革命の間際にあるわけではない」と読者に警告せざるをえないほどに（Passin 1962, p. 391），抗議が大きく広がっていたということが思い出されるべきである。このような強大な活動があったにも拘らず，安保運動の組織的な遺産は脆弱であった。そしてこれは，組織に対する非寛容的な規制枠組みが原因の1つであった。

実際，社会運動の制度化を多国間で比較することによって，日本の戦後史についての理解が助けられる一方で，本書で強調されている政治学的説明への証拠が明らかになる。同等の規模の社会運動が異なる国で起こるとき，それらの制度化の形態の相違によって，政治制度による説明を検証する方法が示される。政治制度からの議論からは，社会運動の起源や頻度については何もいえない（これについてはMacCarthy and Zald 1977；Tarrow 1994；Zald and MacCarthy 1987を参照）。そのかわり，一般的に政治制度による説明からは，同規模の社会運動が異なる制度的結果をもたらすのは，国家の制度による（直接的または間接的な）影響のためであるということが主張される。これによって，日本では他の先進民主主義国家よりも政治制度による障壁が高く，それゆえ大きな独立した市民社会組織の発展が妨げられるという解釈が支持される。

ここで，環境運動について考えてみたい。アメリカと日本の環境運動には，概して同じ人口割合の成人が参加している（最盛期では6％）（McKean 1981；Broadbent 1998も参照）。日本の団体は，より多くの市民の関心・参加・発言を促進し，日本の民主主義における革新的な発展として賞賛された（McKean 1981）。学者たちはこれを「現代日本の歴史における最も重要でめざましい風潮」と名づけるまでに至った（Krauss and Simcock 1980, p. 187）。しかし今日，アメリカの政治では，環境政策のほとんどすべての側面に関わる，大規模で専門職化した環境NGOが特徴的である。これらの環境NGOには，「DDT禁止運動」の最中の1967年に作られたEnvironmental Defense Fundや，Sierra Clubの元理事によって設立されたthe Friend of the Earth，1970年に設立されたEnvironmental Action，1971年に活動を開始したGreenpeace USAが含まれる（Gelb and Palley 1982）。ロビー活動の多く

の機会と組織設立を容易にする法律によって，NGO は魅力的な選択肢になった。なぜならば，ドイツに見られるような「緑の党」などの環境政党は，アメリカの小選挙区制の下では成功しそうになかったからである。

対照的に，日本の団体は春の雪のように融け去ってしまった。日本の環境団体がアメリカに比べて会員数と予算規模の点で小さくみえるということを示す，表 2-8 (p.65) を思い出して欲しい。最も有力な環境団体を対象とした GEPON 調査が示すところによると，多く (77.7%) の日本の団体が，重要なリソースとしての役割を果たす政策スタッフを抱えていない（筆者の分析と GEPON のデータベースによる）。しかし，多数のアメリカの環境団体が，有能な政策スタッフを最も重要なリソースの1つと認識している（筆者のデータ分析による）。1万5千人の個人会員と1千の団体会員を擁し，50年間という法人格歴を有する日本自然保護協会のように成功している団体でさえ，「主要な政治闘争に公然とは参加しておらず，大きな開発計画に反対もしていない」という理由から批判されている（Griffith 1990, p. 3）。

この結果の相違の理由は，その運動や国の文化の本質におけるバリエーションよりも，制度化へのインセンティブが異なることに関係している。本書の中核的議論に合わせた形でいいかえれば，社会運動の発生や発展だけでなく，社会運動が組織へと向かうという制度化が，市民社会の発展に影響を与える重要な変数だということがわかる。

Miranda Schreurs は，ドイツ・日本・アメリカにおける環境運動の発展について優れた分析を著した（Schreurs 2002）。文化の違いと汚染レベルに基づく議論を否定した後，Schreurs は以下のように強調している。「環境政策共同体の強さと有効性における相違は，制度的構造や，環境アクターに与えられる機会や課される障壁と大いに関係する……団体にとって重要なのは，組織したり動員したりする努力を容易にする特別に与えられた特権のような，財源や技術的・科学的情報，優秀な職員や他の利益へのアクセスである……日本では，環境団体は伝統的に政策決定過程から締め出され，少ない財源に苦しんできた」（Schreurs 2002, pp. 23-26）。Schreurs による環境運動についての知見は，政治制度による説明を支持している。規制枠組みによる障壁や，郵便制度の間接的な影響，そして政策形成過程の本質などのために，日本の環境運動は堅固な制度的遺産を欠いているの

である。つまりこれは政治制度による説明の核となる議論である。

　日本の市民社会活動家は，抗議活動または環境運動のための組織を作る試みを抑止するような，敵対的な環境に直面した。政策転換を実現できなかった以前の失敗とともに，これが彼らの気力をそいだ。次に起こったのは，日本の社会運動や市民社会運動（そしてその組織）が，内向的になったということである。継続的な政策上の成果を得たり，組織として制度化することができないため，より容易にコントロールできるものに焦点を当てはじめたのである。これが，社会全体を改革する代わりに消費者と消費者主義に改革の焦点を絞った「生活者」運動である。しかし，これは政策提言からの撤退も意味していた。いいかえれば，政策や政治や社会をコントロールしようとするよりも，活動家は日本の市民に（消費者としての）自分自身をコントロールするよう促しはじめたのである。この理由から，市民活動家はこの時期を活動の「氷河期」と呼んだ[3]。この言葉はまさに敗北を暗示している。このような形で行われた「生活者」運動をみることは不要というわけではないが，この運動に先行する市民運動の活力と比較すると，不毛で些細なものに思われる。敗北した組織形成者による，最低限の運動であった[4]。

　もちろん，氷河期といっても絶滅を意味しているわけではない。Patricia Maclachlan は，全国レベルの消費者運動が国家に依存するようになり，一方，地域レベルと全国レベルの両方の消費者運動では「独立した市民性」の価値が追い求められたように，いかにして消費者運動が二分化したかを示している（Maclachlan 2003, p. 232；Maclachlan 2002 も参照）。Maclachlan の議論によると，国の政府アクターとの関係において，近年，消費者がはるかに独立的・独断的になっているように，長期的にみて教育アジェンダが成功したと思われる（Maclachlan 2003, p. 232）。Maclachlan の精力的な分

（3）「氷河期」という語については，丸山（1985, p. 61），播磨（1986, p. 12）などを参照。
（4）「不毛」で「些細な」ものというと，ある程度挑発的な言葉のようにみえるかもしれない。安全な食品やきれいな環境のための運動には意義があるということに筆者は同意する。女性たちは弱い政治的立場にも拘らず，ダイナミックで女性中心の運動にも参加している。優れた分析として LeBlanc（1999）を参照。

析は，同書によって，可能な試みよりも「運動家によって提示された特徴的な消費者形態」をより深くつきとめる（Maclachlan 2003, p. 232）。しかし，彼女の研究は，本書の中心的な議論をいくつかの方法によって支持する。Maclachlanは，「日本政治の制度的文脈は，消費者社会のなかの二重構造の発展を形成する助けになった。二重構造とは，全国レベルで政府主導に受動的に依存するものと，地域レベルでより活動的で独立した立場をとるものである」と結論づけている（Maclachlan 2003, p. 32）。Maclachlanが強調する制度的背景が果たした形成の役割は，彼女の国家と地域の「二重」構造についての記述があるように，本書の中核となる議論と共鳴する。さらに，近年の活動の高まりは，制度および政党の変化に焦点をおく本書（およびPekkanen 2004a）の分析と同期する。

　Simon Avenellは，1980年代まで「市民社会の主張者や指導的な活動家は，論争を犠牲にして協働と同意をもてはやし」，そして「1960年代と70年代初めの多くの市民運動に内在する市民社会の論争的なモデルを効果的に批判した」と論じた（Avenell unpublished, p. 4）。Avenellが説明する活動思想の歴史は，1980年代から現在に至る市民活動の思想（idea）の変容が，「市民活動」の正当化及びNPO法に対する思想的な準備をもたらしたことに焦点をあてている。しかし，この時期についての彼の洞察は，本書における制度中心的な説明と両立しうる。

　上述したような発展は，思想と制度の間の相互作用としてみるべきである。これは，文化についての議論によってより理解が深められるという点で重要である。市民活動や市民社会の役割についての思想は，制度（規制枠組み）によって形成される。これによって日本の市民運動が内向的になったことの一部が説明できる。しかし，これらの思想はこの時期における日本の市民社会と市民活動の状態を理解する上でも重要である。いいかえれば，この2つの間の相互作用は，完全な理解をするために必要なのである。

(3)　雪どけ：第三の転機

　第三の転機は，NPO法の制定のころに起きた。これは1995年1月17日の阪神大震災の日から始まるとするのが適切であろう。ちなみに，日本の市民社会活動家の多くも，同じ日を現代における「日本の市民社会の誕生」

と位置づけている。筆者も同日を第三の転機であると考えるが，それは異なった理由による。活動家にとっては，不意の出来事であったとしても，この日は日本において市民社会団体（より正確には個人のボランティア活動）が花開いたことを示している。しかし筆者がこの日を選ぶのは，このとき始まった法律制度の変化のためである（このことについては次節で詳しく述べる）。この変化のほうが，阪神大震災後のボランティアによる自己犠牲よりもさらに重要であると考える。なぜなら，規制枠組みの変化は市民社会の開花を支え，「氷河期」に咲いた温室の花が散ってしまうことを防いだからである。一般的に規制枠組み，特に日本の規制枠組みが変化するのはなぜかという議論が，このことから提起される。

3．ゲームのルールの決定：「規制論争」

　規制枠組みは政治的論争を通して決定される。なぜなら，簡単にいえば政治アクターは市民社会に対する規制枠組みの重要性を知っているからである。第5章では，1世紀以上に互るこの枠組みについての論争について詳細に述べた。多かれ少なかれ規制は文字通りゲームのルールであるから，政治アクターがこの規制を重要だと認識し，それを論議するのは正しい。ゲームのルールは，直接的かつ間接的に，市民社会の発展に大きな影響を及ぼすインセンティブを与える。また，市民社会の規制は，時代や国によって異なることが明らかになっている。調査の視点を先進民主主義国家に絞ってみても，かなり多様である。なぜ国によって市民社会の規制は異なるのであろうか。もっと正確に言うと，先進民主主義国家を通じて，何が市民社会組織に対する規制の多様性を説明するのか。これは重要な問いである。なぜならば，団体活動の範囲や特徴をめぐる政治的闘争においては，実際の政策帰結よりも，アクセスが直接に利害にからむからである。こういった論争は，確立した「ゲームのルール」の枠内で起こるのではなく，それをどのように作るかに関連して起こるのである（Clemens 1998；Powell and Clemens 1998b）。このことは，制度自体が帰結にほぼ相当するものであるというWilliam Rikerの議論を想起させる。結局，市民社会を規制する法的枠組みは，大部分において市民社会の制度化の数とパターンを決定付けている。規制環境は，団体の設立を決定する最も重要な要因である。

　一般的には，いくつかの重要な要因が規制枠組みを決定している。第一

に，政党である。フランスでは1791年（Le Chapelier 法の可決後）から1901年の間，団体設立が非合法であった。この時期の政策は，ルソーが言う「一般意思（volonté générale）」をもつ国家の均衡状態によって最もよく説明されるであろう。そしてそれは，国家と市民の関係にあって，邪魔なものと考えられた二次的団体に対する嫌悪につながった。より最近では1981年に社会党が権力を握り，多くの団体の設立を助成した。社会党は国内レベルおよびヨーロッパレベルで「社会経済（social economy）」の概念を促進し，ミシェル・ロカール政権下で社会経済担当の国務大臣を一時的に任命するまでに至った。また，非営利団体を統合する組織（peak non-profit organization）が奨励された。これらの政策すべての背景にある動機は，非営利団体が集権排除に不可欠な部分として考えられていたということである（Archambault 1997；Levy 1999；Ullman 1998）。日本の自民党のイデオロギーと同様に，1955年から1993年まで続いた55年体制下における長期の自民党政権は，3つの点から重要な要因とみられる。第一に，NPO法の分析による。そこでは確かな反対勢力の存在が自民党の妥協を引き出し，革新政党が非常に激しく変化を押し進めた（第5章を参照）。第二に，フランスの例との比較を通した含意による。第三に，選挙制度の変化と自民党の弱体化後における政党の役割と立場の考察による（このことは後述する）。一般的に，保守政党は市民社会団体に対して寛容な規制を促進しない傾向があり，長期自民党政権によって戦後における規制の均衡状態の一部が説明できる。

　規制枠組みを決定する要素のなかで二番目に重要なものは，市民社会組織そのものである。たとえばアメリカでは，このような団体は，変化を求めるロビー活動に積極的である。1917年のアメリカ税法には個人に対する慈善事業控除が組み込まれていたが，企業が同じ特典を受けるようになったのは1936年のことであった。フランクリン・ルーズベルト大統領はこの控除に反対であったが，共同募金による激しいロビー活動の後，これを黙認した（Hall 1987）。日本では，1898年に公布された民法の下では，変化を求めるロビー活動を行うことができるのはごくわずかな団体に限られ，またこういった団体は行政に吸収されるか，行政と密接な関係を結ぶことが多かった[5]。シーズのような新しいNPOの起こりは，第5章でみたように，NPO法の事例において重要であった。一般的に，利益団体のロビー活

動に対して寛容的な政治制度の下では，規制枠組みが市民社会組織を促進する可能性が高い。

　第三に，制度的要因は，市民社会組織に対する規制枠組みを決定するという点で明らかに重要である。NPO法の事例は，選挙制度の変化がどのようにして政治家のインセンティブを変え，市民社会政策にとって重要な結果をもたらすかということを示している。選挙制度の変化についてのその他の含意については後に論じる。日本では，官僚からの抵抗によっても規制枠組みが説明される。同様に，制度的要因によって，活気があって独立した市民社会組織を促進することへの日本の官僚の消極的な姿勢が説明される。副次的な政府(subgovernment)，すなわち政策共同体(policy community)は，日本政治において特に重要である[6]。脆弱な総理大臣，専門的なレベルで政策決定に干渉する政党，省庁レベルに集中した官僚の権力，政策領域を超えたコーポラティズムに基づいた政治交渉の欠如によって，「日本の政治システムは非常に細分化され区画化されている」(Campbell 1989, p. 6) ことから，これは正しいといえる。さらに，いくつかのパターン化した政策共同体が存在するが (厚生労働省，自民党，日本医師会など)，一般的に日本の政策共同体は，異常なほど浸透している官僚の権力によって特徴づけられる。一部にはこの細分化のため，議題調整を行うにはその政策共同体において強い合意が必要とされる。このような状況 (政策共同体が高く突出していること，そこでの「官僚優位」，議題調整における合意

---

(5)　日本の市民社会団体の数と構成が近年変わり始めているのは，恐らく偶然ではないであろう。辻中・森 (2002)；Schwartz and Pharr (2003)；辻中 (2002a, 2002b, 2002c, 2003)；辻中・崔 (2002a, 2002b)；Tsujinaka and Yeom (2004)；辻中ほか (1998, 2002)；Pekkanen (2004a) を参照。

(6)　副次的な政府についての文献は多数存在する。Walker (1977)；Kingdon (1984)；Heclo (1978)；Campbell (1989)；Campbell et al. (1989) を参照。日本については，Curtis が以下のように述べている。すなわち，「鉄の三角形」という語はアメリカの造語であるが，「日本における政策決定は，アメリカ以上にばらばらの政策共同体，すなわち，さまざまな鉄の三角形の存在によって特徴付けられる」(Curtis 1999, p. 54)。Curtis は他の著書でも，これらの三角形がトップの政治家や官僚によって支配されていると述べている (Curtis 1999, p. 110)。近年変化している政策決定過程の背景の研究については，Pekkanen and Krauss (2005) と Pekkanen et al. (2006) を参照。

の重要性）において，官僚は独立した市民社会団体の設立を妨げる規制を推進する強いインセンティブをもつ[7]。Campbellは理論的なレベルで書いているが，彼による保守的な副次的政府という見方を，日本の市民社会の研究者の多くが，市民社会規制に対する日本の省庁の態度についての適切な描写として取り違えてもおかしくはない。Campbellが言うには，「自らにしがみつこうとする，なれあいの小さな三角形は，独占的な情報，手続きの操作，決定の遅延，単なる固執，その他の受動的な抵抗の方法に依存することが多い」（Campbell 1989, p. 93）。

さらに，まさに日本における政策共同体の重要性をおびやかすような政治システムの細分化が，民法の根本的改正を困難にした。一方，民法第34条に基づいた法人格が省庁の枠に沿って与えられることによって，独立した活動があまりできない利益団体や専門家が生み出され，政策共同体に対する確固とした境界が作られた。規制枠組みによって，Heclo（1978）が述べたissue networkの可能性もまた小さくなっている。

JIGS調査から得られる論拠によって，団体と政府との協議および団体のロビー活動のパターンを明らかにすることで，日本についてのこの見方は支持される。団体はロビー活動をするが，政党だけをターゲットにするのはわずか（5.4％）である。最も一般的なパターンは，官僚だけにロビー活動を行うもの（38.2％）であった（政党と官僚の両方にロビー活動をするものよりも一般的である）。市民団体は政策共同体から利益を得ていない。同様に，政策について省庁や政府機関と協議したことがあると答えている市民団体は，ほとんどない。事実上，市民団体は官僚と共同作業をすることができないのである（Tsujinaka, Pekkanen, Ohtomo 2005, p. 22）。

［例えば，自治会は抱えることができないような］常勤の専門職員を抱えている団体だけが，政策共同体に参加するための代替的な専門技術を発展させることができる（清水2000）。その他の重要な問題は，団体の独立性である。これについての満足できる測定方法が存在しない一方で，日本における市民社会団体に対する規制枠組みには，少なくともNPO法までは，市民社会団体の独立性を制限する多くの制度的特徴が含まれていた。いいか

（7） 官僚は，従順な団体（外郭団体）の形成を推進する強いインセンティブをもつが，こうした団体が日本の団体の顕著な特徴の1つである。

えれば，日本において，独立した団体が規模を拡大することは難しく，大規模な団体が独立を維持するのは難しいのである。

4．日本の規制枠組み：なぜ長い間変化がなく，現在急激に多くの変化が生じているのか

1世紀以上にわたって日本には主要な変化がなかったため，日本ではごく最近まで市民社会組織に対する規制枠組みの多様性についての研究にとって興味深い事例はみられなかった。しかしここ2～3年で，日本は急激な規制変化を経験し，近い将来の更なる変化への議論を生み出した。何が規制枠組みを決定しているかという問題について，説得力のある議論を行うには，長い均衡状態と近年の急激な変化の両方を説明しなければならない。

表6－1は規制枠組みについての主要な（そしていくつかの小さな）変化を示している。すぐ目につくのは，変化が2つの時期に区分されているということである。第一の時期は，アメリカによる日本占領期である。当時なぜ規制の変化が起こったのかということを理解するには，占領軍の計画を見るだけで事足りる。第二の時期は，ここ数年である。ほぼ半世紀の隔たりの後，1998年と2001年に，2つの新しい種類の法人格が市民社会組織のために作られた。1998年のNPO法人は，自発的な法制度の変化を通じて作られた，初めての新しい法人格であるが，たった3年後にはもう1

表6－1　日本の市民社会に関する法規制の変化

	基本法
1896年	民法第34条
1923年	信託法第66条（公的な慈善のための信託に対する規制）占領期の改革
1949年	私立学校法　第3条
1950年	医療法人法　第39条
1951年	宗教法人法　第4条
1951年	社会福祉法　第22条
	最近の改正
1991年	地方自治法260(2)［自治会］
1998年	NPO法
2001年	2001年度税制改革
2001年	中間法人法　第49項
2002年	2001年度税制改革に対する修正
現在	第34条の改正に関する議論

出典：筆者の分析による。

つの新しい種類の法人格(中間法人)が続いて作られている。加えて，2001年には税制上の優遇措置が市民社会組織（NPO法人）に与えられ，2002年にはそれがより寛大なものになった。おそらく非常に重要なことは，第34条の根本的な改正が現在議論されていることである（第5章を参照）。

この一連の変化は，上の歴史的叙述において述べたような，第三の転機の後の時期の顕著な特徴である。これをそれ以前の均衡状態と同様に説明できるものは何か。答えは，少なくとも戦後の均衡状態の時期（1955～96年）と変化の時期（1996年～現在）についていえば，政党政治である。

変化（事例）の数が限られているため，第5章で示したような過程追跡は，立法の変化を促進する要因，もしくはそれに抵抗する要因を理解するのに重要である。また，1998年の後の状況についての分析によっても，政党と市民社会組織と法改正との関係について，多くが明らかになる。小さな革新政党は，NPO法成立に関しては決定的であったが，後の変化や第34条の改正についての議論に関しては重要な要因ではなかった。そのかわり，この議論にとって重要なのは以下の3つの政党である。それは民主党，公明党，自民党である。結論を提示する前に，これらについて考察したい。

民主党は，こういった規制改革を最も強力に支持している。民主党は，社会党から労働組合との強い結びつきを受け継いでいる。また民主党は，NPO法を押し進めた小政党を後継しており，現在日本の最大野党である。その上，民主党は新しい市民社会組織を仲間とみなしており，積極的に支持してきた。例えば，2003年11月の衆議院選挙の選挙期間に鳴り物入りで発行された民主党のマニフェストには，NPOとその社会における役割についての項目が含まれていた。特に，そのマニフェストでは，非営利団体に対する税制上の優遇措置をさらに拡大すること(480倍に増加させ，全NPOの60%を対象とする)，学童保育を提供するNPOの数を2万団体にまで増やすこと，そして（やや曖昧にではあるが）NPOを失業率低下に役立てることを訴えている。また，NPOは民主党の国会議員や党職員の訓練の場になることが多くなっている。2003年の選挙後，民主党の衆議院議員178人のうち12人が市民社会組織出身であった。これは劇的な増加であり，多く（12人中7人）がその11月に当選した1期目の国会議員であった。その他のうち3人は再選された2期目の国会議員であった。民主党の政治家にとっての訓練の場としてのNPOの発展は新しく，規制枠組みの変化に対する

民主党内での支持にとっては,重要な含意をもつ[8]。こういった団体への支持はまた,官僚の権力を縮小させるという民主党の政策綱領と密接に関連している。いいかえれば,民主党は官僚の権力を削いで,市民社会組織に力を与えようとしているのである。

公明党は1967年の発足時から,母体となった市民社会団体である仏教運動団体・創価学会と密接な関係をもっている。また公明党は,福祉政策の分野を開拓するのに伴って,福祉団体との密接なつながりを築いてきた。

NPO法成立過程の歴史を考慮すると,規制枠組みの改正に対する自民党の積極的な姿勢は,民主党や公明党よりも複雑な説明を要する。第34条を改正することや規制枠組みの緩和に対する自民党の関心は,一般的に(1996年に初めて用いられた)新しい選挙制度によるインセンティブに直接由来する。要するに,自民党はNPOを集票のための手段とみなしはじめたのであった。他の組織のもつ集票力の低下と,小選挙区における相対多数の票の必要性を考えると,NPOは魅力的なのである。特に,選挙での勝利に対してますます決定的な役割を果たすようになってきた(そして,自民党がその伝統的な手段で近づくには難しい)。無党派の有権者に対しては,NPOの集票効果は最も有効であった。2004年3月30日,自民党のNPOに関する専門委員会は,NPOからさらに票を集めるためにシンポジウムを主催した。委員長の谷津義男は,自民党がこのような戦略を使って票を集めることを望んでいると認めた(『朝日新聞』2004年6月9日)。2005年3月には,自民党は,東京,仙台,福岡での「タウンミーティング」による遊説に乗り出した。この会議には安倍晋三幹事長代理のような自民党の首脳部が出席し,NPOの指導者とのつながりを強めることが意図されていた(「自民,NPOと意見交換」,『日本経済新聞』2005年4月23日)。もちろん,長い間,自民党の政治家は,票を得るための手段としていろいろな団体を好む傾向を見せてきたし,彼らはそのような考え方でNPOをみるようである[9]。ともあれ,規制枠組みの改正(具体的には民法第34条改正)に対

---

(8) 正確な数値は提示していないが,朝日新聞は「NPO出身の秘書や政策スタッフが,民主党内で増えている」と論じている(『朝日新聞』2004年6月16日)。国会議員の数値は『国会要覧』(各年)から,筆者の計算による。

(9) しかしNPOが自民党に対する票を効果的に集めるには,限界がある

する自民党の積極姿勢は，結局は新しい競争的な政党制や小選挙区での選挙に由来する。いいかえれば，それは民主党との全国的な競争と小選挙区での競争の両方と結びついており，NPOを支持する有権者を標的にしたいという自民党の欲求が引き起こしている。また，それは組織団体を票の動員に利用するという自民党の継続的な選好によっても促進される。規制枠組みの改正に対する自民党の積極的な姿勢は，まさにポスト55年体制の政治的産物であり，市民社会に対する自民党の以前のアプローチとは大きく異なっている。

要約すると，戦後における規制枠組みの変化の欠如と現在の急激な変動は，政党に焦点をあてることによって説明される。この変化への傾向は，さらに加速するであろう。NPOに好意的な立法が増えることは，より多くの資金を有するNPOが増えることを意味する。より多くの金をもつNPOが増えることは，NPOを支持する立法を要求する立法者のインセンティブが増えることを意味する。自民党の国会議員が第34条の改正を議論するという驚くべき事態の出現は，こうした動きの現れである。日本の市民社会の辿る軌跡は永遠に変わり続けていくであろう[10]。

5．政策提言なきメンバー

第1章で触れた，民主主義と市民社会の理論についての2つの流れを思い出して欲しい。社会関係資本と多元主義のことである。日本では，社会関係資本団体が促進される一方，多元主義的な利益集団が阻害されてきた。このことが，結果として「政策提言なきメンバー（多くの人が市民社会団体に所属しているが，そこで専門職員として働く人はほとんどいない）」と

だろう。一つには，自民党を支持するNPOはほとんどない。また，自民党が主張して譲らなかった規定により，NPO法自体が，NPO法人による政治活動や候補者・政党への支持を禁止している。さらに重要なことに，創価学会や労働組合といった他の組織のようなやり方で集票する能力を，NPOはまだ示していない。

(10) 近代化論（modernization theory）的な市民社会の見方で，日本の市民社会がアメリカに将来「追いつく」と思うべきではない。日本の市民社会は，制度的・歴史的遺産によって深く形成され続けていくであろう。順序やタイミングがなぜ政治にとって大いに重要であるかということについての優れた議論として，Pierson（2004）を参照。

いうべき状況になった。この政策提言なきメンバーという現象は、自由民主主義の支持者にとっては、「メンバーなき政策提言（advocates without members）」（Skocpol 1998）よりもさらに大きな関心事になりうる。国家の行為の直接的な要素は、社会関係資本型の市民社会団体の恩恵を得る目的もあって、こうした方向に進められてきた。同時に、官僚は多数の専門職員を抱える団体を不安視する。なぜなら、政策や専門知識を発展させ官僚と競争し、官僚の存在を脅かすのは、まさにこういった団体だからである。

日本の市民社会における「二重構造」は、本書で詳細に述べてきた。特に第2章では、日本の専門的な政策提言の脆弱さが示された。図6－2は、日本の専門的な市民社会セクターの規模をアメリカと比較してみるための、別の方法を示している。この図は、政策提言活動に従事するすべての団体を、被雇用者の数ごとに示している。アメリカの市民社会組織で働く専門職員のほうが合計で多いだけでなく、団体の平均規模も同様に大きい。政策提言活動に従事する日本の団体の多くは小規模で、4人以下の被雇用者しか抱えていない。アメリカの団体は多くの職員を抱える傾向が非常に強い。

市民社会は民主主義について議論する際にたびたび触れられるため、日本の市民社会における二重構造が日本の民主主義にどのような結果をもたらすのかという問いは重要である。日本の地域型の市民社会団体は社会関

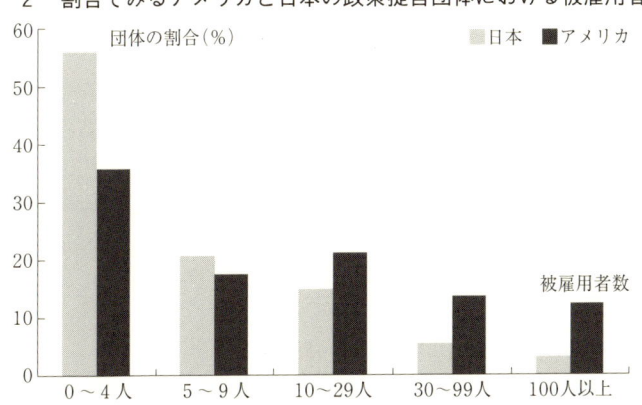

図6－2　割合でみるアメリカと日本の政策提言団体における被雇用者数

出典：辻中・崔 2002b, p.298より算出；N＝1250（日本），659（アメリカ）。
日本総合研究所 2003, p.147. N＝607.

係資本を維持し，効率的な統治を促進する上で欠かせない。しかし，その比較的小規模の専門職化した市民社会は，市民社会からの声が政策レベルにはほとんど届かないということを意味する。独立性を保ち，国家を監視し，批判的な見解を提示し，新しい政策アイディアを提案できる能力をもつ市民社会組織はほとんどない。そのかわりに，企業や国家の影響力が比較的大きい。これらの結論はどれも日本研究者にとっては，特別驚くべきものではない。むしろ本書では，日本の民主主義がなぜ沈黙したようにみえるのかということの説明を試みており，またそれが文化的に必然なことではなく，政治過程の帰結であると示すことを試みている。

第4章では，自治会がいかに多様な機能を果たし（表4-1），政府の活動を支えているか（表4-2）を詳細に論じた。その性質から，自治会はこの種の地域社会構築と政府支援に携わるのに特に適している。しかし，専門職化した政策提言活動を自治会が行うことは構造的に不可能であるため，非常に多くの自治会や社会関係資本があっても，日本における政策提言の欠如が改善されることはなかった。

日本の市民社会団体が公共の議論に与える影響がいかに限られているかを理解する1つの方法は，日本をアメリカと比較することである。アメリカでは新しい公共政策提言団体の出現がみられる。それらは（業界団体や労働団体のように）「会員や財政支援者の職業的・専門的な必要性を組織基盤としていない，政治的利益団体」（Berry 1998, p. 369）である[11]。このような団体の例には，AARP や NRA, NOW, Public Citizen, Eagle Forum, the Environmental Defense Fund が含まれる。これらの団体は時にメンバーの便宜を図ることもあるが，主な機能は政策提言である。筆者がスタンフォード大学出版会に本書の原稿を送った，2005年7月の新聞の見出しにあった例を論じよう。第1章で描いた，老人向けの組織についての日本とアメリカとの比較を思い出して欲しい。アメリカにおける社会保障改革をめぐる政策論議は，筆者が本書を執筆している時点ではまだ進行中であるが，AARP が政策形成過程における主要なプレイヤーであるということはすで

---

(11) Berry はこのような団体を「市民団体（citizens groups）」と呼んでいるが，日本の市民団体との混同を避けるために，ここでは政策提言団体（advocacy groups）と呼ぶ。

第6章 結論：政策提言なきメンバーたち　219

に明らかである。第1章で列挙した統計や，「客観的かつ，適切で，時節に適し，信頼できる政策研究・分析を行うため」に1985年に創設されたAARPの公共政策研究所を考えれば（AARPウェブサイト，http://www.aarp.org/research/ppi/about ppi.html 2005年7月13日取得），これは驚くべきことではない。筆者自身，『AARP Policy and Research Update』と題された，社会保障だけではない幅広い範囲の政策や立法を取り扱っている，AARPの電子会報を購読している[12]。日本の老人会はAARPと同程度の会員数を抱えているが，2003年の大きな年金改革についての議論に対して公に政策提言をすることはなかった[13]。これらの政策提言団体が「多数の支持者を動員することに成功し，国家の利益団体システムが，アメリカ国民の利益をより反映するものにしてきた」とBerryは主張する（Berry 1998, p. 370）。これらの団体は有力になるために多くの専門職員を必要とするが，日本において非常に厳しい法的・実務的なハードルに直面するのは，まさにこのタイプの団体なのである。日本の枠組みの背後にある意図が，こういった団体が政策決定過程において影響力をもつことへの恐れから，そのような団体の設立を妨げることにあるとしたら，アメリカの事例にみられるように，この恐れがよく事実に基づいていることが分かる。

　アメリカでは，このような政策提言団体は，議会の公聴会で証言を行う利益団体の最も典型的なタイプである[14]。さらに，このような政策提言団体は，他のどんなタイプの団体よりも，はるかに頻繁にメディアに取り上げられる。報道における利益団体についての記載のうち，専門家団体は

---

(12) 2005年7月12日号の会報（1巻2号）11項目のうち，年金を扱っているのはたった2項目だけだった。他の記事には以下のようなものが含まれていた。「上院によるメディケアの提供者への報酬を立法化することをAARPは支持する」，「ミシガンの長期介護：45歳以上の有権者調査」（ミシガンの住人ではなく，登録された有権者についての調査であるのは，偶然ではない），「老年労働者についての最新情報」。

(13) Pekkanen（forthcoming）を参照されたい。AARPは政治団体と調査の情報源の両方として，頻繁に報道記事に登場している。他方，全国紙に記載される日本の団体は経済団体（すなわち，経団連や労働組合）であり，「日本版AARP」（年齢差別をなくす会）や老人会ではない。

(14) 1991年に証言に呼ばれた団体のうち，31.8％が政策提言団体である（Berry 1998, p. 376）。

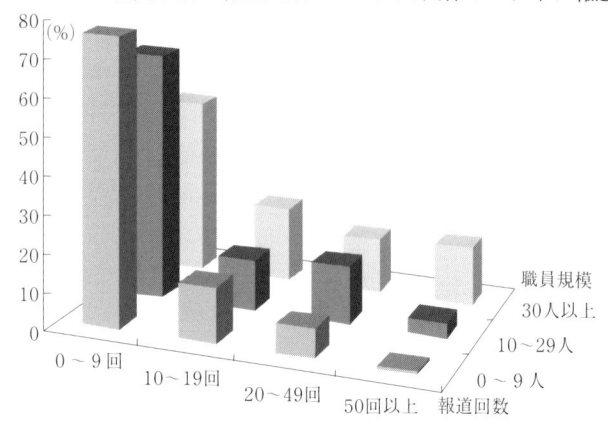

図 6 − 3　職員規模と報道回数にみる JIGS 団体のメディア報道

出典：JIGS 調査データセット（筆者のデータ分析による）；N=1092。

26％，業界団体は23％であるのに対し，政策提言団体は40％を占めている。労働組合，退役軍人組織，教会組織その他の団体はたった 8 ％である（Berry 1998, p. 387）。

　日本の市民社会を「政策提言なきメンバー」と特徴づけることによって，市民社会団体が政策提言者として有効に機能していなかったという事実が強調される。これは農協や日本医師会のような利益団体が無力であったと主張するものではない。むしろ，限られた数の産業・専門家団体を除けば，有効な政策提言団体が欠如していることを強調するものである。概して，日本の市民社会団体は公衆の議論の場に目立って現れることはない。例えば，2001年における政治問題についての朝日新聞の記事を例にあげると，個々の企業の名前についての記載が，どの市民社会組織に対しても約 2 倍以上であったことが示される（筆者のデータ分析による）。いいかえれば，政治についての公の議論の場では，企業が市民社会団体を遥かに凌駕しているのである。

　同様に JIGS データでも，団体の職員規模とメディアに取り上げられた回数との間には相関がある。もちろん，これは調査・研究がメディアで報じられるということと同じではないが，専門職員の規模と団体やその考えの認知度の関係を示す指標とはなる。図 6 − 4 は，この関係を図示している。小規模団体（職員数 0 〜 4 人）は報道されることが，もしあったとしても，

図6−4　出所にみる日本とアメリカの新聞における調査・研究

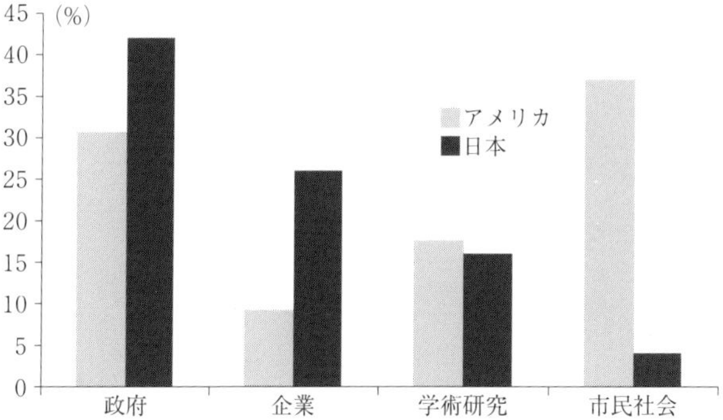

[棒グラフ：政府 アメリカ約31%／日本約42%、企業 アメリカ約9%／日本約26%、学術研究 アメリカ約17.5%／日本約16%、市民社会 アメリカ約37%／日本約4%]

出典：アメリカの1995年のデータは（Berry 1998, p.379）を筆者が加工。
日本のデータは朝日新聞と日本経済新聞（2001〜2002年）から集めた
筆者のサンプルによる。

非常に少ない。圧倒的多数（76％）がごく少数回（0〜9回）しか取り上げられず，50回を超えると答えたのはごくわずか（1％未満）である。しかし大規模団体（職員数30人超）は，概してより目立つ存在として特徴づけられる。JIGSデータでは，被雇用者数とメディアによって報道された回数の合計の間には正の相関（有意確率 $p < 0.01$）がみられた（筆者のデータ分析による）。

さらに，アメリカの政策提言団体は，メディアを通して効果的にその調査・研究を公表する。専門職員は，独立した調査・研究を行うために不可欠である。団体はその能力を発展させたために，議論の場において目立った存在になることに成功してきた。アメリカの新聞は，さまざまな出所の調査・研究を公表する。政府による研究は，他のどんな研究よりも頻繁に特集される（新聞に特集されるすべての記事の30.6％）。しかし，政策提言団体は，メディアに取り上げられる調査の19％を占めており，新聞において2番目に目立つ調査・研究主体である。これは学術的な研究の17.6％さえをも凌ぐ。独立系の研究所が10.2％，企業が9.3％である一方で，シンクタンクはたった5.6％しかない（Berry 1998, 379）。

調査・研究を行うことのできる専門職員を抱える日本の組織はほとんどないために，日本の市民社会団体が，その視点や調査・研究に対するメディアの関心をひきつけるという点で有効に機能していないということが理解できる。図6−4はこの点を視覚化している[15]。アメリカの市民社会組

織が広く報道されていることに比べると，日本の市民社会組織による調査・研究がメディアによって報道されるのは，著しく少ないといえる。

日本では，ニュースになるような調査・研究の，最大の生産者は政府（42%）であり，アメリカの新聞でアメリカ政府が占めるよりも大きな割合を占める。興味深いことに，学術研究の割合は両国において同程度である。だが，日本の制限的な市民社会組織の能力と目立つ企業の声との間で，乖離が明らかである。

ゲームのルールを形成することによって，（専門知識を発展させることができるかできないかということと同様に）国家は誰が参加できるか・できないかを決め，それが政策帰結に影響を及ぼす[16]。アメリカにおいてますます目立つ存在となっているこの種の公共政策提言団体は，主に規制枠組みのために，日本では少ない。この少なさは，独自の調査・研究を行ったり，そうでなくても公衆の議論や特定の政策論議に対して影響を与えたりするこの種の団体が，限られているということを意味する。日本の政治制度は，市民社会が声をあげにくい状況を作り出してきた。独立した力強い市民社会組織が存在し，政治的な争いに参加する位置にいないことが，ルールによって決められている。これは，市民社会組織が抑圧されていて，政治的な争いに参加しても無視されるということではない。必ずしも市民社会組織が公衆の意見を形成したり政策帰結に影響したりする力がないわけではないが，こうした見方は正しいと筆者は強く主張する（そして多く

---

(15) アメリカのデータはBerry（1998）による。日本のデータは，2001～02年の『朝日新聞』と『日本経済新聞』のサンプルについての筆者のデータ分析による。日本の「企業」カテゴリーには，通常は企業と関連しているため，シンクタンクが含まれている。日本の「市民社会」カテゴリーには，すべての市民社会団体（公益法人，NGO，NPO，市民団体，専門家団体）が含まれている。アメリカの「市民社会」カテゴリーには，政策提言団体（市民団体とも呼ばれる），独立系の研究所，貿易団体，他に，労働組合，職業団体，その他の分類が含まれている。

(16) 市民社会団体に対する規制は，社会的変化の本質に影響を及ぼすために，意見を受け入れるものの，反対勢力の主張を制度化させないという方法でそれを行うという，日本の官僚の典型的なパターンとしてみられているものとうまく調和するかもしれない，Pharr（1990）およびUpham（1987）を参照。

の証拠によってこの観点が支持されている）。道徳的な問題についての政策論争を考えられたい。アメリカを含め多くの国では，宗教団体の形をとる市民社会団体は，妊娠中絶や安楽死のような道徳的な次元をもつとみなされる問題についての公衆の議論に，大きく影響を及ぼす（Hardacre 1991, 2003）。日本には宗教団体が多数あるにもかかわらず（表２−１を参照），これが当てはまらない。他の例としては，女性の問題についての政策変化があげられる。本質的には無力であるが，1986年の男女雇用機会均等法は，職場における男女の平等を保証した。女性団体がこの法案を政策課題にするのを先導したと考える人もいるかもしれない。しかし実際は，1975年の「国際女性年」に日本が署名した国連の差別撤廃宣言を遵守するために，官僚が推進したのであった（Pharr 1990；Upham 1987）。環境問題についての例をあげると，1971年の国会が「環境国会」と呼ばれるようになった包括的な公害防止法案を考えられたい。日本では1965年から1975年の間に何千もの環境団体が現れたが，公害防止法案を政策課題にあげるという点では役割を果たしていなかった。これらの団体は地域的で，互いの連携を欠いていた（Pharr and Badaracco 1986；Upham 1987）。同様に，京都議定書の成立を先導したのは，日本の環境団体ではなく，官僚であった（Reimann 2001a, 2001b, 2001c, 2002, forthcoming）。また，日本の市民社会団体の影響力は，捕鯨から人権（たとえば，在日韓国人の指紋押捺；Shipper 2002 を参照）に至るまでの問題においても限られている。

　日本の不法外国人労働者の事例は，これが実際どう機能するのかを示す非常によい実例であり，詳細まで議論する価値がある。Shipper は，活動的な市民社会団体が，1980年代から1990年初めにかけて，メディアを通して日本人の外国人に対する認識に影響を与えようとしていた過程を説明している。1983年から2003年の間に，5大全国紙（朝日，読売，毎日，日本経済，産経）は，日本で不法滞在をしている外国人労働者を援助するのに力を注ぐ市民社会組織について，1221の記事を報じた。これらのメディアの記事は，個人の物語やそういった労働者の苦境を強調しており，彼らに同情的であったり，援助している市民社会組織を崇高な行いに携わっているように描いていた。要するに，不法外国人労働者についての「解釈」は，主として市民社会組織によって推進された。メディアの報道は，日本社会における外国人労働者の情報だけではなく，彼らを取り巻く複雑な社会的

現実を解釈するための枠組みについても，そのような団体に頼っていた。しかし，その市民社会団体が成功したのは，一時的に情報の乏しい問題分野が存在したからにすぎないのである。

　1997年，警察庁は外国人の犯罪を強調する戦略に着手した。この戦略については，2つのことを記しておくことが重要である。第一に，この戦略はメディアに対して公式の統計を示すことによって行われたということである。たとえば，警察白書は外国人による犯罪を見出しに取り上げた。これが，メディアを通して直接的に（時に全く同一の言葉で）伝えられた。第二に，その統計は，外国人による犯罪が増加傾向にあるという印象を強く持たせるような方法で示された。それは，不法滞在自体を犯罪とみなし，その数を計算するという典型的な統計データの操作によって外国人犯罪者数を膨張させた。押し寄せる外国人による暴力的な犯罪についての警告という恐ろしい見出しにもかかわらず，不法滞在以外の犯罪で逮捕された外国人の数は，実際は1993年から1998年までで毎年約5％ずつ減少していた（Shipper 2005, p. 306）。いいかえれば，日本の一般国民の安全に対する危機や増大する脅威として外国人を描くという警察の戦略は，必ずしも警察のデータによって支持されていたわけではなかった。

　しかし，警察の戦略は魔法のように効いた。「外国人犯罪が再び増加」と派手に書き立てる見出しによって，人々の想像と公の議論に影響を与えた。それはまた，日本人の外国人労働者に対する見方を形作り，市民社会団体がそれ以前の15年間に作り上げてきた見方と全く異なるメッセージを洪水のように流した。1990年代初めの頃は，世論調査においておよそ3分の2の日本人が，外国人に好意的であったが，1990年代半ばまでに，不法外国人労働者に対する厳重な取り締まりへの支持が劇的に増加した。同時に，日本人の外国人に対するイメージは悪化しはじめた。外国人が近隣の安全と雰囲気とを悪化させると信じる日本人の割合は急激に増え，外国人の権利は保護されるべきであるという人の割合は急激に減った（Shipper 2005, p. 324）。政府のメッセージは，異なる見方を示す市民社会組織のメッセージをかき消して，劇的に世論を形成した。これは，政府が情報の最大提供者であるという主張を示す実例の詳細な記録である。日本の市民社会組織は，一般的に世論に影響を与えるための十分なリソースを持たず，国家のリソースに対抗することができないのである。

第6章 結論：政策提言なきメンバーたち

　筆者が強調したいのは，市民社会団体が政策形成に対して何の影響力も持たないということではなく，むしろ他国の市民社会組織よりも影響力が弱いということを言いたいのである。優れた事例分析の多くが，政策形成に対する市民社会組織の影響力について論じている（Aldrich 2005 ; Chan-Tiberghien 2004 ; Peng 2004 ; Shipper 2001）。第1章で述べた，比較分析と通時的分析との間の違いはここで重要になってくる。今日の日本の市民社会組織は，数十年前よりも強い影響力を行使しているのかもしれないが（Pekkanen 2004a を参照），これは他国の市民社会組織と比較して影響力があるということを意味しているのではない。実際，日本の市民社会組織は，比較的影響力が限られていると自ら認識していると思われる。JIGS調査では，政策に影響を及ぼす（または政策を変更させる）ことに成功した経験を団体に尋ねている。日本でそのような成功の経験があると答えたのは，たった14.3％の団体である。この割合は韓国よりも低く，ドイツ版JIGS調査でドイツの団体が答えたもの（32.5％）の半分以下，ロシア版JIGS調査でロシアの団体が答えたもの（46.5％）の3分の1である。また，日本の団体の回答では，政策阻止の成功経験も少ない（6.5％）。これも，韓国の団体（11.1％）よりも少なく，ロシアの団体（21.2％）やドイツの団体（26.3％）よりもさらに少ない。少なくとも，団体自身の成功についての認識からみると，日本の団体の政策形成に対する影響力は絶対的にも比較的にも大きいとは言えない。

　こうした見解に対してありうる反論は，日本の団体は公共政策に関心をもっていないというものである。しかし，これに直接関連する設問をもつJIGS調査が明らかにするように，これは正確ではない。その設問では，公共政策領域を22個に分類し，団体がそれらの政策領域に関心があるか否かを次のように尋ねた。「国や自治体の政策のうち，あなたの団体が関心のある政策や活動分野はどれにあたりますか」。ほとんどすべての組織が，22の公共政策領域のうち少なくとも1つには関心があると答えた。このような結果は，これらの組織（無作為に選ばれ，それゆえ大きな団体のみを含んでいるということはない）すべてが公共政策に関心をもっているということを示している。このことから，市民社会組織は一般的に公共政策に関心をもっており，日本の市民社会組織も確実に公共政策に関心をもっていることが示される（Tsujinaka, Pekkanen, Ohtomo 2005, p. 12）。

JIGS調査の他の設問では，政策に対する他のアクターの影響力についての評価を組織に尋ねている。すなわち，「下記の諸グループが日本の政治にどの程度の影響力を持っていると思いますか。1から7の尺度で示してください（7が最も強い）」という設問である。この調査は，実際の影響力についての「客観的な」尺度というよりは，団体の認識に頼ってはいるものの，これらの団体は政策形成過程に深く関わることが多く，誰が権力や影響力を持っているかをよく知っていることがわかる。これはある意味で，影響力をもっているのは誰かということを研究者が尋ねる事例分析において行われるインタビューに重なるところがあるが，より大きな尺度からの調査といえる。こうした調査の結果から，JIGS調査の対象となった団体が考える日本で最も有力なアクターを格付けしたり，韓国，ドイツ，アメリカでのJIGS調査から得られる順位と比較したりすることが可能である。中央官僚の平均値は最大7のところ6.32で，日本では最も有力な存在だと認識されている。官僚の真のライバルは政党（6.12）だけである。女性団体が最も弱い（3.42）と認識されており，「NGO・市民運動・住民運動団体」のカテゴリー（3.48）や福祉団体（3.49）は辛うじてそれを上回っている。外国の政府は有力（5.18）だとみなされており，農業団体（5.22），メディア（5.32），大企業（5.38），経済・経営者団体（5.65）のようないくつかの重要な国内のプレイヤーと近いレベルである（Tsujinaka, Pekkanen, and Ohtomo 2005, p. 24）。

これらの格付けは，JIGS調査の対象団体の世界観を反映しており，それ自体興味深いものである。しかし，これは比較の観点においてもまた興味深い。上述した他の3カ国と比較すると，日本において官僚，農業団体，外国の政府，国際機関，外国の利益団体は，遥かに高いスコアを示している。地方政府は他の3カ国よりも日本のほうが少しだけ高い。メディア，労働団体，消費者団体，NGO・市民団体・市民活動団体は，他の3カ国と比べると日本では低い。女性団体と文化人・学者は少しだけ低いか，ほぼ同じである。政党，経済・経営者団体，大企業，社会福祉団体は，日本でも他の3カ国と似たような格付けである。この相対的な影響力の認識は，もちろんそれ自体では決定的ではないが，ここで示されている他の証拠とまさに一致している。

6．結論

　1世紀以上前の民法の枠組みのために，市民社会に対する日本の規制枠組みは，自治会に最も顕著に表れているように，多くの小規模な地域型団体の形成を促進し，大規模な専門家団体はほとんど形成されなかった。専門職化した団体の形成が促進されたのは限られたセクターのみであった。第１章で展開した政治制度からの議論がこのパターンを最もよく説明するものであり，それゆえ，市民社会の研究者にとっては非常に重要である。規制枠組みは国ごとに異なり，その理由については既に説明した。また規制枠組みは，同じ国であっても時代によって異なる。19世紀末に作られた制度下，大規模な専門家団体を制限するというロジックが貫徹され，それによって自由な規制枠組みでの潜在的なロビイストの数も制限された。１世紀後，この規制枠組みに対する初めての主要な変化が，1998年のNPO法という形をとって起こった。将来的には変化と継続の要素が，バランスよく共存することになるだろう。1998年のNPO法，2001年の中間法人法，2001年と2002年の税制改革は，日本の規制枠組みを変えていく自己存続的な変化の一部である。政党制度や選挙制度の変化が，この進歩の根底にある。2004年までに，日本には既に１万６千の新しいNPO法人が生まれている（これは，日本の市民社会の成長に対する規制を自由化することの重要性についての証拠であり，見方を変えれば，市民社会を形成する際の規制枠組みの重要性についての証拠であるといえる）。しかし公の議論を形成する国家の重要性と，政治経済における官僚の優位性に対する頑なな態度が変わらない限り，行政指導と法令の限定的な解釈は規制枠組みの特徴になり続けるであろう。

　他の事例以上に，日本の事例は市民社会の発展を形成する際の国家の根本的な重要性を示している。国家と市民社会の関係は，単純な対立関係としては認識できない。むしろ，その関係の背後にある複雑な背景を通してみなければならない。国家と市民社会は，相互に影響を与え，時間をかけて互いを形成しあう。19世紀後半の日本の政治制度によって，専門職化されない市民社会という大きな遺産が残された。20世紀には，政治アクター（主に官僚）が，効率的なガバナンスを容易にするために，小規模な地域型市民社会団体の発展を促進した。しかし20世紀末でさえ，市民社会団体は

世論を効果的に形成する力をもたず，日本の市民社会のメンバーの多数は効果的な政策提言をできないままにさせられている。日本の市民社会は，主に政治制度の影響によって作られた二重構造によって特徴づけられたままである。

　最近の研究で，Putnam と Skocpol は，政策提言団体の成長についての Berry による実証的な知見に同意している。しかし，両者とも，この発展についての楽観的な見解は共有していない（Putnam 2000 ; Skocpol 1999）。Putnam は，これが市民参加を萎縮させる深刻な問題であると考える。Putnam は，「ワシントンに本拠をおく新しい組織の活力は，アメリカの地域社会における社会のつながりと市民参加の活力の指標としては信頼できない」と警告する（Putnam 2000, p. 52）。例えば，グリーンピースは1990年にアメリカ最大の環境団体の地位を得るまで，積極的なダイレクト・メールによる勧誘を行ったが，その後こういったテクニックを縮小したところ，1998年までにグリーンピースの会員数は85％まで落ち込んだ（Putnum 2000, p. 53）。Putnam は，団体への参加を通した市民参加が，民主主義的な性質を繰り返し教え込み，公共問題についての討議のための場としての役割を果たし，公共生活への積極的な参加といった市民の美徳を浸透させることによって，民主主義を支えていると主張する。しかし Putnam は，メンバーが参加しないでただ小切手を書くだけの政策提言団体は，市民団体や他の団体への積極的な参加が果たすような，市民参加の構成要素としての役目を果たさないと指摘する。いいかえれば，メンバーが活動に参加しない団体は，それ自体では民主主義を維持しない。さらに彼は，メンバーによる活動の欠如によって，実は民主主義が蝕まれているのかもしれないと主張する。メンバーは政策提言団体から，「支出に見合うだけの価値」以上を得ているのかもしれないと Putnam は認める。NAACPのような団体に小切手を書くことは，個人の政治的課題を提案するには時間的にも効率がよい方法であり，その意味で市民団体に個人が自ら参加するよりは効率的であるかもしれない。しかし爆発的に増えるワシントンでの政策提言団体は，理想的な市民社会を育んではいない。Putnam は，「極端な政治的立場を取るアメリカ人は，より市民団体に従事する一方，中道にいる人は脱落する傾向がある」と警告する（Putnum 2000, p. 342）。中道の市民による不参加は恐ろしい代償になり，妥協のない，さらに高度に分極化した議論につな

がりうる。

　Skocpol もまた，ワシントンに本拠をおく政策提言団体の急増について記している。階層を越えた大規模な任意団体の衰退に結び付けて，彼女はこの発展を「メンバーなき政策提言（advocates without members）」と名づけている（Skocpol 1998）。Putnam と同様に，彼女は危惧すべき多くの帰結について考えている。例えば，特権的な出自をもつ人々が，政策提言団体の中で，恵まれない境遇の人と相互に影響し合うことがよくある。しかし，最近よくみられるタイプの団体では，こうした交流が阻害されている。より深刻なことに，こうした交流の衰退が政治における「極端な声を誇張」することがある。政策提言団体はメディアへの露出を必要とするが，対立する団体の間の衝突は，メディアの報道にとって格好のエサである。さらに財団は，激しく対立する問題について，明確に立場を表明している団体を支持するのに積極的である。アメリカ最高裁判所判事サンドラ・デイ・オコーナーが退職声明書を仕上げる直前に，争点の両側にいる市民社会組織は，彼女の後任者について口をはさんだ（筆者がこれを書いているときには，まだ誰も任命されていない）。日本の裁判官の任命はアメリカよりも政治化されているが，日本では裁判官の引退にあたって同様の論争は起こらない。Skocpol は，政策提言団体の急増がアメリカ政治からの中道の脱落を意味しているという Putnam の不安を共有しているようである。

　では，日本の現状をどうみるべきなのか。アメリカの強力な市民社会の粗悪な模倣だと長い間みられてきたが，日本はそれを改善してきたという考え方を採用すべきなのか。アメリカの研究者は，特殊な利益団体が増えるとともに，社会関係資本の恩恵を封印していることを嘆いている。日本と比較することによって，この点に光を当てることができる。日本をみて，利点が少ないということは，多すぎるよりも劣ると言うアメリカの評論家もいるかもしれない。あるいは，市民社会における日本の状態は健全であり，これがまさに民主主義が促進される最善の方法であると考える研究者もいるかもしれない（多元主義でなく社会関係資本のためにではあるが）。日本では，Skocpol や Putnam が危惧したような政治論議の分極化は，脅威とはいえない。政策提言団体が欠如していることによって，アメリカで起こったような厄介な結果は起こらず，また自治会によって日本政府の行政効率が向上している。政策形成過程に影響を及ぼす AARP のような強力な

団体のかわりに，日本のお年寄りは多くの小規模な地域の老人会に組織され，政策提言はしないが，(第5章で論じたように) 社会関係資本を維持している。日本にはAARPがないが，アメリカにはないような自治体と老人会がある。

　一部のメンバーの意見を無視してしまう欠点があるものの，日本では不協和音的で破壊的な政治の分極化が回避されていると論じる人もいるかもしれない。しかしこのような方法で物事を評価すると，別の問いが起こってくる。どのような構成の団体がメンバーにとって，また政治にとって，より役立つのであろうか？　日本を市民社会の発展が阻害された事例としてみるのではなく，日本が本当に市民社会を改善してきたのかどうかについて，今一度よく考えなければならないのであろうか？

訳者あとがき

　アメリカの政治学において，日本政治が大きく注目を集めたのは80年代から90年代の初めにかけてのことであった。当時の日本政治研究をリードしたJapanologist達の弟子にあたる新しい世代の日本政治研究者達の台頭が近年目覚しい。本書の著者であるロバート・ペッカネン教授も，そうした若手研究者の一人であり，市民社会や政党政治の優れた研究で高い評価を集めている。この度，ペッカネン教授の記念すべき処女作の日本語訳を担当させてもらうことになったのは，訳者にとって望外の幸せである。

　訳者は現在ワシントン大学大学院政治学研究科の博士課程に在籍しており，ペッカネン教授の指導の下で博士論文を執筆中である。ペッカネン教授は，訳者にとって政治学の師であるだけではなく，兄のように信頼できるメンターでもある。どんな時も弟子の成長と将来を気にかけ，あらゆる支援を惜しまないペッカネン教授に，この場を借りて心からお礼申し上げたい。

　翻訳にあたっては，優れた研究書である原書の素晴らしさを日本の読者の方々に伝えるべく細心の注意を払ったつもりだが，文中に誤りや不明瞭な点などがあれば，それは全て訳者の責任である。2006年7月にアメリカで出版されたばかりの本書の日本語版が，異例の速さで刊行できることは多くの方々のお力添えの賜物である。今回のプロジェクトで，訳者が特にお世話になった以下の方々に深く感謝の意を表したい。訳書出版に多大なご尽力をいただいた筑波大学の辻中豊教授，訳者の拙い原稿に懇切丁寧な校正をしてくださった木鐸社の坂口節子様，翻訳にあたって多くの貴重なアドバイスをいただいた学習院大学の福元健太郎教授，翻訳作業をいろいろな面でサポートしてくれた頼れる後輩である京都大学大学院生の藤村直史君。そして最後に，いつも幸せと安らぎを与えてくれる妻の智恵子と息子の日護に心から感謝したい。

佐々田博教

付録　データセット

JIGS データセット

　本書では，日本における利益団体調査（JIGS）データセットの分析が使われている。市民社会組織と利益団体の国際比較調査は，筑波大学を中心とした辻中豊が率いる6人の研究者チームによって行われている。同チームは，1997年に東京都と茨城県の1,600以上の団体に対して36の質問と260の補足質問を含む調査を行った。さらに同チームは，日本の専門家と現地の協力者の協力を得て，同様の調査をアメリカ，韓国，ドイツ，中国で行った。この調査は，電話帳（日本ではNTTのタウンページ）を使い任意に抽出したサンプルを対象にしている。全ての団体が電話を持っているわけではないが，このサンプリング方式では法人格のない団体も対象となっている。したがって，この調査は政府のデータよりも包括的で，他の調査では無視されがちな多くの団体も対象に含んでいる。調査対象の全体数は，東京都と茨城県のNTTのタウンページ（職業別電話帳）の「組合および団体」の項に記載されている23,128団体である。このうち，東京都の団体は21,366，茨城県の団体は1,762である。

　JIGSチームは無作為抽出法を用い，質問票を郵送した。質問票の郵送にはいくつかの長所がある。例えば，団体のデータを収集する費用が，他の方法に比べて比較的少なくてすむ。さらにこうした方法は，詳細な事例検証やインタビューを行った場合よりも，調査の範囲を遥かに大きく広げることが出来る。つまり，この方法ならばlarge-Nの調査を行うことが出来るのである。質問票を郵送する調査方法の一番の欠点は，調査自体の有効性を疑問視させるほどに回答率が低いということである。しかし，JIGS調査は非常に高い返送率（平均40％）と非常に高い回答率（平均70％）を得た。この調査では4,247団体（うち東京都3,866団体，茨城県381団体）に質問票を郵送し，1,638団体（うち東京都1,438団体，茨城県197団体）が質問

票を返送してきた。質問に回答したのは，主に団体の代表や事務の担当者であった。有効返送率は，東京都で37.2%，茨城県で51.7%であった。調査チームは，東京都のタウンページに記載されている全団体の6.7%（茨城県は11.2%）から回答を得た。これはかなり大きなサンプルであると言える。この調査が，本書では市民社会組織とはみなされていない経済利益団体も含むというのは重要な留意点である。しかし，このデータはそれらの団体を選別することが出来るほど詳細なものである。表A－1はJIGS調査の対象団体の内訳である。

辻中はJIGSと同様の調査を1997年から2005年の間に他の国（アメリカ，韓国，ドイツ，中国，ロシア，トルコ，フィリピン）でも監修している。本書でもそれらの調査データに度々言及している。比較を容易にするために，これらの調査はすべて同じ方式と手順を用いている。もちろん，必要に応じて現地の状況に適応させている部分もあり，回答率も国ごとに違う。

GEPONデータセット

GEPONデータセットは，日本，韓国，ドイツ，アメリカの環境問題における政策決定アクターの調査データである。筆者は，日本とアメリカの調査データのみを分析した。1997年5月～6月に調査された129団体のうち，103団体から回答を得た。これらのアクターは，市民社会団体以外のものも含むが，それらは筆者の分析では除外されている。

筆者は，寛大にもこれらのデータセットを供与してくれた辻中豊教授に感謝したい。

以下の表（表A－2～表A－4）は，第5章で示した議論の論拠を補足するものである。

付録 表A-1　各種団体の割合

NTTタウンページによる活動分野の分類（電話番号の持主によって選択されたもの）

団体の種類	団体全体 東京	団体全体 茨城	調査対象 東京	調査対象 茨城	有効回答 東京	有効回答 茨城
組合と団体	42.8	33.0	42.0	29.4	44.2	27.9
学術・文化	14.9	2.4	14.4	3.1	14.1	4.1
漁協	0.3	2.6	0.6	3.1	0.3	3.0
経済団体	20.0	15.2	19.5	12.6	19.4	14.7
社会福祉	3.8	1.9	4.6	2.6	7.0	3.0
宗教	2.0	4.0	2.0	3.1	1.1	1.0
政治	3.0	3.2	2.9	3.7	1.8	3.0
農協	1.0	12.2	1.4	18.6	1.3	15.2
林業・漁業	3.1	15.1	3.2	13.1	2.4	17.3
労働	9.0	10.4	9.5	10.5	8.4	10.7
実数	21,366	1,762	3,866	381	1,438	197

出典：Tsujinaka, Pekkanen, and Ohtomo 2005．

付録 表A-2　NPO法関連年表

1994年

1994年初め	日本新党にNPO法関連の勉強会がつくられる。
3月26日	総合研究開発機構（NIRA）「市民公益活動基盤整備に関する調査研究」報告書を出版し，民法第34条の改正についてふれる。
11月5日	市民活動を支える制度をつくる会シーズ（C's）結成。
11月29日	経済企画庁第14次国民生活審議会総合政策部会，「個人の自立と社会参加」を発表。
12月12日	新党さきがけ，「NPS研究会報告書」を発表。
12月16日	大磯リポート

1995年

1月17日	阪神大震災発生；ボランティア団体が救済活動に活躍。
1月27日	衆院予算委員会において官房長官が，ボランティアを支援する法律をつくる意向を表明。
2月3日	18関係省庁による「ボランティア問題に関する関係省庁連絡会議」設置。
2月8日	C's，「ボランティア支援立法措置に関する要望書」を首相に提出。
2月15日	連立与党NPOプロジェクトチーム設立，初会合を開く。
2月24日	NPO研究フォーラム，「NPO制度改革に関する緊急提言」を発表。
2月28日	連立与党NPOプロジェクトチーム初のヒアリングを行う。
3月1日	NIRA，「市民団体の法人化などに関する超党派的なとりくみに対する要望書」を各党に提出。
3月8日	新進党，「ボランティア基本法案」を国会に提出
3月15日	C's，「市民活動を推進する2つの法律に関する提言・案」発表。
3月17日	自由人権協会，「公益法人寄付金税制の改革に関する提言」を発表。
3月	新進党，「NPOパートナーズ」を結成。
4月26日	「ボランティア問題に関する関係省庁連絡会議」，法人制度について，民間3団体（NPO研究フォーラム，シーズ，考える会）にヒヤリングを行う。
5月24日	全国社会福祉協議会全国ボランティア活動振興センター「ボランティア活動支援に関する提言」を発表。

6月27日	新進党のNPO（市民公益団体）議員立法専門委員会「市民公益活動を行う団体に対する法人格の付与等に関する法案（骨子）」を発表。
6月28日	連立与党NPOプロジェクトチームが2度目のヒアリングを行い、「市民活動促進法案（仮称）」に関する合意内容を発表。
9月5日	自民党、連立与党NPOプロジェクトチームに「市民活動促進法案要綱」（熊代昭彦法案）を提出。
9月26日	社会党、「市民活動団体に対する法人格の付与に関する法案」、さきがけ、「市民活動法人法案」（堂本法案）を連立与党プロジェクトチームに提出。
10月31日	さきがけ、「さきがけの市民活動法人法案」を発表。
11月7日	新進党、「市民公益法人格付与法案」国会に提出。
11月8日	経済企画庁、「関係省庁連絡会議中間報告書」を官房長官に提出。
11月10日	経済企画庁の「関係省庁連絡会議中間報告書」官房長官によって棚上げにされる。
11月17日	連立与党NPOプロジェクトチーム、新合意法案を発表。
12月14日	連立与党政調会、NPOプロジェクトチームの「市民活動促進法案」に、一カ所保留するも合意。
12月15日	日弁連、「市民活動団体の法制度に関する提案」を発表。

1996年

1月8日	与党3党、議員立法で法人格付与に関する3党合意を次の国会で成立させることに言及。
1月11日	橋本龍太郎が総理大臣に就任。
2月1日	NPOプロジェクトチーム、「与党NPO確認案件」に合意。
2月6日	C's、「市民活動促進法案に関する要望」を発表。
2月8日	さきがけ、「市民活動促進法案（仮称）」を提案。
2月15日	連立与党NPOプロジェクトチーム、3度目のヒアリング（6団体）を行う。
2月24日	東京の市民団体によって、「オープン・フォーラム：NPO法と地方自治体の役割」が開かれる。
3月2日	大阪の市民団体によって、「オープン・フォーラム：NPO法と市民社会」が開かれる。
4月13日	自民党、NPOプロジェクトチームに修正案を提出。
4月11日	NPOプロジェクトチームが会合を開く。さきがけと社民党が自民党の修正案に反対。もの別れに終わる。
4月24日	新進党、「NPO法に関する意見交換会」を開く。
5月31日	新進党、「法人税の一部修正法案」を国会に提出。
6月4日	NPOプロジェクトチーム合意に至らず。話し合いは、政策責任者に託される。社民党は、法案を発表。
6月6日	自民党、「市民活動促進法案」を発表。
6月11日	共産党、「非営利法人要綱」を発表。
6月18日	衆議院金融委員会、新進党の「法人税の一部修正法案」の審議継続を否決、同法案は廃案となる。
6月19日	第136回通常国会閉会。
9月19日	与党政策責任者会議、「市民活動促進法案（NPO法）における合意」を作成。
9月28日	民主党結成。
9月27日	第137回臨時国会召集。国会解散。新進党の「市民公益活動を行う団体への法人格付与に関する法案」は、廃案となる。
11月29日	新進党、法案を再び国会に提出。
12月16日	与党3党、「市民活動促進法案」を国会に提出。

1997年

2月6日	民主党政調会,「与党NPO法案に対する民主党の考え」を了承。
3月14日	共産党,「非営利団体への法人格付与に関する法案」を提出。
5月22日	与党3党と民主党,「市民活動促進法案」に対する合同修正を合意。
5月28日	衆議院内閣委員会,与党3党案,新進党案,共産党案の審議を開始する。
6月5日	衆議院内閣委員会,「市民活動促進法案」を採択。
6月6日	衆議院予備審査において,「市民活動促進法案」を可決,参議院に送付する。
6月18日	第140回通常国会閉会。「市民活動促進法案」は継続審議となる。
9月29日	第141回臨時国会召集
10月	連合,NPO法を支持する「市民公聴会」を共催。
11月28日	自民党参議院国会対策委員会,「市民活動促進法案」を修正し,「特定非営利団体活動促進法」と改名する。
12月1日	加藤紘一議員,自民党のNPO法可決に向けた決意を国会で表明。
12月12日	第141回臨時国会閉会
1998年	
1月12日	第142回通常国会召集
3月3日	「特定非営利活動促進法案」が参院社会労働委員会において満場一致で可決。
3月4日	「特定非営利活動促進法案」が参議院で可決(賛成217,反対2)
3月19日	「特定非営利活動促進法案」が衆議院で可決。(満場一致)

出典:筆者の分析による。

付録 表A-3 NPO法作成に関わった団体

団体	各団体の見解とNPO法作成における役割
政党	
連立与党NPOプロジェクトチーム	党幹部によって決定が下された1996年6月から9月の期間を除いて,1995年2月の設立以来,連立与党NPOプロジェクトチームは,与党3党のNPO法に関する議論の中心にあった。中心人物は,熊代昭彦(自民党),堂本暁子(さきがけ),辻元清美(社民党)であった。
新党さきがけ	見解:NPO法の下では,より多くの団体が設立を認められるべきで,官僚の監視は最小限にすべき。 非常に小規模な政党(1993年〜96年の間に,国会議員13人)であったさきがけは,NPOを党の政治基盤の重要な一部になると考えていた。さきがけのNPO法に関する活動は,堂本暁子議員が主導していた。
社会民主党	見解:NPO法の下では,より多くの団体が設立を認められるべきで,官僚の監視は最小限にすべき。 自社さ連立のメンバー。旧社会党は,自民党1党支配の時期(1995-1993)の最大野党であった。阪神大震災が発生した時の総理大臣が当時社会党の村山富市であった。そして,村山首相と五十嵐広三官房長官の国会における発言が,政府をNPO法成立に向かわせた。
自民党:一般議員	見解:官僚による強力な監督を望み,税制優遇措置には反対,さらに新団体はボランティア団体 のみを視野に入れていた。新法制定には消極的であった。 国会における最大政党であったが,過半数には足りず社民党とさきがけと連立を組んでいた。ほとんどの自民党議員は,NPO団体は「反政府的」で「反自民党」的な組織だと考えていた。1996年4月,熊代議員にリベラルな法案を撤回するよう圧力をかけたが,成功しなかった。
自民党:熊代昭彦	見解:当初は保守的であったが,1995年後半にはリベラルよりに立場を変えた。

	自民党幹部：加藤紘一，山崎拓	見解：中道。連立パートナーとの妥協点を見出すことが最重要課題であると考えていた。
	自民党：政務調査会商工部会	見解：官僚による強力な監督を望み，税制優遇措置には反対，さらに新団体はボランティア団体のみを視野に入れていた。新法制定には消極的であった。
	与党調整委員会	NPO法そのものには余り関心はなく，主眼は連立維持に置かれていた。連立維持のために，自民党と連立パートナーの間の妥協点を模索した。社民党とさきがけは，リベラルなNPO法の可決に意欲を持っていた。
	参院自民党	見解：保守的。「市民団体」という文言を嫌っていた。また，衆議院法案をそのまま可決することが当たり前とする見方があることに懸念を抱いていた。
	民主党	見解：社民党やさきがけに近かった。1996年の国政選挙以前に設立されたリベラルな政党。1998年には，最大野党になった。1997年初めには，他の案件に対する支持の見返りに，NPO法における与党の妥協を実現させた。
	新進党	見解：中道。新進党は1997年に分裂するまで最大野党であった。議員立法によるNPO法案を何度も国会に提出したが，NPO法制定過程には加われなかった。NPO法は新進党全体の重要課題ではなく，河村たけし議員の個人的関与によるところが大きかった。
	共産党	見解：すべての種類の団体に法人格と税制優遇措置を与え，官僚による監督を認めないことを主張していた。小規模野党。非営利法人の新しいカテゴリーをつくる法案を何度も国会に提出した。しかし，共産党はNPO法制定過程から除外されていた。
	自由党	新進党解散後にできた党の一つ。NPO団体の活動に対する規制を撤廃することに最も関心を持っていた。
	公明党	新進党解散後にできた党の一つ。公明党は仏教団体の一つである創価学会と深い関係がある。公明党は，NPO団体の活動に対する規制を撤廃することに最も関心を持っていた。
官僚		
	経済企画庁	見解：限られた数の団体だけしか認めない，基本的にボランティア団体のみ。税制優遇措置は認めず，官僚による強力な監督を維持する。当初NPO法制定に関連した官僚の動きを主導したが，しかし1995年11月の報告書が棚上げされたことと，与党が議員立法を望んだことで，経企庁の影響は弱められた。
	「ボランティア問題に関する関係省庁連絡会議」	見解：連絡会議を主導した経企庁とほぼ同じ見解であった。1995年11月に中間報告書を発表したが，その直後に連絡会議は五十嵐広三官房長官と国会議員らによってNPO法制定過程から締め出された。
	各都道府県	見解：非常にリベラルな県（神奈川や高知）から保守的な県と，立場は様々であった。基本的に受身の姿勢で，国会による法制定を見守っていた。
	大蔵省	見解：非常に保守的。しかし主な関心は，新しい団体に税制優遇措置を与えないことであった。大蔵省は，税制優遇措置の付与を回避することができた。
利益団体		
	市民団体：シーズ C's	見解：理想としては，なるべく多くの団体が設立され，税制優遇措置を受け，官僚の監督は廃止する。市民団体のロビー活動を主導した。
	経団連	見解：リベラル。経団連の社会貢献部が，積極的にリベラルな法案を支持した。

メディア		
日本経済新聞	見解：リベラル。行政改革の一環として，NPO法を支持していた。	
朝日新聞	見解：非常にリベラル。市民参加を強化するものの一環として，NPO法を支持していた。	
その他のメディア	見解：リベラル	

出典：筆者の分析による。

付録　表A－4　NPO法案の要旨の比較

	新法人の定義	設立を見込まれる団体の種類	許認可基準＊と許認可機関	監督に関する規則	解散命令権を持つ機関
経済企画庁（1995年11月）	「主にボランティア活動に従事する」団体	ボランティア団体（少数）	「認可」：1都道府県の域内で活動する団体は，県が，2～3都道府県にまたがる活動をする団体には，別の機関を後に指定する。	認可機関。官僚による厳格な監督を認める。	認可機関
自民党		（少数）	「認可」：官僚	認可機関。官僚による厳格な監督を認める。	認可機関
さきがけ（1995年10月）	入会制限のない非営利団体	非営利団体（ほぼ全ての非営利団体）	「届出制」：市民活動促進委員会	市民活動促進委員会。官僚による監督は認めない。情報公開を義務化する。	裁判所
社民党		非営利団体（ほぼ全ての非営利団体）	「届出制」：官僚	届出先機関。官僚による監督は最小限に抑える。	裁判所
与党合意案（1995年12月14日）	市民主導の非営利社会参加型団体	（多数の新しい市民団体）	「認証」：機関の指定なし	認証機関。官僚による監督は最小限に抑える，または削減する。	認証機関
自民党修正案（1996年4月11日）	公益に寄与する団体と，活動費用を超える収入を得ない団体。	（限られた数の新しい団体）	「認証」：（しかし，この修正案の「認証」の解釈は保守的なものであった）認証機関は，1都道府県の域内で活動する団体には県。2～3都道府県にまたがる活動をする団体には，別の機関を後に指定。	認証機関。官僚による厳格な監督を認める。	認証機関

与党NPO法案（1996年12月16日）	「市民による独立した非営利、社会参加型団体」	12のカテゴリーを含む。調整団体は含まない。（多数の団体）	「認証」：認証機関は，1都道府県の域内で活動する団体には県。2～3都道府県にまたがる活動をする団体には，経企庁。	認証機関による監督「重要」な場合のみ，調査を認める。官僚による監督は最小限。	認証機関
民主党（1997年2月）与党法案1996年12月の修正案		12のカテゴリーをさらに拡大する。	「認証」：1996年12月法案を受け入れるが，認証過程における官僚の裁量を制限する。	認証機関。「重要」な場合のみ，調査を認める。官僚による監督は最小限。調査にあたっては，理由を公表する。	認証機関
与党NPO法案：民主党による修正をうけたもの（1997年5月22日）	非営利団体と主な団体活動が12のカテゴリーの範疇にあるものは，原則的に認める。	12のカテゴリーを含む。1996年12月の法案よりも緩やかなカテゴリーと団体代表への条件。調整団体も含む。（多数の団体）	「認証」：認証する機関は，1都道府県の域内で活動する団体は県。2～3都道府県にまたがる活動をする団体は，経企庁。認証機関の裁量を最小限に抑える。認証を認めない場合は，その理由を公表すること。申請の審査は3ヶ月以内に行う。	認証機関。「重要」な場合のみ，調査を認める。官僚による監督は最小限。	認証機関
新進党	半数以上の会員が一つの都道府県に居住し，ほとんどの活動が一つの都道府県内に限られる市民団体	地域に限定される団体。5つの分類を掲載。（かなり多数の団体）	「認可」：各都道府県知事。各団体は，主務官庁に書類を提出。	認可にあたる県	認証機関
共産党	非営利法人	すべての非営利法人	「届出制」：各都道府県の知事によって任命された「非営利法人委員会」。しかし3分の2の委員はNPOによる推薦をうけること。	各都道府県の「非営利法人委員会」	裁判所

* 許認可基準の規制の厳しさは，許可，認可，認証，届出の順（表3－2参照）。
出典：政党と政府発表の文書によるもの。

参考文献

秋元律郎「中間集団としての町内会」倉沢進・秋元律郎編『町内会と地域集団』ミネルヴァ書房，1990年。

朝日新聞「議員立法ブーム」1998年4月6日，総合面1－2頁。

鰺坂学「学区自治会連合会の新たな民主主義的展開」『町内会の研究』岩崎信彦ほか編，御茶の水書房，1985年。

雨宮孝子『公的法人の設立・運営』かんき出版，1994年。

雨宮孝子ほか，「(座談会) NPO法の検討──市民活動団体の法人化について」『ジュリスト』第1105号，1997年。

五十嵐敬喜『議員立法』三省堂，1994年。

石井良助『民法典の編纂』創文社，1976年。

石村耕治「欧米主要国のNPO法案と税制」『ジュリスト』1105号，1997年，39－49頁。

1.17神戸の教訓を伝える会編，『阪神淡路大震災被災地"神戸"の記録』ぎょうせい，1996年。

猪口孝，岩井奉信『族議員の研究──自民党政権を牛耳る主役たち』日本経済新聞社，1987年。

猪口孝『日本政治の特異と普遍』NTT出版，1993年。

岩崎信彦ほか編『町内会の研究』御茶の水書房，1985年。

上田惟一「行政，政治，宗教と町内会」岩崎信彦ほか編『町内会の研究』御茶の水書房，1985年。

牛山久仁彦「市民参加とまちづくり」『地域社会の構造と変容』中央大学社会科学研究所編，中央大学社会科学研究所，1995年。

越智昇「ボランタリーアソシエーションと地域内の文化変容」『町内会と地域集団』倉沢進・秋元律郎編，ミネルヴァ書房，1990年。

NGO制度推進センター『NGOデータブック96』NGO制度推進センター，1996年。

貝原俊民『大震災100日の記録──兵庫県知事の手記』ぎょうせい，1995年。

金子郁容『ボランティア──もう一つの情報社会』岩波新書，1998年。

金子郁容ほか『ボランティア経済の誕生』実業之日本社，1998年。

菊池美代志「町内会の機能」『町内会と地域集団』倉沢進・秋元律郎編，ミネルヴァ書房，1990年。

北岡伸一『自民党　政権党の38年』読売新聞社，1995年。

草地賢一「市民とボランティア」『神戸発阪神大震災以後』酒井道雄編，岩波新書397，1995年，165－188頁。

久保一博「ニュータウン建設と地域政治構造の変動」『町内会の研究』岩崎信彦

ほか編,御茶の水書房,1985年。
熊代昭彦『日本のNPO法』ぎょうせい,1998年。
倉沢進・秋元律郎編『町内会と地域集団』ミネルヴァ書房,1990年。
経済企画庁『経済企画庁調査』各年。
経済企画庁『市民活動レポート——市民活動団体基本調査報告書』大蔵省,1997年。
経済企画庁『NPOについての資料』経済企画庁,1998年a。
経済企画庁『市民の目で見た市民活動』大蔵省,1998年b。
経済企画庁『ここが知りたいNPO法』ぎょうせい,1999年。
酒井道雄編『神戸発阪神大震災以後』岩波新書397,1995年。
佐藤英明「いわゆるボランティア団体法人をめぐる課税関係」『ジュリスト』第1105号,1997年,30−38頁。
坂本治也「社会関係資本をめぐる経験的分析の可能性——政治学の視点から」学会報告,於2004年日本公共政策学会研究大会。
自治省編『地縁団体認可状況など調査結果』自治省,1992年。
社団法人日本青年奉仕協会『ボランティア白書96−97』社団法人青年奉仕協会,1997年。
シーズ＝市民活動を支える制度を作る会『シーズ ニュースレター』。
シーズ＝市民活動を支える制度を作る会『解説NPO法案』シーズ,1996年。
新党さきがけ「さきがけの市民活動法人法案」『さきがけ政策ブックレット』No.2,1995年。
総合研究開発機構（NIRA）「市民公益活動の促進に関する法と制度のあり方」『NIRA研究白書』第960075番,1995年。
総務省『公益法人白書——公益法人に関する年次報告』総務省,各年。
総務庁『公益法人の現状と課題——総務庁の行政観察結果から見て』大蔵省,1993年。
総理府「公益法人白書平成9年度版」大蔵省印刷局,1999年。
総理府「特定非営利団体法人の活動運営の実態に関する調査要旨」2000年。
総理府「市民活動団体など基本調査要旨」2001年。
高寄昇三『阪神大震災と自治体の対応』学陽書房,1996年。
橘幸信『知っておきたいNPO法』大蔵省印刷局,1999年。
田中重好「町内会の歴史と分析視点」『町内会と地域集団』倉沢進・秋元律郎編,ミネルヴァ書房,1990年。
田中尚輝『市民社会とボランティア』丸善,1996年。
田中優子,石川英輔『大江戸ボランティア事情』講談社,1996年。
谷口浩司「大都市圏における町内会の新たな展開」『町内会の研究』岩崎信彦ほか編,御茶の水書房,1985年。
団体基礎構造研究会『団体の基礎構造に関する調査——中間報告書』筑波大学,1998年。
長寿社会文化協会『解説NPO法』長寿社会文化協会,1997年。

中央大学社会科学研究所編『地域社会の構造と変容』中央大学社会科学研究所，1995年．

辻中豊『利益集団』東京大学出版会，1988年．

辻中豊「日本の政治体制のベクトル転換　コーポラティズム化から多元主義化へ」『レヴァイアサン』第20号，1997年，130-150頁．

辻中豊編『現代日本の市民社会——利益団体』木鐸社，2002年 a．

辻中豊「比較の分析枠組み」『現代日本の市民社会——利益団体』辻中豊編，木鐸社，2002年 b．

辻中豊「制度化・組織化・活動体」『現代日本の市民社会——利益団体』辻中豊編，木鐸社，2002年 c．

辻中豊，森裕城「現代日本の利益団体——活動空間別にみた利益団体の存立・行動様式」『選挙』第51巻 4 号，1998年，4-15頁．

辻中豊，森裕城，平井由貴子「団体のプロフィール」『現代日本の市民社会——利益団体』辻中豊編，木鐸社，2002年．

辻中豊，崔宰栄「市民社会の政治化と影響力」『現代日本の市民社会——利益団体』辻中豊編，木鐸社，2002年．

辻中豊，崔宰栄「組織リソース」『現代日本の市民社会——利益団体』辻中豊編，木鐸社，2002年．

辻中豊，廉載鎬編著『現代韓国の市民社会・利益団体・日韓比較による体制移行の研究』木鐸社，2004年．

鶴岡憲一，浅岡美恵『日本の情報公開法』花伝社，1997年．

出口正之『フィランソロピー——企業と人の社会貢献』丸善，1993年．

テレビ朝日ニュース・ケーブル TV『ザ・ディベート』1997年 9 月27日放送．

電通総研『NPO とは何か？』電通，1996年．

東京都『行政と民間非営利団体（NPO）』東京都政策報道室調査部，1996年．

『都市政策』編集部，「特集・阪神大震災からの復興と活動ボランティア」『都市政策』第92号．

戸高真弓『大震災ボランティア』朝日新聞社，1995年．

中田実『地域共同管理の社会学』東信堂，1993年．

中田実編『これからの町内会・自治会』自治体研究社，1995年．

中田実『町内会・自治会の新展開』自治体研究社，1996年．

中田実「地域分権とコミュニティ」『自治だより』1997年 a．

中田実「住民自治組織の国際比較研究序説」『情報文化研究』名古屋大学，1997年 b, 157-171頁．

中田実『世界の住民組織』自治体研究社，2000年．

中田裕康「公益的団体の財産——残余財産の帰属という視点から」『ジュリスト』第1105号，1997年，56-64頁．

中根千枝『タテ社会の人間関係——単一社会の理論』講談社現代新書，1967年．

中根千枝『タテ社会の力学』，講談社現代新書，1978年．

中村八朗「戦前の東京における町内会」『人間と社会の開発プログラム研究報告』

国連大学，1979年。
日本青年奉仕協会『ボランティア白書』日本青年奉仕協会，各年。
日本総合研究所『ソーシャルキャピタル――豊かな人間関係と市民活動の好循環を求めて』日本総合研究所，2003年。
能見善久「公益的団体における公益性の非営利性」『ジュリスト』第1105号，1997年，50－55頁。
蓮見音彦『現代都市と地域形成――転換期とその社会形態』東京大学出版会，1997年。
林修三『公益法人研究入門』公益法人協会，1972年。
林知己，入山映『公益法人の実像』ダイヤモンド社，1997年。
林雄二郎，山岡義典編著『フィランソロピーと社会』ダイヤモンド社，1993年。
播磨靖夫『知縁社会のネットワーキング』柏書房，1986年。
播磨靖夫『命の木のある家』財団法人たんぽぽの家，2003年。
広中俊雄『民法修正案（前三編）の理由書』有斐閣，1987年。
法典調査会『民法修正案理由書』博文館，1898年。
星野英一『民法のすすめ』，岩波書店，1998年。
星野英一『民法論集』第一巻，有斐閣，1970年。
松井茂記『情報公開法』岩波新書，1996年。
丸山尚『［ミニコミ］の同時代史』平凡社，1985年 a。
丸山尚『ニューメディアの幻想』現代書館，1985年 b。
丸山尚『ミニコミ戦後史』三一書房，1985年 c。
武蔵野市役所『コミセン・ガイドブック』武蔵野市役所。
武蔵野市役所『第五期コミュニティ市民委員会』武蔵野市役所，2000年。
武蔵野市役所『武蔵野市のコミュニティ』武蔵野市役所文化活動課。
明治学院大学立法研究会編『市民活動法――開かれた社会を築くために』信山社出版，1996年。
森泉章『公益法人の研究』勁草書房，1977年。
森泉章『公益法人の法務――Q & A』有斐閣，1994年。
森裕城，辻中豊「日本における利益団体研究とJIGS調査の意義」『現代日本の市民社会――利益団体』辻中豊編，木鐸社，2002年。
安井英二「整備された全市的町内会体制」『町内会の研究』岩崎信彦ほか編，御茶の水書房，1985年。
山内直人『ザ・ノンプロフィットエコノミー――NPOとフィランソロピーの経済学』日本評論社，1997年。
山内直人『NPOデータブック』有斐閣，1999年。
山岡義典「わが国の民間非営利活動の展開と課題」『住宅総合研究財団研究年報』第21号，1994年，33－44頁。
山岡義典『NPO基礎講座』ぎょうせい，1997年。
山岸俊男ほか「社会的不確実性の下での信頼とコミットメント」『社会心理学研究』第11巻，第3号，1996年，206－216頁。

山本賢治「膨張する県庁都市の町内会」『町内会の研究』岩崎信彦ほか編，御茶の水書房，1985年。

ロバート・ペッカネン「法・国家・市民社会」『レヴァイアサン』第27号，2000年，73-108頁。

若田恭二『現代日本の政治と風土』ミネルヴァ書房，1994年。

AARP. Various years. AARP Annual Reports.

Alagappa, Muthiah, ed. 2004a. *Civil Society and Political Change in Asia: Expanding and Contracting Democratic Space*. Stanford: Stanford University Press.

Alagappa, Muthiah. 2004b. "Introduction." In Muthiah Alagappa, ed. 2004a. *Civil Society and Political Change in Asia: Expanding and Contracting Democratic Space*. Stanford: Stanford University Press.

Alagappa, Muthiah. 2004c. "Civil Society and Political Change: An Analytical Framework." In Muthiah Alagappa, ed. 2004a. *Civil Society and Political Change in Asia: Expanding and Contracting Democratic Space*. Stanford: Stanford University Press.

Alagappa, Muthiah. 2004d. "Civil Society and Democratic Change: Indeterminate Connection, Transforming Relations." In Muthiah Alagappa, ed. 2004a. *Civil Society and Political Change in Asia: Expanding and Contracting Democratic Space*. Stanford: Stanford University Press.

Aldrich, Daniel. 2005. "The Limits of Flexible and Adaptive Institutions: The Japanese Government's Role in Nuclear Power Planting Siting over the Post War Period." In. S. Hayden Lesbirel and Daiger Shaw, eds. *Managing Conflict in Facility Siting*. Northampton, MA: Edward Elgar.

Al-Sayyid, Mustapha K. 1995. 'A Civil Society in Egypt?' In: Augustus Richard Norton, ed., *Civil Society in the Middle East*. New York: E. J. Brill.

Almond, Gabriel A. 1965. 'A Developmental Approach to Political Systems.' *World Politics* 16, 183-214.

Almond, Gabriel A. 1987. 'The Development of Political Development.' In: Myron Weiner and Samuel Huntington, ed., *Understanding Political Development*. Boston: Little Brown.

Amemiya, Takako. 1996. 'Comparative Nonprofit Law Project: Conference and Workshop for Legal Specialists. Country Paper: Japan.' Manila, Philippines: Asia Pacific Philanthropy Consortium.

Amemiya, Takako. 1999. "Japan." In: Thomas Silk, ed., *Philanthropy and Law in Asia*, pp. 131-162. San Francisco: Jossey Bass.

Amemiya, Takako. 1995. 'Nonprofit Public Interest Corporation in Japan.'

Amenomori, Takayoshi. 1997. 'Japan.' In: Lester M. Salamon and Helmut K. Anheier ed., *Defining the Nonprofit Sector: A Cross-National Analysis*, pp. 188-215. New

York: St. Martin's Press.

Anheier, Helmut K. 1986. 'Private Voluntary Organizations, Networks, and Development in Africa: A Comparative Analysis of Organizational Fields in Nigeria, Senegal, and Togo.' Yale University.

Anheier, Helmut K. Delivered at Conference on "The Long Run: Long-term Development in the Arts and Cultural Industries." Facets of the Third Sector: A Comparative Analysis of Scale and Structure.

Apter, David E.and Nagayo Sawa. 1984. *Against the State: Politics and Social Protest in Japan*. Cambridge, MA: Harvard University Press.

Archambault, Edith. 1997. *The Nonprofit Sector in France*. Manchester, UK and New York: Manchester University Press.

Ash, Timothy G. 1988. *The Polish Revolution: Solidarity*. New York: Scribner.

Avenell, Simon. Unpublished. "Framing the Citizen: Core Activists and the Development of Japanese Citizens' Movements." Ph.D. Dissertation manuscript, Department of History, UC Berkeley.

Badie, Bertrand and Pierre Bimbaum. 1983. *The Sociology of the State*. Chicago: University of Chicago Press.

Baldwin, Peter. 1989. 'The Scandinavian Origins of the Social Interpretation of the Welfare State.' *Comparative Studies in Society and History* 31, 3-24.

Becker, Marvin B. 1994. *The Emergence of Civil Society in the Eighteenth Century: A Privileged Moment in the History of England, Scotland, and France*. Bloomington and Indianapolis: Indiana University Press.

Beito, David T. 2000. *From Mutual Aid to the Welfare State: Fraternal Societies and Social Services, 1890-1967*. Chapel Hill: University of North Carolina Press.

Bellin, Eva. 1995. 'Civil Society in Formation: Tunisia.' In: Augustus Richard Norton, ed., *Civil Society in the Middle East*. New York: E.J. Brill.

Ben-Ner, Avner. 1986. 'Non-Profit Organizations: Why Do They Exist in Market Economies?' In: Susan Rose-Ackerman, ed., *The Economics of Nonprofit Institutions: Studies in Structure and Policy*. Oxford: Oxford University Press.

Benedict, Ruth. 1946. *The Chrysanthemum and the Sword*. New York: Houghton Mifflin.

Berger, Suzanne. 1981. 'Introduction.' In: Suzanne Berger, A. H. and C. M., ed., *Organizing Interests in Western Europe: Pluralism, Corporatism, and the Transformation of Politics*. Cambridge, UK: Cambridge University Press.

Berman, Sheri. 1997. "Civil Society and the Collapse of the Weimar Republic." *World Politics* 49, (3): 401-429.

Berry, Jeffrey M. 1998. 'The Rise of Citizens Groups.' In *Civic Engagement in American Democracy*. ed., Theda Skocpol and Morris P. Fiorina. Washington, DC: Brookings Institution Press.

Berry, Jeffrey M. 1999. *The New Liberalism: The Rising Power of Citizen Groups*.

Washington, DC: Brookings Institution Press.
Berry, Jeffrey M. with David F. Arons. 2003. *A Voice for Nonprofits*. Washington DC: Brookings.
Bestor, Theodore. 1989. *Neighborhood Tokyo*. Stanford: Stanford University Press.
Blackwell, Basil. 1987. *Blackwell Encyclopedia of Political Thought*. New York: Basil Blackwell.
Brook, Timothy and B. Michael Frolic. 1997. *Civil Society in China*. Armonk: M. E. Sharpe.
Boli, John and George M. Thomas. 1999. 'INGOs and the Organization of World Culture.' In: John Boli and George M. Thomas, ed., *Constructing World Culture: International Nongovernmental Organizations Since 1875*. Stanford: Stanford University Press.
Boli, John and George M. Thomas. 1997. "World Culture in the World Polity: A Century of International Non-Governmental Organization.' *American Sociological Review* 62, 171-190.
Bottomore, Tom. 1983. *A Dictionary of Marxist Thought*. London: Basil Blackwell Publisher, Ltd.
Braibanti, Ralph J. O. 1948. 'Neighborhood Associations in Japan and Their Democratic Potentialities.' *Far Eastern Quarterly* VII, 136-164.
Broadbent, Jeffrey. 1998. *Environmental Politics in Japan: networks of power and protest*. Cambridge, UK: Cambridge University Press.
Callaghy, Thomas M. 1994. 'Civil Society, Democracy, and Economic change in Africa: A Dissenting Opinion About Resurgent Societies.' In: John W. Harbeson, Donald Rothchild, and Naomi Chazan, ed., *Civil Society and the State in Africa*. Boulder, CO: Lynne Rienner.
Cameron, David. 1978. 'The Expansion of the Public Economy: A Comparative Analysis.' *American Political Science Review* 72, 1243-1261.
Campbell, John C. 1989. 'Bureaucratic Primacy: Japanese Policy Communities in an American Perspective.' *Governance* 2, 5-22.
Campbell, John C. et al. 1989. 'Afterword on Policy Communities: A Framework for Comparative Research.' *Governance* 2, 86-94.
Carapico, Sheila. 1998. *Civil Society in Yemen: the political economy of activism in modern Arabia*. Cambridge, UK: Cambridge University Press.
Carnoy, Martin. 1984. *The State and Political Theory*. Princeton, NJ: Princeton University Press.
Chabbot, Colette. 1999. 'Development INGOs.' In: John Boli and George Thomas, ed., *Constructing World Culture: International Nongovernmental Organizations Since 1875*. Stanford: Stanford University Press.
Chan-Tiberghian, Jennifer. 2004. *Gender and Human Rights Politics in Japan*. Stanford: Stanford University Press.

Chessa, Cecilia. 2000. "State Subsidies, Civil Society, and the Anti-Liberal Milieu in East Germany: A Case of Unintended Consequences." Presented at the annual meeting of the American Political Science Association Annual Meeting, Washington, DC.

Chong, Dennis. 1991. *Collective Action and the Civil Rights Movement*. Chicago: University of Chicago Press.

Christensen, Ray. 2000. *Ending the LDP Hegemony*. Honolulu: University of Hawaii Press.

Civil Society Monitor. 1997. 'Debate over New NPO Bill Intensifies.' *Civil Society Monitor* 2, 1-2.

Clark, Ann et al. 1998. 'The Sovereign Limits of Global Civil Society: A Comparison of NGO Participation in UN World Conferences on the Environment, Human Rights, and Women.' *World Politics* 51, 1-35.

Clark, P. B. and James Q. Wilson. 1961. 'Incentive Systems: A Theory of Organizations.' *Administrative Science Quarterly* 6, 129-66.

Clear, Annette. 2001. *Donors and Democracy in Indonesia*. Ph. D. Dissertation. Columbia University.

Clemens, Elisabeth. 1997. 'Civic Society Constrained: The Politics of Association in the United States.' Paper presented at Conference on *'Civic Engagement in American Democracy.'* Portland, Maine.

Clemens, Elisabeth. 1998. 'Organizational Repertoires and Institutional Change: Women's Groups and the Transformation of American Politics, 1890-1920.' In: Theda Skocpol and Morris Fiorina, ed., *Civic Engagement in American Democracy*. Washington, DC: Brookings Institution.

Cohen, Jean L. and Andrew Arato. 1992. *Civil Society and Political Theory*. Cambridge: MIT Press.

Collier, Ruth Berins and David Collier. 1991. *Shaping the Political Arena*. Princeton: Princeton University Press.

Crozier, Michael, Samuel Huntington and Joji Watanuki. 1975. *The Crisis of Democracy: Report on the Governability of Democracies to the Trilateral Commission*. New York: NYU Press.

Dahl, Robert A. 1961. *Who Governs? Democracy and Power in an American City*. New Haven: Yale University Press.

De Becker, J. E. 1921. *The Principles and Practice of the Civil Code of Japan*. London: Butterworth and Co.

De Tocqueville, Alexis. 1945. *Democracy in America* (Volume 2). New York: Vintage Books.

DiMaggio, Paul. 1982a. 'Cultural Entrepreneurship in Nineteenth-Century Boston, Part II: The Classification and Framing of American Art.' *Media, Culture and Society*, 303-322.

DiMaggio, Paul. 1982b. 'Cultural Entrepreneurship in Nineteenth-Century Boston, Part I: The Creation of an Organizational Base for High Culture in America.' *Media, Culture and Society* 4, 33-50.

Dionne, E. J. Jr. 1997. 'Why Civil Society? Why Now?' *The Brookings Review* 15, 5-8.

Dore, Ronald. 1958. *City Life in Japan*. Berkeley: University of California Press.

Dore, Ronald. 1967. *Aspects of Social Change in Modern Japan*. Princeton: Princeton University Press.

Dowie, Mark. 2001. *American Foundations: An Investigative History*. Cambridge: MIT Press.

Eccleston, Bernard. 1989. *State and Society in Post-War Japan*. Cambridge, MA: Polity Press.

Edwards, Bob, Michael W. Foley and Mario Diani. 2001. *Beyond Tocqueville: Civil Society and the Social Capital Debate in Comparative Perspective*. Hanover: Tufts University Press.

Edwards, Bob and Michael W. Foley. 2001. "Civil Society and Social Capital: A Primer." In Bob Edwards, Michael W. Foley and Mario Diani. *Beyond Tocqueville: Civil Society and the Social Capital Debate in Comparative Perspective*. Hanover: Tufts University Press.

Eisenstadt, Shmuel N. 1996. *Japanese Civilization: A Comparative View*. Chicago: University of Chicago Press.

Ekiert, Grzegorz and Jan Kubik. 1999. *Rebellious Civil Society*. Ann Arbor: University of Michigan Press.

Elshtain, Jean Bethke. 1997. 'Not a Cure-All.' *The Brookings Review* 15.

Elster, John. 1989. *The Cement of Society: A Study of Social Order*. New York: Cambridge University Press.

Encarnacion, Omar G. Encarnacion, 2001. "Civil Society and the Consolidation of Democracy in Spain." *Political Science Quarterly*. Vol. 116 (1) 2001, pp. 53-79.

Ennals, M. 1982. Amnesty International and Human Rights. In: Peter Willetts, ed., New York: St. Martin's Press.

Entelis, John P. 1996. 'Civil Society and the Authoritarian Temptation in Algerian Politics: Islamic Democracy vs. the Centralized State.' In: Augustus Robert Norton, ed., *Civil Society in the Middle East Vol. 2*. New York: E.J. Brill.

Esping-Anderson, Gosta. 1990. *The Three Worlds of Welfare Capitalism*. Princeton: Princeton University Press.

Estevez-Abe, Margarita. 2003. "State-Society Partnerships in the Japanese Welfare State." In Frank J. Schwartz and Susan J. Pharr, *The State of Civil Society in Japan*. Cambridge and New York: Cambridge Univ. Press.

Fagen, Richard R. 1969. *The Transformation of Political Culture in Cuba*. Stanford: Stanford University Press.

Falconieri, G. Ralph. 1990. 'The Impact of Rapid Urban Change on Neighborhood

Solidarity.' In: J.W. White and F. Munber, ed., *Social Change and Community Politics in Urban Japan*. Chapel Hill, North Carolina: Chapel Hill Institute for Research in Social Science, University of North Carolina.

Fama, Eugene and M. J. 1982. 'Agency Problems and Residual Claims.' *Journal of Law and Economics* 26, 327-350.

Fenno, Richard F. Jr. 1978. *Home Style: House Members in Their Districts*. New York: Longman.

Finnemore, Martha. 1999. 'Rules of War and Wars of Rules: The International Red Cross and the Restraint of State Violence.' In: John Boli and George Thomas, ed., *Constructing World Culture: International Nongovernmental Organizations Since 1875*. Stanford: Stanford University Press.

Finnemore, Martha and Kathryn Sikkink 1998. International Norm Dynamics and Political Change. *International Organization* 52, 887-917.

Flanagan, Scott, Shinsaku Kohei, Ichiro Miyake, Bradley M. Richardson, and Joji Watanuki. 1991. *The Japanese Voter*. New Haven: Yale University Press.

Flower, J. and Peter Loizos. 1996. 'Community Values and State Cooptation: Civil Society in the Sichuan Countryside.' In: Chris Hann and Elizabeth Dunn, ed., *Civil Society: Challenging Western Models*. London: Routledge.

Foley, Michael W. and Bob Edwards. 1996. 'The Paradox of Civil Society.' *Journal of Democracy* 7 (3): 38-52.

Forbath, William E. 1991 [1989]. *Law and the Shaping of the American Labor Movement*. Cambridge: Harvard University Press.

Forsythe, David P. 1983. *Human Rights and World Politics*. Lincoln: University of Nebraska Press.

Frolic, B. Michael. 1997. In; Timothy Brook and B. Michael Frolic, *Civil Society in China*. Armonk: M. E. Sharpe.

Frohlich, Norman and Joe Oppenheimer. 1970. 'I Get by With a Little Help From My Friends.' *World Politics* 23, 104-120.

Galston, William A. and P. L. 1997. 'America's Civic Condition: A Glance at the Evidence.' *The Brookings Review* 15.

Gelb, Joyce and Marian Lief Palley. 1982. *Women and Public Policies*. Princeton: Princeton University Press.

Gellner, Ernest. 1994. *Conditions of Liberty: Civil Society and its Rivals*. New York: Allen Lane, The Penguin Press.

Glendon, Mary Ann, Michael Wallace Gordon and Paolo G. Carozza. 1982. *Comparative Legal Traditions*. St. Paul, Minnesota: West.

Goldstein, Judith and Roverto Keohane. 1993. 'Ideas and Foreign Policy: An Analytical Framework.' In: Judith A. Goldstein and Robert Keohane, ed., *Ideas and Foreign Policy: Beliefs, Institutions, and Political Change*. Ithaca, NY: Cornell University Press.

Gole, Nilufer. 1994. 'Toward an Autonomization of Politics and Civil Society in Turkey.' In: Metin Heper and Ahmet Erin ed., *Politics in the Third Turkish Republic*, pp. 213-222. Boulder, CO: Westview Press.

Goodman, Roger. 1998. 'The 'Japanese-style Welfare State' and the Delivery of Personal Social Services.' In: Roger Goodman, Gordon White and Huck-ju Kwon, *The East Asian Welfare Model: Welfare Orientalism and the State*. London: Routledge.

Goodman, Roger, Gordon White and Huck-ju Kwon. 1998. *The East Asian Welfare Model: Welfare Orientalism and the State*. London: Routledge.

Griffith, Jim. 1990. "The Environmental Movement in Japan." *Whole Earth Review*. Winter.

Habermas, Jürgen. 1989. *The Structural Transformation of the Public Sphere: An Inquiry into a Category of Bourgeois Society*. Cambridge, MA: MIT Press.

Hall, Peter A. and R. C. R. T. 1996. 'Political Science and the Three New Institutionalisms.' *Political Studies* XLIV: 936-957.

Hall, Peter Dobkin. 1987. 'A Historical Overview of the Private Nonprofit Sector.' In: Walter W. Powell, ed., *The Nonprofit Sector: A Research Handbook*. New Haven, CT: Yale University Press.

Hansmann, Henry. 1987. 'Economic Theories of Nonprofit Organization.' In: Walter W. Powell, ed., *The Nonprofit Sector: A Research Handbook*. New Haven, CT: Yale University Press.

Hansmann, Henry. 1980. 'The Role of Nonprofit Enterprise.' *Yale Law Journal* 91, 54-100.

Harbeson, John W. 1994. 'Civil Society and Political Renaissance in Africa.' In Harbeson et al. ed., *Civil Society and the State in Africa*. Boulder, CO: Lynn Rienner.

Harbeson, John W., Donald Rothchild and Naomi Chazan. 1994. *Civil Society and the State in Africa*. Boulder, CO: Lynn Rienner.

Hastings, Sally Ann. 1995. *Neighborhood and Nation in Tokyo, 1905-1937*. Pittsburgh, PA: University of Pittsburgh Press.

Havel, Vaclav. 1991. 'The Power and the Powerless.' In: Paul Wilson, ed., *Open Letter*, London: Faber and Faber.

Heclo, Hugh. 1978. Issue Networks and the Executive Establishment. In: Anthony King, ed., *The New American Political System*. Washington, DC: American Enterprise Institute.

Heineken, Hana and Robert Pekkanen. 2004. "Recent Changes in Japanese Laws for Not-for-Profits" *International Journal of Not-for-Profit Law*. Vol. 7 (1).

Hicks, Neil and Ghanim Al-Najjar. 1995. 'The Utility of Tradition: Civil Society in Kuwait.' In: Augustus R. Norton, ed., *Civil Society in the Middle East*. New York: E. J. Brill.

Hinnebusch, Raymond A. 1995. 'State, Civil Society, and Political Change in Syria.' In: Augustus R. Norton, ed., *Civil Society in the Middle East*. New York: E. J. Brill.

Howard, Marc Morje. 1999. Ph. D. Dissertation. Political Science Department. University of California: Berkeley.

Huang, Philip C. 1993. 'Public Sphere'/'Civil Society' in China?: The Third Realm Between State and Society.' *Modern China* 19, 216-240.

Ibrahim, Saad Eddin. 1995. 'Civil Society and Prospects of Democratization in the Arab World.' In: Augustus R. Norton, ed., *Civil Society in the Middle East*. New York: E. J. Brill.

Ikeda, Ken'ichi. 2001. "Social Capital and Social Communication in Japan." Paper presented at the American Political Science Association annual meeting, San Francisco, August 30-September 2, 2001.

Ikenberry, G. John, David A. Lake, and Michal Mastanduno. 1988. 'Introduction: Approaches to Explaining American Foreign Economic Policy.' In: G. John Ikenberry, David A. Lake, and Michal Mastanduno, ed., *The State and American Foreign Economic Policy*. Ithaca, NY: Cornell University Press.

Imai, Hiroshi. ed., 1997. *Ins and Outs of Japanese Referendums*. Tokyo, Japan: Nikkei Osaka PR.

Independent Sector. 1996. *Nonprofit Almanac 1996-1997*. Washington DC: Independent Sector.

International Center for Not-for-Profit Law. 1997. Handbook on Good Practices for Laws Relating to Non-Governmental Organizations Discussion Draft.

Inoguchi, Takashi. 2000. "Social Capital in Japan." *Japanese Journal of Political Science*. Vol 1. No. 1 (May).

Inoguchi, Takashi. 2002. "Broadening the Base of Social Capital in Japan." In: Robert Putnam, ed., *Democracies in Flux*. Oxford: Oxford University Press.

Ishida, Takeshi and Ellis S. Krauss. 1989a. 'Democracy in Japan: Issues and Questions.' In: Takeshi Ishida and Ellis S. Krauss, eds., *Democracy in Japan*. Pittsburgh: University of Pittsburgh Press.

Ishida, Takeshi and Ellis S. Krauss. 1989b. *Democracy in Japan*. Pittsburgh: University of Pittsburgh Press.

Ishida, Takeshi. 1971. *Japanese Society*. New York: Random House.

Ishida, Takeshi. et al. 1997. *Maruyama Masao and Civil Society*. Tokyo, Japan.

Isozaki Yousuke, ed., 1997. *The Local Administration in Japan*. Tokyo, Japan: Gyousei.

Istook, Ernest J. 1996. Press Release "Istook to Offer Grant Reform Amendment." http://wwws.house.gov/search97cgi/s97_cgi?action=View&VdkVgwKey=http%3A%2F%2Fwww%2Ehouse%2Egov%2Fistook%2Fgranta%2Ehtm&DocOffset=4&DocsFound=5&QueryZip=McIntosh&SourceQueryZip=vdkvgwkey+%3Csubstring%3E+%22%2Fistook%2F%22+OR+vdkvgwkey+%3Csubstring%3E%22%2Fok05%22&Collection=members&ViewTemplate=memberview%2Ehts&

Ito, Makoto. 1997. "Change the System: Creating More Space for Civil Society' The Case in Japan.' Mimeograph.: Mimeograph.

Iwasawa, Yuji. 1998. *International Law, Human Rights, and Japanese Law*. Oxford: Clarendon Press.
James, Estelle. 1987. 'The Nonprofit Sector in Comparative Perspective.' In: Walter W. Powell, ed., *The Nonprofit Sector: A Research Handbook*. New Haven, CT: Yale University Press.
James, Estelle. 1989. *The Nonprofit Sector in International Perspective*. New York: Oxford University Press.
Japan Center for International Exchange. 1996. *Civil Society Monitor*. Tokyo, Japan: Japan Center for International Exchange.
Japan Foundation Center for Global Partnership. 2000. *Directory of Grant-Making Foundations in Japan, 2000*. Tokyo, Japan.
Japan Statistics Center and Editors of Weekly Diamond, ed., 1997. *Ranking of 692 Cities of Japan*. Tokyo, Japan: Diamond.
Jenkins, Craig J. 1998. 'Channeling Social Protest: Foundation Patronage of Contemporary Social Movements.' In: Walter W. Powell and Elisabeth S. Clemens, *Private Action and the Public Good*. New Haven: Yale University Press.
Johnson, Chalmers. 1982. *MITI and the Japanese Miracle*. Stanford: Stanford University Press.
Johnson, Chalmers. 1995. *Japan, Who Governs?: The Rise of the Developmental State*. New York: Norton.
Kage, Rieko. Unpublished. "Why Volunteer? Explaining the Micro-Level Foundations of Civil Society."
Katzenstein, Peter, ed. 1978. *Between Power and Plenty: Foreign Economic Policies of Advanced Industrial States*. Madison, WI: University of Wisconsin Press.
Keane, John. 1998a. 'Introduction.' In: John Keane, ed., *Civil Society and the State: New European Perspectives*. New York: Verso.
Keane, John, ed. 1998b. *Civil Society and the State: New European Perspectives*. New York: Verso.
Keck, Margaret E. and Kathryn Sikkink. 1998. *Activists Beyond Borders: Advocacy Networks in International Politics*. Ithaca and London: Cornell University Press.
Keohane, Robert. 1998. 'International Institutions: Can Interdependence Work?' *Foreign Policy* 82-96.
Kingdon, John W. 1984. *Agendas, Alternatives, and Public Policies*. Boston: Little Brown.
Knoke, David. 1990. *Organizing for Collective Action*. New York: Aldine de Gruyter.
Kodansha. 1993. *Japan, an Illustrated Encyclopedia*. Tokyo: Kodansha.
Koek, K. E. ed. 1988. *Encyclopedia of Associations*. Detroit, Michigan: Gale Research Company.
Kokubu, Ryosei and Kazuko Kojima. 2002. "The 'Shequ Construction' Programme and the Chinese Communist Party." *Copenhagen Journal of Asian Studies* 16:86-105.

Krasner, Steven D. 1978. *Defending the National Interest: Raw Materials Investments and U. S. Foreign Policy*. Princeton, NJ: Princeton University Press.

Krauss, Ellis et al. 1984. *Conflict in Japan*. Honolulu: University of Hawaii Press.

Krauss, Ellis and Robert Pekkanen. 2004. "Explaining Party Adaptation to Electoral Reform: The Discreet Charm of the LDP?" *Journal of Japanese Studies*. Vol. 30, No. 1 (Winter).

Krauss, Ellis S. and Bradford Simcock. 1980. "Citizens' Movements: the Growth and Impact of Environmental Protest in Japan," in Kurt Steiner, Ellis S. Krauss and Scott C. Flanagan (eds.), *Political Opposition and Local Politics in Japan*. Princeton: Princeton University Press.

LeBlanc, Robin. 1999. *Bicycle Citizens: the Political World of the Japanese Housewife*. Berkeley: University of California Press.

Lehmbruch, Gerhard and Philippe C. Schmitter, ed. 1982. *Patterns of Corporatist Policy-Making*. Beverly Hills: Sage.

Lesch, Ann M. 1996. 'The Destruction of Civil Society in the Sudan.' In: Augustus R. Norton ed., *Civil Society in the Middle East Vol. 2*. New York: E. J. Brill.

Levy, Jonah D. 1999. *Tocqueville's Revenge: State, Society, and Economy in Contemporary France*. Cambridge, MA: Harvard University Press.

Mardin, Serif. 1995. 'Civil Society and Islam.' In: J. A. Hall ed., *Civil Society: Theory, History, Comparison*. New York: Polity Press.

Masland, John W. 1946. 'Neighborhood Associations in Japan.' *Far Eastern Survey* XV.

Mathews, Jessica T. 1997. 'Power Shift.' *Foreign Affairs* 76, 50-66.

McCarthy, John and Mayer N. Zald. 1977. "Resource Mobilization and Social Movements: A Partial Theory." *American Journal of Sociology* 82: 1212-1241.

McCormack, Gavan and Yoshio Sugimoto ed. 1986. *Democracy in Contemporary Japan*. Armonk, NY: M. E. Sharpe, Inc.

McKean, Margaret A. 1980. "Political Socialization through Citizens' Movements." In Kurt Steiner, Ellis S. Krauss and Scott C. Flanagan (eds.), *Political Opposition and Local Politics in Japan*. Princeton: Princeton University Press.

McKean, Margaret A. 1981. *Environmental Protest and Citizen Politics in Japan*. Berkeley: University of California Press.

Meyer, David S. and Debra C. Minkoff. 2004. "Conceptualizing Political Opportunity." *Social Forces* 82 (4): 1457-1492.

Meyer, J. et al. 1997. World Society and the Nation-State. *American Journal of Sociology* 103, 144-81.

Micheletti, Michele. 1995. *Civil Society and State Relations in Sweden*. London: Ashgate Press.

Migdal, Joel S. 1988. *Strong Societies and Weak States: State-Society Relations and State Capabilities in the Third World*. Princeton, NJ: Princeton University Press.

Miller, Robert F. 1992. 'Introduction.' In: Robert F. Miller, ed., *The Developments of*

Civil Society in Communist Systems. Sydney, Australia: Allen and Unwin.

Miszlivetz, Ferenc and Jody Jensen. 1998. 'An Emerging Pardox: Civil Society from Above?' In: Dietrich Rueschemeyer, Marilyn Rueschemeyer, and Bjorn Wittrock, ed., *Participation and Democracy East and West: Comparisons and Interpretations*. Armonk, NY: M. E. Sharpe.

Mitchell, Richard H. 1976. *Thought Control in Prewar Japan*. Ithaca: Cornell University Press.

Moe, Terry M. 1980. *The Organization of Interests: Incentives and the Internal Dynamics of Political Interest Groups*. Chicago: University of Chicago Press.

Moe, Terry M. 1981. 'Toward a Broader View of Interest Groups.' *Journal of Politics* 43, 531-543.

Muramatsu, Michio and Ellis Krauss. 1987. The Japanese Political Economy Today: The Patterned Pluralist Model. In: K. Yamamura and Y. Y. ed., *The Political Economy of Japan, Vol. 1*. Stanford: Stanford University Press.

Nako, Takashi. 1996. *Civics*. Tokyo, Japan: Legal Culture Publishers.

Ndegwa, Stephen N. 1996. *The Two Faces of Civil Society: NGOs and Politics in Africa*. West Hartford, CT: Kumarian Press.

Nettl, J. P. 1968. 'The State as a Conceptual Variable.' *World Politics* 20, 559-592.

Noda, Yoshiyuki. 1976. *Introduction to Japanese Law*. Tokyo, Japan: University of Tokyo Press.

Norbeck, Edward. 1967. 'Associations and Democracy in Japan.' In Ronald P. Dore, ed., *Aspects of Social Change in Modern Japan*. Princeton: Princeton University Press.

Nordlinger, Erica A. 1981. *On the Autonomy of the Democratic State*. Cambridge, MA: Harvard University Press.

Norton, Augustus R. 1995. 'Introduction.' In: Augustus R. Norton, ed., *Civil Society in the Middle East*, New York: E. J. Brill.

Norton, Augustus R. 1996. 'Introduction.' In: Augustus R. Norton, ed., *Civil Society in the Middle East Vol. 2.*, New York: E. J. Brill.

O'Donnell, Guillermo and Philippe C. Schmitter. 1986. *Transitions from Authoritarian Rule*. Baltimore, MD: Johns Hopkins Press.

Oda, Hiroshi. 1992. *Japanese Law*. London: Butterworths.

Olson, Mancur. 1965. *The Logic of Collective Action*. Cambridge: Harvard University Press.

Omori, Takashi and Akiyoshi Yonezawa. 2002. "Measurement of Social Capital in Japan." Paper presented at the OECD-ONS Social Capital Measurement Conference, London.

Oxhorn, Philip. 1995. 'From Controlled Inclusion to Coerced Marginalization: The Struggle for Civil Society in Latin America.' In: John A. Hall, ed., *Society: Theory, History, Comparison*. New York: Polity Press.

Oxhorn, Philip. 1995. *Organizing Civil Society: The Popular Sectors and the Struggle for Democracy in Chile*. University Park, PA: Pennsylvania State University Press.

Passin, Herbert. 1962. "The Source of Protest in Japan." *The American Political Science Review* 56 92), 391-402.

Pekkanen, Robert. 2000a. "Japan's New Politics: The Case of the NPO Law." *Journal of Japanese Studies* Vol. 26, No. 1 (Winter)

Pekkanen, Robert. 2000c. "Law, the State, and Civil Society." Paper presented at the annual meeting of the Association of Asian Studies, San Diego, CA.

Pekkanen, Robert 2001a. "An Analytical Framework for the Development of the Nonprofit Sector and Civil Society in Japan." Aspen Institute, Nonprofit Sector Research Fund, Working Paper Series.

Pekkanen, Robert. 2001b. "Civil Society and its Regulators: Non-Profit Organizations in Japan." Washington DC: Japan Information Access Program, Policy Paper.

Pekkanen, Robert. 2001c. "A Less-Taxing Woman? New Regulation on Tax Treatment of Nonprofits in Japan." *International Journal of Not-for-Profit Law* 3 (3).

Pekkanen, Robert. 2002. "Japan's Dual Civil Society: Members without Advocates." Ph. D. Dissertation. Harvard University.

Pekkanen, Robert. 2003a. "Molding Japanese Civil Society." In Frank J. Schwartz and Susan J. Pharr, *The State of Civil Society in Japan*. Cambridge and New York: Cambridge Univ. Press.

Pekkanen, Robert. 2003b. "The Politics of Nonprofit Regulation." In *The Voluntary and Non-profit Sector in Japan: An Emerging Response to a Changing Society*, Stephen Osborne, ed., London: Routledge.

Pekkanen, Robert 2004a. "After the Developmental State in Japan." *Journal of East Asian Studies*. Vol. 4 (3): 363-388.

Pekkanen, Robert. 2004b. "Japan: Social Capital without Advocacy." In Muthiah Alagappa, ed., *Civil Society and Political Change in Asia: Expanding and Contracting Democratic Space*. Stanford: Stanford University Press.

Pekkanen, Robert. 2004c. "Source of Policy Innovation in Japanese Democracy" Woodrow Wilson International Center for Scholars, Special Report 117 "Japanese Political Reform: Progress in Process," pp. 9-15 (January)

Pekkanen, Robert. Forthcoming. "Public Policy, the Public Sphere, and US and Japanese Civil Society Organizations." In Yutaka Tsujinaka, ed. *Gendai Amerika no shimin shakai rieki dantai* [Interest Groups and Civil Society in the United States]. Tokyo: Bokutakusha.

Pekkanen, Robert and Ellis Krauss. 2005. "Japan's 'Coalition of the Willing' on Security Policies." *Orbis*. Summer. 429-444.

Pekkanen, Robert and Benjamin L. Read. 2003. "Explaining Cross-National Patterns in State-Fostered Local Associations." Paper presented at the American Political Science Association Annual Meeting, Philadelphia, PA.

Pekkanen, Robert and Karla Simon. 2003. "The Legal Framework for Voluntary and Not-for-Profit Activity." In *The Voluntary and Non-profit Sector in Japan: An Emerging Response to a Changing Society,* Stephen Osborne, ed., London: Routledge.

Pekkanen, Saadia. 2003. *Picking Winners? TIPs from Postwar Japan.* Palo Alto: Stanford U. Press.

Pelczynski, Zbigniew A. 1988. 'Solidarity and the 'Rebirth of Civil Society' in Poland.' In: John Keane, ed., *Civil Society and the State: New European Perspectives.* New York: Verso.

Pempel, T. J. and Michio Muramatsu. 1995. "Structuring a Proactive Civil Service." In Hyung-ki Kim, Michio Muramatsu, T. J. Pempel and Kozo Yamamura, eds. *The Japanese Civil Service and Economic Development.* New York: Oxford University Press.

Pempel, T. J. 1998. *Regime Shift.* Ithaca: Cornell University Press.

Peng, Ito. 2004. "Postindustrial Pressures, Political Regime Shifts, and Social Policy Reform in Japan and South Korea." *Journal of East Asian Studies* 4 (3): 389-426.

Perez-Diaz, Victor M. 1993. *The Return of Civil Society: The Emergence of Democratic Spain.* Cambridge, MA: Harvard University Press.

Pharr, Susan J. 1990. *Losing Face: Status Politics in Japan.* Berkeley, CA: University of California Press.

Pharr, Susan. J. 2003. "Conclusion." Frank J. Schwartz and Susan J. Pharr ed., *The State of Civil Society in Japan.* Cambridge: Cambridge University Press.

Pierson, Paul. 2004. *Politics in Time.* Princeton: Princeton University Press.

Pickert, Mary Alice. 2001. "Dis-Embedding the State? The Transformation of the Intermediate Sector in Japan." Presented at the annual meeting of the Association for Asian Studies Annual Meeting, Chicago.

Pierson, Paul. 1996. 'The New Politics of the Welfare State.' *World Politics* 48.

Powell, Walter W. ed. 1987. *The Nonprofit Sector: A Research Handbook.* New Haven: Yale University Press.

Powell, Walter W. and Elisabeth S. Clemens. 1998a. *Private Action and the Public Good.* New Haven: Yale University Press.

Powell, Walter W. and Elisabeth S. Clemens. 1998b. 'Introduction.' In: Walter W. Powell and Elisabeth S. Clemens, ed., *Private Action and the Public Good.* New Haven: Yale University Press.

Price, Richard. 'Reversing the Gun Sights: Transnational Civil Society Targets Land Mines.' *International Organization* 52, 613-644.

Putnam, Robert. 1993. *Making Democracy Work.* Princeton: Princeton University Press.

Putnam, Robert. 1998. 'Democracy in America at the End of the Twentieth Century.' In: Dietrich Rueschemeyer, Marilyn Rueschemeyer and Bjorn Wittrock, ed., *Participation and Democracy East and West: Comparisons and Interpretations.* Armonk,

NY: M. E. Sharpe.
Putnam, Robert. 2000. Bowling Alone: *The Collapse and Revival of American Community*. New York: Simon and Schuster.
Rau, Zbigniew. 1991. *The Reemergence of Civil Society in Eastern Europe and the Soviet Union*. Boulder, CO: Westview Press.
Read, Benjamin L. 2000. 'Revitalizing the State's Urban 'Nerve Tips." *The China Quarterly* 163 September, 806-820.
Read, Benjamin L. 2001. "Democratizing the Neighborhood? New Private Housing and Homeowner Self-Organization in Urban China." Paper presented at American Political Science Association annual meeting.
Read, Benjamin L. 2002. "China's Urban Residents' Committees as a Crucial Case of State-Fostered Grassroots Association." Paper presented at International Studies Association annual convention.
Read, Benjamin L. and Robert Pekkanen. Forthcoming. "The State's Evolving Relationship with Urban Society: China's Neighborhood Organizations in Comparative Perspective." In John Logan, ed. *Urban China*.
Reimann, Kim. 2001a. "Late Developers in Global Civil Society: Domestic Barriers, International Socialization and the Emergence of International NGOs in Japan." Ph. D. Dissertation. Harvard University.
Reimann, Kim. 2001b. "Building Networks from the Outside In: International Movements, Japanese NGOs and the Kyoto Climate Change Conference." *Mobilization* 6 (1): 69-82.
Reimann, Kim. 2001c. "Global Citizens in a Borderless World? States, International Politics, and the Delayed Appearance of Environmental Advocacy NGOs in Japan." Civil Society in the Asia-Pacific Monograph Series, Program on US-Japan Relations, Harvard University.
Reimann, Kim. 2002. "International Politics, Norms, and the Worldwide Growth of NGOs." Paper presented at the American Political Science Association, Boston, September August 29-September 1.
Reimann, Kim. 2003. 'Building Networks from the Outside In.' In: Frank Schwartz and Susan Pharr, ed., *The State of Civil Society in Japan*. Cambridge: Cambridge University Press.
Reischauer, Edwin O. 1977. *The Japanese*. Cambridge, MA: Harvard University Press.
Richardson, Bradley. 1997. *Japanese Democracy: Power, Coordination and Performance*. New Haven: Yale University Press.
Richardson, Bradley and Scott C. Flanagan. 1984. *Politics in Japan*. New York: Harper Collins.
Robertson, Jennifer. 1991. *Native and Newcomer*. Berkeley: University of California Press.
Rohlen, Thomas J. 1983. *Japan's High Schools*. Berkeley: University of California

Press.

Rohlen, Thomas J. 1980. 'The Juku Phenomenon: An Exploratory Essay.' *Journal of Japanese Studies* 6, 207-242.

Rueschemeyer, Dietrich. 1998. 'The Self-Organization of Society and Democratic Rule: Specifying the Relationship.' In: Dietrich Rueschemeyer, ed., *Participation and Democracy East and West: Comparisons and Interpretations*. Armonk, NY: M. E. Sharpe.

Rueschemeyer, Dietrich, Marilyn Rueschemeyer and Bjorn Wittrock. 1998. 'Conclusion: Contrasting Patterns of Participation and Democracy.' In: Dietrich Rueschemeyer, Marilyn Rueschemeyer, and Bjorn Wittrock, ed., *Participation and Democracy East and West: Comparisons and Interpretations*. Armonk, NY: M. E. Sharpe.

Rueschemeyer, Dietrich, Marilyn Rueschemeyer and Bjorn Wittrock. 1998. 'Introduction.' In: Dietrich Rueschemeyer, Marilyn Rueschemeyer and Bjorn Wittrock, ed., *Participation and Democracy East and West: Comparisons and Interpretations*. Armonk, NY: M. E. Sharpe.

Saito, Shigeo. 2000. *NPOs: The Emerging Third Sector in Japan*. Anonymous.

Salamon, Lester M. 1994. "The Rise of the Nonprofit Sector." *Foreign Affairs* 73, 109-122.

Salamon, Lester M. 1995. *Partners in Public Service: Government-Nonprofit Relations in the Modern Welfare State*. Baltimore, MD: Johns Hopkins University Press.

Salamon, Lester M. 1997. *The International Guide to Nonprofit Law*. New York: John Wiley.

Salamon, Lester M. and Helmut K. Anheier. 1997. *Defining the Nonprofit Sector: A Cross-National Analysis*. New York: St. Martin's Press.

Salamon, Lester M. and Helmut K. Anheier. 1996. *The Emerging Nonprofit Sector: An Overview*. New York: St. Martin's Press.

Salamon, Lester M., Helmut K. Anheier, Regina List, S. Stefan Toepler, Wojciech Sokolowski and Associates. 1999. *Global Civil Society: Dimensions of the Nonprofit Sector*. Baltimore, MD: Johns Hopkins University Press.

Salisbury, Robert H. 1969. 'An Exchange Theory of Interest Groups.' *Midwest Journal of Political Science* 13, 1-32.

Salisbury, Robert H. 1979. 'Why No Corporatism in America?' In: Philippe C. Schmitter and Gerhard Lehmbruch, ed., *Trends Toward Corporatist Intermediation*. Beverly Hills: Sage.

Samuels, Richard J. 1983. *The Politics of Regional Policy in Japan: Localities Incorporated?* Princeton: Princeton University Press.

Samuels, Richard J. 1987. *The Business of the Japanese State: Energy Markets in Comparative and Historical Perspective*. Ithaca, NY: Cornell University Press.

Schambra, William A. 1997. 'Local Groups are the Key to America's Civic Renewal.'

The Brookings Review 20-22.
Schattschneider, Elmer E. 1960. *The Semisovereign People: A Realist's View of Democracy in America*. New York: Holt, Rinehart & Winston.
Schmitter, Philippe C. 1979. 'Modes of Interest Intermediation and Models of Societal Change in Western Europe.' In: Philippe Schmitter and Gerhard Lehmbruch, ed., *Trends Toward Corporatist Intermediation*. Beverly Hills: Sage.
Schmitter, Philippe C. 1993. *Some Propositions About Civil Society and the Consolidation of Democracy*. Wien: Institut für Höhere Studien.
Schmitter, Philippe C. and Gerhard Lehmbruch, eds. 1979. *Trends Toward Corporatist Intermediation*. Beverly Hills: Sage.
Schreurs, Miranda. 2002. *Environmental Politics in Japan, Germany, and the United States*. New York: Cambridge University Press.
Schwartz, Frank J. 1998. *Advice and Consent: The Politics of Consultation in Japan*. Cambridge, UK; New York: Cambridge University Press.
Schwartz, Frank J. and Susan J. Pharr ed. 2003. *The State of Civil Society in Japan*. Cambridge: Cambridge University Press.
Selle, P. 1998. 'The Norwegian Voluntary Sector and Civil Society in Transition.' In: Dietrich Rueschemeyer, Marilyn Rueschemeyer, and Bjorn Wittrock, ed., *Participation and Democracy East and West: Comparisons and Interpretations*. Armonk, NY: M. E. Sharpe.
Shimizu, Hiroko. 2000. "Strategies for Expanding the Nonprofit Sector in Japan - An Assessment of the Potential and Constraints on Nonprofit Organization Use of Volunteers and Paid Staff." Paper presented at Johns Hopkins Comparative Nonprofit Sector workshop.
Shimizu, Takashi. 1997. 'Japanese Think Tanks: An Overview.' *NIRA Review* Spring 1997, 30-31.
Shinomiya, Masami. 1997. Neighborhood Associations.
Shipper, Apichai. 2001. *Associative Activism: Organizing Support for Foreign Workers in Contemporary Japan*. Ph. D. Dissertation. Massachusetts Institute of Technology.
Shipper, Apichai. 2002. "The Political Construction of Foreign Workers in Japan." *Critical Asian Studies* 34 (1) March.
Shipper, Apichai. Manuscript. "Criminals or Victims? The Politics of Public Imagination over Illegal Foreigners in Japan.". Unpublished.
Skocpol, Theda. 1985. 'Bringing the State Back In: Strategies of Analysis in Current Research.' In: Evans et al. ed., *Bringing the State Back In*. Cambridge, UK: Cambridge University Press.
Skocpol, Theda. 1993. *Protecting Soldiers and Mothers: The Political Origins of Social Policy in the United States*. Cambridge, MA: Harvard University Press.
Skocpol, Theda. 1997. 'America's Voluntary Groups Thrive in a National Network.' *The Brookings Review* 15 (4): 16-19.

Skocpol, Theda. 1998. 'Advocates without Members: The Recent Transformation of American Civic Life.' In: Theda Skocpol and Morris P. Fiorina, ed., *Civic Engagement in American Democracy*. Washington, DC: Brookings Institution Press.

Skocpol, Theda, and Morris P. Fiorina, ed. 1998a. *Civic Engagement in American Democracy*. Washington, DC: Brookings Institution Press.

Skocpol, Theda and Morris P. Fiorina. 1998b. 'Making Sense of the Civic Engagement Debate.' In: Theda Skocpol and Morris P. Fiorina, ed., *Civic Engagement in American Democracy*. Washington, DC: Brookings Institution Press.

Skocpol, Theda, Marshall Ganz, Ziad Munson, Bayliss Camp, Michele Swers, and Jennifer Oser. 1998. 'How Americans Became Civic.' In Theda Skocpol and Morris P. Fiorina, ed., *Civic Engagement in American Democracy*. Washington, DC: Brookings Institution Press.

Skocpol, Theda, Marshall Ganz, and Ziad Munson. 2000. 'A Nation of Organizers: The Institutional Origins of Civic Voluntarism in the United States.' *American Political Science Review* 94 (3), 527-46.

Smith, David Horton. 1994. "The Rest of the Nonprofit Sector: The Nature, Magnitude, and Impact of Grassroots Associations in America." Paper presented at the annual conference of the Association of Researchers on Nonprofit Organizations and Voluntary Action.

Smith, David Horton. 1997a. 'Grassroots Associations Are Important: Some Theory and a Review of the Impact Literature.' *Nonprofit and Voluntary Sector Quarterly* 26: 269-306.

Smith, David Horton. 1997b. 'The Rest of the Nonprofit Sector: Grassroots Associations as the Dark Matter Ignored in Prevailing 'Flat-Earth' Maps of the Sector.' *Nonprofit and Voluntary Sector Quarterly* 26: 114-131.

Smith, David Horton. 2000. *Grassroots Associations*. London: Sage Publications.

Smith, Henry D. II. 1978. 'Tokyo as an Idea: An Exploration of Japanese Urban Thought Until 1945.' *Journal of Japanese Studies* 4 (1).

Smith, Steven Rathbgeb and Michael Lipsky. 1993. *Nonprofits for Hire: The Welfare State in the Age of Contracting*. Cambridge: Harvard University Press.

Sperling, Valerie. 1999. *Organizing Women in Contemporary Russia: Engendering Transition*. Cambridge: Cambridge University Press.

Steiner, Kurt. 1965. *Local Government in Japan*. Stanford: Stanford University Press.

Steiner, Kurt Ellis S. Krauss and Scott C. Flanagan (eds.), 1980 *Political Opposition and Local Politics in Japan*. Princeton: Princeton University Press.

Stepan, Alfred. 1985. 'State Power and the Strength of Civil Society in the Southern Cone of Latin America.' In: Peter B. Evans, Dietrich Rueschemeyer, Theda Skocpol, ed., *Bringing the State Back In*. Cambridge, UK: Cambridge University Press.

Stevenson, David R., Thomas H. Pollack and Linda M. Lampkin. 1997. *State Nonprofit*

Almanac. Washington DC: Independent Sector.
Sugimoto, Yoshio. 1997. *An Introduction to Japanese Society*. Cambridge, UK: Cambridge University Press.
Swenson, Peter. 1997. 'Arranged Alliance: Business Interest in the New Deal.' *Politics & Society* 25.
Tamakuni, F. 1991. Conference on the Tax Treatment of Nonprofit Organizations: Japan. *International Bureau of Fiscal Documentation* 45, 593-597.
Tarrow, Sidney. 1994. *Power in Movement*. New York: Cambridge University Press.
Tilly, Charles. 1979. 'Repertoires of Contention in America and Britain, 1750-1830.' In: Mayer N. Zald and John D. McCarthy, ed., *The Dynamics of Social Movements*, Cambridge, MA: Winthrop.
Tismaneanu, Vladimir. 1990. 'Unofficial Peace Activism in the Soviet Union and East-Central Europe.' In: Vladimir Tismaneanu, ed., *In Search of Civil Society: Independent Peace Movements in the Soviet Bloc*. New York: Routledge.
Toprak, Binnaz. 1996. 'Civil Society in Turkey.' In: Augustus R. Norton, ed., *Civil Society in the Middle East Vol. 2.*, New York: E. J. Brill.
Truman, David B. 1951. *The Governmental Process: Political Interests and Public Opinion*. New York: Alfred A. Knopf.
Tsujinaka, Yutaka. 1996. *Interest Group Structure and Regime Change in Japan*. College Park, Maryland: Center for International And Security Studies, University of Maryland.
Tsujinaka, Yutaka. 2002d. 'Measuring Social Capital: Perspectives from Japan.' Paper presetned for OECD-ONS International Conference on Social Capital Measurement, London.
Tsujinaka, Yutaka. 2003. 'Japan's Civil Society Organizations in Comparative Perspective.' In: Frank J. Schwartz and Susan J. Pharr ed., *The State of Civil Society in Japan*. Cambridge: Cambridge Univ. Press.
Tsujinaka, Yutaka. Unpublished. "A Comparison of Interest Groups in Korea and Japan: with special emphasis on Korean Political Regime and its Interest Group Situation since 1987 Democratization."
Tsujinaka Yutaka et al. 1998. 'A Comparative Analysis of Korean and Japanese Interest Associations: Korean Civil Society and its Political Regime since 1987.' *Leviathan* 24, 19-50. go to http://www.sscyber.com/html/doctor-39.htm
Tsujinaka, Yutaka, Robert Pekkanen, and Takafumi Ohtomo. 2005. "Civil Society Groups in Policy-Making in Japan." Paper presented at the Annual Meeting of the Association for Asian Studies, Chicago IL, March-April 2005.
Ullman, Claire F. 1998. 'Partners in Reform: Nonprofit Organizations and the Welfare State in France.' In: Walter W. Powell and Elisabeth S. Clemens, *Private Action and the Public Good*. New Haven: Yale University Press.
Union of International Associations, ed. 1996. *Yearbook of International Organiza-*

tions. Munich, Germany: K. G. Saur Verlag GmbH & Co. KG.

Upham, Frank K. 1987. *Law and Social Change in Postwar Japan*. Cambridge, MA: Harvard University Press.

van Wolferen, Karel. 1989. *The Enigma of Japanese Power*. London: Macmillan.

Verba, Sidney, Norman Nie, Jae-on Kim. 1978. *Participation and Political Equality*. New York: Cambridge University Press.

Wakeman, Frederic Jr. 1993. 'The Civil Society and Public Sphere Debate: Western Reflections on Chinese Political Culture.' *Modern China* 19, 108-138.

Walker, Jack L. 1991. *Mobilizing Interest Groups in America: Patrons, Professions, and Social Movements*. Ann Arbor: University of Michigan Press.

Walker, Jack L. 1977. 'Setting the Agenda in the US Senate: A Theory of Problem Selection.' *British Journal of Political Science* 7, 423-455.

Walzer, Michael. 1992. "The Civil Society Argument." In Chantel Moore, ed. *Dimensions of Radical Democracy: Pluralism, Citizenship, Community*. New York: Verso.

Wapner, Paul. 1995. 'Politics Beyond the State: Environmental Activism and World Civic Politics.' *World Politics* 47, 311-340.

Wapner, Paul. 1996. *Environmental Activism and World Civic Politics*. New York: State University of New York.

Weisbrod, Burton A. 1988. *The Nonprofit Economy*. Cambridge, MA: Harvard University Press.

Weisbrod, Burton A. and M.S. 1986. "Ownership Forms and Behavior in Regulated Markets with Asymmetric Information." In: Susan Rose-Ackerman, ed., *The Economics of Nonprofit Institutions: Studies in Structure and Policy*. Oxford: Oxford University Press.

Wessels, Bernhard. 1998. 'Social Alliances and Coalitions: The Organizational Underpinnings of Democracy in Western Germany.' In: Dietrich Rueschemeyer, Marilyn Rueschemeyer, and Bjorn Wittrock, ed., *Participation and Democracy East and West: Comparisons and Interpretations*. Armonk, NY: M. E. Sharpe.

White, James W. 1982. *Migration in Metropolitan Japan*. Institute of East Asian Studies Center for Japanese Studies Japan Research Monograph 2. Berkeley, CA: Center for Japanese Studies.

White, James W. and F. Munber, ed. 1990. *Social Change and Community Politics in Urban Japan*. Chapel Hill, North Carolina: Chapel Hill Institute for Research in Social Science, University of North Carolina.

White, J. B. 1996. 'Civic Culture and Islam in Urban Turkey.' In: Chris Hann and Elizabeth Dunn, ed., *Civil Society: Challenging Western Models*. London: Routledge.

Wilson, Graham K. 1981. *Interest Groups in the United States*. Oxford: Clarendon Press.

Wilson, Graham K. 1982. 'Why is There no Corporatism in the United States?' In: Gerhard Lehmbruch and Philippe C. Schmitter, ed., *Patterns of Corporatist Policy-*

Making. Beverly Hills: Sage.

Wilson, Graham K. 1992. 'American Interest Groups in Comparative Perspective.' In: Mark P. Petracca, ed., *The Politics of Interest: Interest Groups Transformed*. Boulder, CO: Westview Press.

Wittfogel, Karl. 1957. *Oriental Despotism: A Comparative Study of Total Power*. New Haven: Yale University Press.

Wolfe, Alan. 1997. 'Is Civil Society Obsolete? : Revisiting Predictions of the Decline of Civil Society in Whose Keeper?' *The Brookings Review* 15.

Yamagishi, Toshio. 2003. "Trust and Social Intelligence in Japan." In: Frank J. Schwartz and Susan J. Pharr ed., *The State of Civil Society in Japan*. Cambridge: Cambridge Univ. Press.

Yamamoto, Tadashi. 1989. *Japanese Private Philanthropy in an Interdependent World*. Tokyo, Japan: Japan Center for International Exchange.

Yamamoto, Tadashi. 1995. *Emerging Civil Society in the Asia Pacific Community*. Tokyo: Japan Center for International Exchange.

Yamamoto, Tadashi. 1996. The Recent Debate on the Role of NPOs in Japan and Private-Sector Responses. *Civil Society Monitor* 1, 1-3.

Yamamoto, Tadashi, ed. 1998. *The Nonprofit Sector in Japan*. Manchester and New York: Manchester University Press.

Yamaoka, Yoshinori. 1999. 'Japan.' In: Thomas Silk, ed., *Philanthropy and Law in Asia*. San Francisco: Jossey Bass.

Yanaga, Chitoshi. 1968. *Big Business in Japanese Politics*. New Haven: Yale University Press.

Young, C. 1994. 'In Search of Civil Society.' In: Harbeson et al. ed., *Civil Society and the State in Africa*. Boulder, CO: Lynn Rienner.

Zald, Mayer N. and John D. McCarthy. 1987. *Social Movements in an Organizational Society*. New Brunswick, NJ: Transaction Books.

Zimmer, A. 1999. 'Corporatism Revisited: the Legacy of History and the German Nonprofit Sector.' *Voluntas* 10, 37-49.

索引

ア行

アメリカ合衆国 17, 22-24, 27-28, 33, 37, 43, 52, 60-69, 75, 93, 98-100, 106-107, 109, 127, 154, 158-160, 178, 202-206, 210-211, 218-222, 228-230
　——における政策提言型団体 43, 218-219, 228-230
　——における寄付 93, 178, 210
　——における市民社会組織 107, 228-230
　——における非営利団体 52
　——における規制枠組み 75
アメリカ退職者協会（AARP） 27-28, 154, 219, 230
天下り 101, 104, 106
NPO法（特定非営利活動促進法） 45, 80-83, 86, 88, 109-110, 144, 166-196, 201, 209, 227, 235-240
　——と官僚の影響力 168-176
　——と経済企画庁 171-176
　——の影響 80-83
　——の成立過程 166-196
　——の政治的意義 189-193
　——と税制 86, 172, 180
NPO法人（特定非営利活動法人） 45-46, 62, 80-83, 94-96, 107-108, 192-196
　——の正当化 107-108
　——の活動に関する規制 94-96
　——に対する税金優遇措置 94-96, 193-195
NPOプロジェクトチーム 171-177, 179-180, 183

カ行

韓国 17, 60, 148, 226
議員立法 167, 173-174, 179, 183, 185, 192, 238
規制の枠組み 18-20, 26-27, 35-41, 47-48, 71-110, 163-196, 200-217, 227-228
　——の変化 209, 213-216
　市民社会組織に対する—— 211-213, 227-228
　——の影響 197-198, 227-228
　——の日仏比較 210
　アメリカにおける—— 17, 27, 72-75
「規制論争」論 20, 26-27, 163, 198, 209-213
寄付 39, 92-96, 101-102, 108
　——の定義 94-96
　アメリカにおける—— 93
共産党 123, 167, 189, 235-240
行政指導 45, 55, 65, 72, 78, 90, 98, 228
許可制 85, 89, 91, 164, 170, 175, 186, 194-195, 201
熊代昭彦 172-175, 177-179, 186
Krauss, Ellis 43, 152
経済企画庁 86, 171-176, 186, 191, 236, 238-239
経団連 174, 178, 188
公益 20, 76, 164-166, 201
　——の定義 79-80
　——とNPO法設立 174
公益法人 38-40, 45, 56-57, 60, 71, 75-79, 90-94, 97, 106-108, 194-195
　狭義の—— 83-85
　広義の—— 83, 85-86
　特定公益増進法人 92-94, 101-102
公的資金援助 96-106
　政策提言型団体への—— 97-101
　市民団体への—— 99-101
　団体の発展に与える影響 97-99
公明党 123-124, 187, 189, 194, 215, 235-240
国税庁 94, 193
国長特許主義 164-165

サ行

財務省（旧：大蔵省） 93, 106, 172, 194, 238
財団 65-67, 201
社会運動 43-44, 138, 198, 201-208
社会関係資本 27-29, 112, 130, 150, 153-161, 197, 199-200, 229-230
　——と市民社会組織 153-156
　——の国際比較 153-161
　日本における定義 153-156
　——と自治会 112, 130, 137-139, 153-161
　——論 153-161

社会民主党（旧：社会党）　123, 167, 171-184, 188-191, 235-240
社会不均一性論　34-35
社会論　199-200
JIGS調査　6-8, 61-62, 100, 203, 212, 221, 225-226, 233-234
自治会　25, 29, 46, 52-55, 111-162, 230
　　──の活動　113, 118-122
　　──と政策提言　148-161
　　──の活動予算　122, 143-144
　　市民社会組織としての──　148-150
　　──の定義　113-130
　　──の歴史　130-137
　　──と「政策提言なきメンバー」　150-161
　　──の全国調査　113-124
　　──の前身　131-132
　　──と政府の関係　132-148
　　──と社会関係資本　112, 130, 137-139, 153-161
　　──に対する政府の援助　143-148
市民社会　17-48, 49-69, 71-72, 106-110, 111-113, 148-150, 163-164, 166-170, 195-196, 197-230
　　──の定義　20-22
　　──の二重構造　17-22, 25-30, 47-48, 49-51, 55-69, 198-200, 217-230
　　──に与える政府の影響　17-19, 22-25, 37-45, 108-110, 111-113, 209-213
　　──の戦後史　135-140, 204-209
　　──と公共政策　163-196
　　──と税制　91-96
　　──の理論　22-37, 217-230
市民社会組織　17-20, 27-29, 39, 46-52, 83-89, 90-109, 197-209, 212-213, 225-227, 233-234
　　──の法的分類　83-89
　　──の活動分野　99-104
　　──の法人化　99-104, 106-109
　　──としての自治会　148-150
　　──の専門職化　27, 29, 46-52, 212-213
　　──と公共政策　225-227
　　──と公的資金援助　96-106
　　──の規模　17, 27-28, 39, 52-69, 197-209
　　──と社会関係資本　153-156
　　──と税制　91-96, 214
市民団体　20, 60-62, 76-78, 97-108, 176, 188, 212
自由設立主義　164-165
自由民主党　43, 103, 123, 167, 190, 194, 196, 215-216, 235-240
　　──とNPO法制定　171-192, 235-240
　　──と自治会　123-126, 138
準則主義　164-165, 201
新進党　167, 173-174, 187, 191, 235-240
新党さきがけ　167, 179-180, 183-184, 188-191, 235-240
Skocpol, Theda　27, 228-230
政策提言　112, 150-153, 197, 207, 217-230
政策提言型団体　20, 42, 97-101, 197, 218-230
　　──の日米比較　42, 218-230
「政策提言なきメンバー」論　20, 27, 48, 111-112, 150-161, 197-230
「政治制度」からの議論　19, 25-26, 35-36, 108-110, 111-113, 197, 200-209
税制　37, 40, 45, 91-96, 101-102, 214
　　2001年度税制改正　45, 93, 163, 193-195, 227
　　──とNPO法　101-102
　　──上の優遇措置　37, 40, 45, 91-69, 101-102
正当化　40-41, 76-77, 81, 107-108
政務調査会　174-176, 179, 181, 183-184
選挙制度　26, 43, 167, 173, 190, 210-211, 215-216
　　──改革　26, 43, 125, 167
専門職化　27, 29, 46-52, 212-213
占領統治　85-86, 103, 111, 135-136, 139-140, 214

タ行

多元主義　43, 150, 160, 217, 230
団体　20-24, 50-70, 106
　　──の設立と運営　23, 75-91, 106
　　──の法的分類　83-89
　　──に関する規制　37-41, 89-91
　　──の数　52-53
地域エゴ（NIMBY）　151-152
辻中豊　60, 66-67, 97, 225-226, 231, 233-234
ドイツ　22, 38-39, 100, 163, 165-166, 206
　　──民法　73-75
　　──における市民社会組織　226
登記制　89, 194-195

ナ行

認証制　89, 176

ハ行

Putnam, Robert　129-130, 148, 154, 156-157, 159, 228-230
阪神大震災　108, 166-170, 178, 189-190, 209
　——と NPO 法　166, 168-170
非政府団体（NGO）　20, 62-63, 191
　——の予算　103
　——の法人化　103-104
非営利団体（NPO）　20-22, 37-41, 45, 76-83, 96-110, 166-196
　——における雇用　60-61
　——の設立　37-41, 76-83
　——と公益　107-108
　——に対する課税　193-195
「氷河期」論　19, 26, 47, 197-198, 200-209
Pharr, Susan　43, 49
フランス　72-74, 101, 210
　——民法　72-74
文化論　30-34, 199-200
法人化　37-41, 44-45, 52, 62, 75-89, 96-106, 169-170, 194-195
　政策提言型団体の——　99-101
　市民団体の——　62, 99-104
　市民社会組織の——　99-104, 106-109
　——と正当化　106-109
　——と NPO 法　106-109

法律特許主義　164-165, 201
ボランティア　28-29, 31-33, 138-139, 168, 176-177
　——団体　139, 168-170, 177
　——の日米比較　54-55
　——元年　168

マ行

民主党　125-126, 167, 180, 183-186, 215, 237-240
　——と NPO 法制定　186-190, 237-240
民法　74-80, 89, 91, 110, 163-166, 194-196, 200-202
　——第34条　74-76, 79, 86, 89, 110, 163-166, 194-196, 201-202
　——第35条　76, 110
　——第68条　91
　——第71条　91
　——の起草　163-166, 200-202
　市民社会の発展に与える影響　202-204
　——が定める公益法人　75-80
　旧——　74
民法修正案理由書　164-165
メディア　28-29, 193-194
　——の NPO 法制定過程における役割　167-171, 181-182, 185, 188, 239

ラ行

老人会　111, 129-130, 154, 219

著者略歴

ロバート・ペッカネン

1966年ロードアイランド州生まれ。2002年ハーバード大学大学院政治学研究学科修了。Ph. D.（政治学）。現在ワシントン大学ジャクソン国際スクール日本研究学科学科長・助教授。The American Political Science Review, The British Journal of Political Science,『レヴァイアサン』, The Journal of Japanese Studies などの学術誌において，日本政治に関連した論文を多数発表している。本書の原著である Japan's Dual Civil Society: Members Without Advocates（Stanford 2006）は，日本 NPO 学会の研究奨励賞を受賞し，The Japan Times の The Best Asia Books の一つに選ばれた。日本政治に関してメディアからインタビューをうけることも多い。アメリカ PBS テレビの The News Hour with Jim Lehrer への出演や，The Christian Science Monitor 紙，朝日新聞でのインタビュー，アメリカ，オーストラリア，ジャマイカのラジオ番組にも出演したことがある。原著は第24回大平正芳記念賞（24th Masayoshi Ohira Memorial Prize）を受賞。

訳者略歴

佐々田博教（ささだ　ひろのり）

1974年熊本県生まれ。カリフォルニア大学バークレー校政治学部卒業。現在ワシントン大学大学院政治学研究科博士課程在籍。Ph. D. Candidate（政治学）。専門は比較政治学と国際関係学。現在，満州と戦時・戦後日本の政治経済制度の歴史的分析を通して経路依存の構造を検証する博士論文を執筆中。主な著作に "Youth and Nationalism in Japan"（The SAIS Review 2006年），「国際政治における NGO 活動の影響と問題点」（『国民経済雑誌』2005年，梶原晃と共著）などがある。

Copyright © 2006 by the Board of Trustees of the Leland Stanford Jr. University
Japanese translation rights arranged with Stanford University Press
through Japan UNI Agency, Inc., Tokyo

日本における市民社会の二重構造
Japan's Dual Civil Society: Members Without Advocates

2008年2月25日第1版第1刷　印刷発行　©

訳者との了解により検印省略	著　　者	R・ペッカネン
	訳　　者	佐々田博教
	発行者	坂口節子
	発行所	(有)木鐸社
	印　刷	アテネ社　製本　高地製本所

〒112-0002 東京都文京区小石川 5-11-15-302
電話 (03) 3814-4195番　FAX (03)3814-4196番
振替 00100-5-126746　http://www.bokutakusha.com

（乱丁・落丁本はお取替致します）

ISBN978-4-8332-2399-7　C3031

現代世界の市民社会・利益団体研究叢書
辻中豊編（筑波大学） 　　　　　　　　　　　　　全6巻

　各国市民社会組織の構成や配置，そして利益団体としての政治過程での行動，関係を世界的な比較の中で体系的に分析し，各国の政治社会構造の特性を摘出する。とりわけ，共通の調査分析部分とそれを踏まえた日本との比較と各国別の固有の質的な分析を行う。

第1巻　現代日本の市民社会・利益団体
辻中豊編
A5判・370頁・4000円（2002年）　ISBN4-8332-2319-8

第2巻　現代韓国の市民社会・利益団体
：体制移行と日韓比較研究
辻中豊・廉載鎬編
A5判・490頁・6000円（2004年）　ISBN4-8332-2320-1

第3巻　現代アメリカの市民社会・利益団体
：ロビー政治の実態と日米比較
辻中豊・石生義人・久保文明編
A5判・350頁・価未定　ISBN4-8332-2321-X

第4巻　現代ドイツの市民社会・利益団体
：団体政治の日独比較
辻中豊・フォリヤンティ=ヨスト・坪郷實編
A5判・350頁・価未定　ISBN4-8332-2322-8

第5巻　現代中国の市民社会・利益団体
辻中豊・李景鵬・国分良成編
A5判・350頁・価未定　ISBN4-8332-2323-6

第6巻　現代世界の市民社会・利益団体
：総括　5カ国比較
辻中豊編
A5判・350頁・価未定　ISBN4-8332-2324-4

①各国を同じ研究枠組の下で実態調査（1997～2003）した世界的にみても極めて稀な特徴を持つもの。すなわち
　(a)　現在考えうる最も包括的な市民社会組織総体データの調査
　(b)　各国首都地域ともう一つの地方の二地域を調査
　(c)　無作為系統抽出法による団体調査
②各国の研究チームと日本の研究チーム（筑波大学）との緊密な連携の下に調査を遂行。分析も共同実施。